데이터는 어떻게 세상을 지배하는가

강성호

서울대학교 경영학과를 졸업한 후 한국개발연구원KDI 국제정책대학원에서 정책학 석사 학위를, 미국 듀크대학교에서 국제개발학 석사 학위를 받았다. 행정고시에 합격해 금융위원회에서 서기관으로 근무하고 있다. 지금은 오스트리아에 있는 유엔산업개발기구UNIDO에서 기후변화 대응과 개발도상국 경제 개발 업무를 맡고 있다. 새로운 아이디어를 좋아해 틈틈이 글을 쓰고 있으며 과학기술, 기후변화, 플랫폼 등의 주제에 관심이 많다.

지은 책으로 《플랫폼 경제와 공짜 점심》이 있으며, 옮긴 책으로는 《부를 재편하는 금융 대혁명》, 감수한 책으로는 《결제는 어떻게 세상을 바꾸는가》가 있다. 학술 논문으로는 〈보증보험 시장 경쟁 현황 및 개편 방안〉 〈금산 결합 플랫폼 확대에 따른 새로운 금융 규제 정립 방향에 대한 연구〉(공저)가 있다.

- 이메일: goku00@naver.com
- 인스타그램: sungho.kang.19

데이터는 어떻게 세상을 지배하는가

초판 1쇄 발행 2024년 7월 15일

지은이 강성호 | 발행인 박윤우 | 편집 김송은 김유진 박영서 성한경 장미숙 | 마케팅 박서연 정미진 정시원 | 디자인 서혜진 이세연 | 저작권 백은영 유은지 | 경영지원 이지영 주진호 | 발행처 부키(주) | 출판신고 2012년 9월 27일 | 주소 서울시 마포구 양화로 125 경남관광빌딩 7층 | 전화 02-325-0846 팩스 02-325-0841 | 이메일 webmaster@bookie.co.kr
ISBN 979-11-93528-20-4 03320

만든 사람들 편집 성한경 | 디자인 이세연

HOW DATA DOMINATES THE WORLD

데이터는 어떻게 세상을 지배하는가

성공과 투자의 법칙을 바꾸는
데이터 이코노미의 모든 것

강성호 지음

부·키

플랫폼 기업과 데이터 경제 공부의 훌륭한 입문서

김용범
해시드오픈리서치 대표
전 기획재정부 1차관
《격변과 균형》 저자

디지털 경제 전쟁이 한창이다. 그 경쟁에서 가장 앞선 나라는 미국이다. 과감한 실험을 거듭하며 전 세계적 혁신을 이끌고 있다. 중국은 국가적 차원에서 디지털 전환을 추진하며 미국을 추격 중이다. 데이터 센터와 같은 디지털 인프라에 투자하거나 반도체 기술을 국산화하는 일이다. EU는 개인정보와 플랫폼 산업에 대한 새로운 규제 패러다임을 만들고 글로벌 스탠더드로 정립하는 데 성공했다. 한편 누구의 통제도 거부하는 자유주의자들도 등장했다. 이들은 블록체인과 네트워크를 바탕으로 세력을 형성하고 새로운 디지털 질서를 써내려 가고 있다.

이 모든 경쟁의 중심에는 데이터가 있다. 데이터는 경제, 안보와 직결된 주요 자원이 되었고, 각국은 데이터 경쟁을 벌이고 있다. 반도체 기업들은 데이터를 더 빠르게 처리하기 위한 속도 경쟁을,

플랫폼 기업들은 더 많은 데이터를 확보하기 위한 경쟁을 펼친다. AI 산업은 누가 더 양질의 데이터를 확보하느냐의 경쟁으로 변모해 가고 있으며, 사람들은 새로운 데이터를 통해 한 치라도 빠르게 미래를 예측하려 든다. 데이터 처리 속도보다 생산 속도가 빨라진 오늘날 어떠한 데이터를 골라낼 것인가도 기업 경쟁력을 가르는 주요한 요인이다.

이 시점에서 데이터가 어떠한 미래를 만들어 가고 있는지를 이야기하는 흥미로운 책이 나왔다. 저자는 데이터가 과거의 경제 질서를 대체하고 있으며, 미래를 이해하는 키워드가 될 것이라 단언한다. 데이터를 통해 설명할 수 있는 현상이 증가하고 있기 때문이다. 이 책의 장점은 폭넓은 주제를 이해하기 쉽게 다룬다는 점이다. 데이터가 우리의 일상을 어떻게 바꾸어 놓았는지부터, 데이터가 기업 경쟁에 활용되는 과정, 그리고 데이터를 둘러싼 철학적 문제도 흥미롭게 설명한다. 플랫폼 기업과 데이터 경제에 대해 공부하고 싶은 독자라면 이 책은 생각할 거리를 제공하는 훌륭한 입문서가 될 것이다.

| # 데이터 시대에 필요한
새로운 인식과 법제도

정순섭
서울대학교
법학전문대학원 교수

이미 정보화 사회로 접어든 지 많은 세월이 흘렀지만 데이터에 관한 논의는 법률이나 기술 분야의 전문가들에게 한정된 주제였다. 스마트폰과 같은 디지털 장비에는 열광했지만, 정작 디지털 사회의 기반이자 원천이 되는 데이터 자체의 중요성은 초점에서 벗어나 있거나 단순한 사생활보호의 대상으로 인식되어 왔다. 데이터는 "기업 경영의 부산물"이거나, "기업 경영을 지원하는 도구"일 뿐이었다.

이제는 데이터 자체가 논의의 중심이 되어야 한다. 데이터는 경제적 가치를 스스로 창출한다. 데이터 수집의 범위와 규모가 커지고 처리 속도가 빨라지면서 과거에는 생각할 수 없었던 새로운 통찰과 인식의 지평이 가능해졌다. 오늘날 데이터는 신뢰의 원천으로서 과거에는 생각할 수 없던 경제활동을 가능하게 하고 있다. 특히 금융 분야에서 그 중요성은 체감하고 있는 단계에 들어섰다 데이터는 그 자체로 거래의 대상이 되기도 하고, AI를 통한 학습을 거쳐 미래 예측을 위한 도구가 되기도 한다.

이와 함께 데이터와 관련된 새로운 법적 과제도 등장하고 있다. 현재의 법제도들은 대부분 데이터의 수집과 이용이 제한적이던 시대와 기술에 기반한 것이다. 그러나 빅데이터와 AI로 상징되는 현시대에는 새로운 인식과 법제도가 요구된다. 개인정보 문제는 물론이고, 데이터의 재산성, AI를 이용한 거래의 법적 효과나 책임 귀속 문제도 부각될 것이다. 데이터가 개인의 사생활은 물론 우리 사회 전반에 미칠 영향을 이해하고, 대응 방향에 대한 사회적 합의를 만들어 가는 것은 현실적인 과제가 되었다.

이 책은 우리에게 이미 현실로 다가왔거나 다가오게 될 많은 문제를 다룬다. 저자는 복잡한 주제를 흥미롭게 풀어내면서도 깊이 있는 통찰력을 보여 준다. 만약 데이터와 우리 사회가 당면한 과제에 대해 관심이 있다면 이 책은 좋은 지침서가 될 것이다.

데이터 시대,
인간의 미래를 성찰하다

김상균

인지과학자, 경희대 교수

《AI × 인간지능의 시대》

《초인류》《메타버스》 저자

데이터는 우리의 일상 속에 깊숙이 들어와 있습니다. 아침에 눈을 떠 스마트폰을 켜는 순간부터 밤에 잠자리에 들기 전까지, 우리는 무수한 데이터를 생성하고 소비합니다. 교통 상황을 확인하고, 점심 식사를 어디서 할지 결정하고, 온라인 쇼핑몰에서 상품을 고르는 모든 순간이 데이터와 연결되어 있습니다.

데이터를 통해 우리는 모든 것을 이해하고, 결정을 내리는 시대에 살고 있습니다. 데이터가 창조하는 새로운 세상은 기존의 규칙과 질서를 뒤엎고, 새로운 방식의 사고와 행동을 요구합니다. 이는 단지 기술적 변화에 그치지 않고, 우리 사회의 근본적인 구조와 가치관을 변화시키는 힘을 가지고 있습니다.

이 책은 데이터가 어떻게 시장의 질서를 바꾸고, 화폐를 위협하며, 사회를 변화시키고 있는지에 대한 통찰을 제공합니다. 저자는 이러한 급격한 변화 속에서 우리가 어떤 미래를 맞이할 것인지, 무엇을 준비해야 할 것인지 진지하게 묻고 있습니다. 그에 대한 해답으로 기술을 넘어서 비즈니스, 노동, 산업, 경제, 정치까지 데이터가 스며드는 모든 영역을 그물처럼 엮어서 생생하게 보여 주고 있습니다.

《데이터는 어떻게 세상을 지배하는가》는 단순한 안내서가 아닙니다. 한 사회의 변화와 미래에 대한 통섭의 성찰이자, 개개인에게 던지는 묵직한 질문입니다. 만약 당신이 미래에 대한 고민으로 머리가 복잡하다면 이 책을 탐독하기를 권합니다. 탄소를 가공하며 가치를 만들어 내던 산업화 시대가 이제는 비트를 가공하며 가치를 폭발시키는 데이터 시대로 넘어갔습니다. 데이터 시대, 그 너머에 어떤 세상이 펼쳐질지 이 책을 통해 확인하기 바랍니다.

플랫폼 기업의 성공 뒤에는 데이터가 있다

김정환
삼정KPMG회계법인
전무이사

우리는 변화의 한가운데에 있다. 노동과 자본에 기반한 대량생산 경제는 이제 데이터와 네트워크에 기반한 플랫폼 경제로 변화하고 있다. 오늘날 세계 경제를 이끌어 가는 주인공들은 플랫폼 기업들이며, 이들의 기업 가치는 100년 가까이 세계 산업을 이끌어 온 석유, 자동차, 금융 기업들을 압도하고 있다.

플랫폼 기업의 성공 뒤에는 데이터가 있다. 오늘날 성공한 플랫폼 기업들은 데이터에 숨겨져 있던 가치를 이끌어 내는 데 성공한 기업이라 보아도 과언이 아니다. 이들은 버려지던 데이터를 다시 꺼내어 경제적 자원으로 탈바꿈시켰다. 축적된 데이터로 고객들의 니즈를 파악하기 시작했으며 이커머스, 모빌리티, 헬스케어 등 다양한 영역으로 사업을 확장하기도 했다. 더 많은 데이터를 확보하기 위해 스타트업이나 연구소를 인수합병하는 전략도 사용된다.

이처럼 비즈니스의 성공을 위해 데이터의 잠재력을 발견하는 작업은 중요해지고 있다. 많은 기업들도 디지털 전환이라는 거대한 트렌드에 편승하고 싶어 한다. 그러나 여전히 데이터와 경제를 바라보는 관점이 과거에 머물러 있는 경우가 많다. 데이터를 효과적으로 활용할 수 있는 거버넌스를 갖추지 못했거나, 데이터에 대한 이해가 부족한 경우다.

　데이터 경제에 대한 이해를 높이고 싶다면 이 책을 강력히 추천한다. 복잡하고 추상적으로만 느껴졌던 데이터에 대한 이야기를 일상생활의 사례를 통해 생생하게 설명하고 있으며, 경제 초보자부터 전문가까지 누구나 흥미롭게 읽을 수 있는 책이다. 지루할 틈 없는 스토리텔링 덕분에 독자들은 데이터 경제의 매력에 흠뻑 빠져들 것이다. 플랫폼 경제, 데이터 경제에 이은 저자의 세 번째 저서가 무척 기대된다.

차례

1장 | 거대한 변화
데이터가 창조하는 새로운 세상

시장의 질서를 바꾸다   25
▶ 가격에 도전장을 내민 데이터 | 동네 맛집의 탄생 | 좋아요가 돈이 되는 시대

화폐를 위협하다   37
▶ 돈 대신 데이터 | 적자 기업의 높은 주가

사회를 변화시키다   44
▶ 프라이버시가 위협받는 사회 | 권력의 새로운 분배 | 무엇이든 쪼개기

데이터로 세상을 이해하다   52
▶ 모든 것의 데이터화 | 사람 대신 데이터를 믿는 시대 | 데이터가 결정을 내리는 시대

2장

당신의 다가올 10년을
좌우할 주제, 데이터

오늘날 우리의 삶을 이끌고 있는 것은 고결한 철학이나 성현의 가르침이 아니라 숫자 덩어리인 데이터다. 출근길에 버스를 타기 위해서는 교통 데이터가 필요하고, 점심시간에는 네이버지도의 별점을 보고 맛집을 찾아다닌다. 쿠팡 같은 온라인 쇼핑몰은 나의 취향을 데이터로 보관하고 이에 맞춰 추천 상품을 1면에 올려 둔다. 내가 무슨 영상을 볼지, 어떤 뉴스를 읽을지도 알고리즘이 정해 준다. 이제 우리의 삶을 인도하는 것은 더 이상 역사와 철학이 아니다. 이미 데이터는 우리의 삶을 지배하고 있다.

데이터는 당연하게 여겼던 것도 불필요하게 만들었다. 대표적으로 가격이다. 예전에는 최저가 비교가 쇼핑할 때 가장 중요한 고려 사항이었다. 그러나 이제는 예전만큼 가격을 유심히 살펴보지 않는다. 가격 대신 더욱 꼼꼼히 살펴보는 것은 바로 별점이다. 별점에는 가격이 알려 주지 않는 제품의 결함이나 숨겨진 장단점이 담겨 있다. 이제 소비자는 가격이 조금 더 비싸더라도 별점이 더 높은 상품을 고른다. 별점 0.1점만 차이가 나도 소비자의 선택은 완전히 달라진다.

데이터는 브랜드도 밀어냈다. 이제 유명한 브랜드를 가지지 못한 기업들도 좋은 상품으로 높은 별점을 받기만 하면 성공하는 시대다. 브랜드의 영향력이 예전만 하지 못하자 누구나 좋은 상품에 도전하는 스타트업의 전성시대가 열린 것이다. 데이터가 브랜드를 밀어낸 또 다른 사례는 요식업이다. 과거에 외식 문화를 선도하던 식당들은 빕스, 베니건스 같은 대기업 브랜드였다. 그러나 지금은 그 위상이 예전만 하지 못하다. 이제 소비자는 브랜드가 아닌 네이버 별점과 사람들의 방문 후기를 보고 식당을 고르기 때문이다. 리뷰 데이터는 사람들의 발걸음을 브랜드 식당에서 동네 식당으로 옮겨 가게 했다. 데이터는 외식 문화를 완전히 바꿔 버렸다.

동시에 자영업자는 별점의 노예로 전락했다. 별점 0.1점에 매출 수백만 원이 왔다 갔다 한다. 자영업자는 별점 5점을 받기 위해 고객에게 영혼까지 갈아 넣어야 하는 신세다. 넉넉한 서비스는 기본이고 아무리 진상 고객이라도 만족할 때까지 성의를 다해 응대해야 한다. 5점 만점이 기본 점수가 된 별점 시스템에서 고객 한 명이라도 악의를 가지고 별점 테러를 벌인다면 그 손해는 막심하기 때문이다. 별점 시스템에서 자영업자는 철저한 을의 신세다.

데이터에는 국적이 없으며 국경도 자유롭게 넘어 다닌다. 우리의 데이터를 국경 너머로 가져가는 기업들이 등장하기 시작했다. 이 순간에도 당신의 인터넷 사용 기록은 바다를 건너 페이스북, 구글, 아마존 등 미국 본사로 넘어가고 있다. 이런 글로벌 플랫폼은 전 세계에서 데이터를 수집해 소비자의 취향을 파악하고 있다. 그 데이터는 궁극적으로 개개인의 취향에 기반한 광고 사업 같은 또 다른 돈벌이에 사용된다. 즉 당신의 일상은 데이터로 기록되어 글로벌 플랫폼 기업의 비즈니스 도구가 되어 버렸다.

나의 데이터가 나의 허락 없이 외국으로 흘러들어 간다는 사실은 주권국가나 개인의 입장에서 결코 반가운 사실이 아니다. 그래서 오늘날 각국은 데이터 주권이라는 새로운 개념을 내세우기 시작했다. 데이터에도 국적과 소유권이 있으며, 한국에서 만들어진 데이터는 한국 내에서만 사용되어야 한다는 주장이다. 나와 관련한 나의 데이터는 글로벌 플랫폼 기업이라 하더라도 제 마음대로 가져갈 수 없으며 나의 허락을 사전에 받아야 한다는 논리다. 이처럼 데이터가 경제적 자원이 되자 세계 각국은 그 이해관계에 따라 새로운 데이터 규제들을 하나둘씩 만들어 내고 있다.

모든 일상이 데이터로 기록되기 시작하자 우리의 가치관도 변화하고 있다. 오늘날 사생활 보호를 위한 프라이버시라는 개념은 크게 퇴색되었다. 프라이버시는 더 이상 과거처럼 오늘날의 사회를 규율하지 못한다. 오히려 지금은 개인정보와 프라이버시를 공개해야 더 많은 혜택을 누릴 수 있다. 인스타그램에 사생활을 공개해야 더 많은 친구가 생기고, 네이버에서 비밀번호와 아이디를 저장해 두어야 다음에도 간편하게 로그인할 수 있다. 인터넷 검색 내역을 웹사이트와 공유해야 온라인 쇼핑몰을 방문했을 때 원하는 상품을 쉽게 찾을 수 있다. 이제 프라이버시라는 이름하에 개인정보를 꽁꽁 숨기고만 있다가는 오히려 불편함만 감수해야 하는 사회가 되었다.

데이터의 효용은 개인적 차원을 넘어 국가 경쟁력을 좌우하기도 한다. 세계 각국이 데이터 패권 경쟁에 나선 이유다. 데이터 경쟁은 우리 사회의 구석에서 일어나는 국지전이 아니라 일국의 모든 산업이 동원되는 총력전의 양상을 띤다. 데이터 패권 경쟁은 가장 기초가 되는 하드웨어(반도체)부터 데이터를 수집, 분석하기 위한 클라우드, AI, 플랫폼 산업 등 전 분야에 걸쳐 있다. 데이터 패권을 둘러싼 외교적, 정책적 노력도 만만치 않다. 미국은 중국의 추격을 따돌리기 위해 주요 국가와 반도체 동맹을 맺었으며, 미국에 맞서는 중국 역시 14억 인구가 만들어 내는 방대한 데이터가 미국으로 유출되지 않도록 자국 기업들을 엄격히 통제하고 있다. 중국 정부는 자국 기업들이 미국 주식시장에 상장하는 것을 통제하고 있는데, 이역시 미중 간 일어나고 있는 데이터 패권 경쟁의 한 단면이다.

이 책은 데이터가 몰고 오는 사회의 변화를 이야기한다. 일반적으로 데이터에 대한 이야기들은 기술tech적 측면에 치우치는 경향이 있지만 이 책은 데이터 기술에는 큰 중점을 두지 않았다. 오히려 데이터와 우리의 일상을 다룬다. 우리는 이미 삶 속 깊숙이 데이터가 들어왔음을 알고 있다. 그러나 데이터가 가져오는 변화가 너무나 방대하고 근본적인 나머지, 개인의 입장에서 그 변화가 무엇을 의미하며 어디로 흘러가는지 파악하기는 쉽지 않다. 따라서 이 책은 데이터가 가져온 변화가 무엇인지를 살펴보고, 우리 사회가 어디로 흘러가는지에 대해 이야기하고자 한다. 또 데이터 시대에서 살아남기 위해서는 어떤 대비를 해야 하는지 등 함께 고민할 만한 주제도 제시해 보았다.

데이터라는 키워드는 향후 10년 동안 펼쳐질 새로운 세상을 이해하기 위해 반드시 짚고 넘어가야 하는 주제다. 이미 사회에서 일어나는 모든 일은 데이터와 떼어 놓고 생각할 수 없다. 아무쪼록 독자들이 이 책을 통해 데이터에 대한 이해를 넓히고, 데이터가 어떤 세상을 만들어 가는지에 대해서도 생각해 보는 계기를 가졌으면 한다. 또 이 책을 읽으며 재미까지 느낀다면 저자로서 더 이상 바랄 나위가 없다.

2024년
강성호

1장

거대한 변화

데이터가 창조하는 새로운 세상

시장의 질서를
바꾸다

가격에 도전장을 내민 데이터

오늘날 데이터는 너무나 평범하고 당연한 것이라 그 존재조차 느끼기 어렵다. 물론 대부분의 사람들은 데이터가 우리 생활 깊숙이 들어왔다는 사실 정도는 어렴풋이 알고 있다. 여기저기서 빅데이터라는 단어가 유행처럼 사용되며, 데이터는 21세기의 석유나 다름없다는 말도 심심찮게 들린다. 일상에서 항상 스마트폰을 끼고 생활하고 스마트폰도 실시간으로 데이터를 주고받기에, 데이터가 우리의 삶과 밀접해졌다는 사실 정도는 모두가 체감하고 있다.

그러나 오늘날 대부분의 사람들은 데이터가 우리 사회를 어떻게 바꾸어 놓는지 제대로 이해하지 못한다. 그 영향은 우리의 체감 이상이기 때문이다. 데이터는 단순히 삶을 편리하게 만드는 것을 넘어서 사회가 작동하는 근본적인 법칙을 흔들고 있다. 데이터는 일상을 송두리째 바꿔 놓았을 뿐만 아니라 기본적 질서에도 도전한다. 데이터는 이미 우리가 당연하게 여기던 많은 것들을 불필요하게 만들어 가고 있다.

대표적인 사례로 데이터는 '가격price**'의 역할을 대신해 나가고 있다.** 지금까지 상품을 구매할 때 가장 중요한 판단의 기준은 바로 가격이었다. 가격은 상품을 구매할 만한지를 결정하는 기준점이며, 품질에 대해서도 대략적인 정보를 전달하는 수단signal이었다. 보통은 가격이 비싼 만큼 품질도 좋을 가능성이 높기 때문이다. 판매자 역시 소비자들이 지갑을 열 수 있도록 어떤 상품을 '얼마에 팔 것인가'를 치열하게 고민해 왔다.

그러나 데이터 시대에 가격은 더 이상 소비자가 참고하는 유일한 지표가 아니다. 오히려 소비자는 이제 가격 대신 별점을 보고 의사 결정을 한다. 별점에는 가격이 전달하지 못하는 다양한 정보가 담겨 있기 때문이다. 상품의 만족도뿐만 아니라 가성비, 가심비, 그리고 AS센터의 친절함마저도 반영된다. 별점에 딸린 리뷰를 읽어 보면 상품에 숨겨진 문제점이나 다른 소비자들이 느끼는 디테일한 불편함까지 파악할 수 있다. 별점은 가격이 주는 편협한 정보를 넘어, 소비자의 의사 결정에 필요한 종합적인 정보를 제공한다.

별점이 오로지 소비자의 선호에 의해 결정된다는 점도 가격의

운영 주체	가격	데이터(별점, 후기)
판단 기준	과거 구매의 판단 기준	오늘날 구매 시 판단 기준
신뢰성	시장 상황에 따라 유동적	시장 상황과 무관하게 안정적
단순성	단일한 숫자	별점 분포에 따라 조회 가능
정보량	제한적 정보	다양한 정보

지위를 위협하게 된 이유다. 가격은 시장의 양쪽 측면의 상호작용에 의해 결정된다. 그러다 보니 소비자의 관심 사항과 무관한 요소도 가격에는 반영된다. 예컨대 생산비나 유통비가 오른 것과 같은 요인이다. 그러나 별점은 그런 정보를 묻지 않는다. 오로지 100% 소비자의 만족도에 의해서만 결정된다. 그러니 소비자는 가격 대신 별점을 신뢰하게 되었으며, 이로 인해 데이터(별점)는 가격이 경제에서 수백 년간 누려온 신성한 지위를 차지해 버렸다.

가격의 지위가 예전만 못하다는 것은 온라인 쇼핑몰의 트렌드에서도 나타난다. 수년 전만 하더라도 온라인 쇼핑몰의 마케팅 포인트는 바로 최저가 비교였다. 특히 2000년대 초반을 이끌었던 대형 온라인 쇼핑몰은 동일한 상품의 최저가를 비교하는 방식으로 영업을 했다. 예컨대 다나와나 에누리닷컴 같은 쇼핑몰은 여러 쇼핑 사이트의 가격을 비교해서 최저가를 찾아 주는 방식으로 인기를 끌었다. 이는 미국도 마찬가지였다. 아마존이 지금의 자리에 오르기 전까지 가장 주목받았던 쇼핑몰은 이베이eBay였다. 이베이는 데이터가 아니라 가격이 시장 거래의 중심이 되는 경매 사이트에서 출발했다. 경매를 통해 판매자에게는 최고가로, 구매자에게는 최저가로 상품을 판매하던 사이트가 온라인 쇼핑 문화를 선도했던 시절이었다.

그러나 지금은 어떤 쇼핑몰도 최저가 비교를 전면에 내세우지 않는다. 가격이란 이제 소비자에게 크게 매력적이지 않는 낡은 기준이 되었다. 대신 쇼핑몰이 심혈을 기울이는 영역은 정확한 데이터의 전달이다. 그래서 소비자의 리뷰를 일목요연하게 분류하고 알기 쉽게 정리한다. 소비자가 더 많은 리뷰를 작성하도록 소정의 보상incentive을 주기도 하고, 사진과 동영상이 담긴 사용 후기를 전면에 배치하기도 한다. 이제 온라인 쇼핑 시장은 가격이 아니라 데이터로 승부하는 시대가 온 것이다.

동네 맛집의 탄생

브랜드brand도 데이터의 도전을 받고 있다. 브랜드 역시 오랫동안 소비자가 제품을 구매할 때 참고하던 소비 기준이었다. 그래서 널리 알려진 브랜드를 가진 대기업이 시장 경쟁에서 우위에 서는 경우가 일반적이었다. 데이터가 존재하지 않는 시장에서 소비자가 믿을 구석은 대기업이라는 브랜드뿐이었다. 경영학에서도 브랜드 가치라는 주제는 흥미로운 연구 대상이었으며 유력 신문사도 세계 100대 브랜드 순위를 매년 보도했다. 기업 경영 전략에도 항상 브

데이터는 어떻게 세상을 지배하는가

랜드는 중심에 있었다. 과거 한국 기업은 일본 ○○사와의 기술제휴를 내세우거나, 중소기업이 제조해도 삼성, LG의 브랜드를 붙이는 경우도 있었다. 이런 사실은 데이터가 없던 시절에 브랜드가 얼마나 막강한 파워를 가졌는지를 보여 준다.

그러나 오늘날 브랜드는 예전과 같은 지위를 누리지 못한다. 브랜드 이외에도 상품을 판단할 수 있는 수단이 다양해졌기 때문이다. 브랜드가 힘을 잃은 가장 대표적인 산업은 외식업계다. 오랫동안 고급 레스토랑이라는 외식 트렌드를 이끌어 온 주인공들은 대기업 프랜차이즈였다. 베니건스, 빕스, TGIF 같은 패밀리 레스토랑들 말이다. 이들은 높은 가격에도 불구하고 대기업 브랜드를 바탕으로 소비자의 신뢰를 얻었고 오랫동안 고급 레스토랑의 대명사로 여겨져 왔다.

하지만 지금은 상황이 완전히 다르다. 패밀리 레스토랑은 과거처럼 큰 인기를 끌지 못한다. 이제 외식업계에는 가격이 훨씬 저렴한 데다 자기 나름의 개성을 가진 동네 맛집이 대거 등장했기 때문이다. 동네 맛집의 유행은 2000년대 후반부터 본격적으로 시작되었다. 그리고 이들은 인스타그램 같은 SNS 열풍을 타고 외식 문화를 선도하는 트렌드로 자리를 잡았다. 동네 맛집이 떠오르는 동안 패밀리 레스토랑의 인기는 사그라졌으며 일순간 시장에서 밀려난 신세가 되었다.

동네 맛집이 대형 레스토랑을 밀어냈다는 것은 매우 재미있는 현상이다. 한국 사람들만큼 대기업 브랜드를 신봉하는 사례는 찾기 어렵다. 옷은 물론이고 식재료, 가전제품도 대기업 제품을 선호한다. 심지어 집(아파트)도 대기업 브랜드라면 프리미엄 가격이 붙는다. 이러한 시장에서 골목 가게가 대기업을 이겼다는 사실은 매우 접하기 어려운 독특한 현상이다.

동네 맛집이 대기업 레스토랑을 물리칠 수 있었던 비결은 바로 데이터에 있다. 데이터가 등장하기 이전에는 동네 식당들이 사람들의 관심을 받기가 어려운 구조였다. 소비자 입장에서는 동네 맛집의 맛과 서비스를 사전에 제대로 알기 어려웠기 때문이다. 표준화된 서비스를 제공하는 대기업 프랜차이즈와 달리 개인이 운영하는 동네 식당은 맛이나 서비스가 천차만별일 수밖에 없다. 이런 경쟁 구조하에서 알려지지 않은 동네 식당은 사람들의 인기를 끌기가 매우 어려웠다.

그러나 네이버지도, 구글지도 등의 지도 앱이 출시되고, 인스타그램 등의 SNS 서비스가 대중화되자 상황은 완전히 달라졌다. 동네 식당에 대한 데이터(별점, 리뷰)가 쌓이기 시작한 것이다. 이제는 어떤 식당이 음식을 잘하고 또 서비스가 좋은지 등이 모두 별점으로 기록된다. 이제 소비자는 한번도 가보지 않은 동네 식당에도 별다른 의심(?) 없이 자신감을 가지고 방문할 수 있다. 별점은 맛이 좋은 식당뿐만 아니라 분위기나 서비스가 좋은 식당 등 소비자의 취향에 맞는 정보도 친절하게 알려 준다.

때로는 별점이 우위에 서서 브랜드를 심판하기도 한다. 똑같은 맥도날드 매장이라고 해도 지점에 따라 별점이 다르다. 가령 맥도

날드 A지점은 별점이 4.5이지만, B지점은 별점이 2.5인 경우가 있다. 같은 브랜드의 매장이라도 관리 상태, 직원의 숙련도, 서비스는 차이가 날 수밖에 없어서다. 즉 오늘날에는 더 이상 브랜드가 품질을 보장하지 않는다. 오히려 데이터가 소비자에게 상품과 서비스의 품질에 대한 보다 정확한 신뢰를 준다.

이렇게 보면 자영업자를 살려 내고 오늘날의 요식업계를 만든 것은 다름 아닌 데이터라고 봐야 한다. 네이버지도는 동네 맛집의 시대를 열었고, 지도에 쌓인 별점은 수많은 자영업자의 일자리를 만들었다. 브랜드를 가지지 못했던 자영업자는 데이터를 무기로 삼았고, 데이터는 골목 상권을 살려 낸 원동력이 되었다. 이제는 대기업 브랜드보다 동네 맛집이 더욱 성의 있게 느껴지기도 한다. 나도 대기업 브랜드보다 동네 빵집을 선호한다. 친구의 생일 케이크를 파리바게뜨보다 나만 아는 동네 빵집에서 샀을 때 더 정성스럽게 느껴지기 때문이다.

데이터가 브랜드를 밀어내는 현상은 화장품 시장에서도 나타났다. 감성이 중요한 화장품 시장에서 브랜드란 절대적인 구매 기준이었다. 동일한 원료로 똑같은 화장품을 만들더라도 고급 브랜드 제품이 소비자의 구매욕을 자극하기에 유리했다. 그래서 많은 화장품 회사는 고급 브랜드 라인을 가지고 있다. 아모레의 '설화수', LG생활건강의 '후'가 여기에 해당한다. 고급 브랜드일수록 소비자의 신뢰를 얻기 쉬웠으며, 그래서 고급 브랜드를 앞세운 한국의 화장품은 오랫동안 중국 시장에서 선전해 왔다. 게다가 한국은 뷰티 강국이라는 국가적 이미지에 힘입어 유명한 대기업 브랜드가 중국 시장에서도 큰 인기를 끌었다.

그러나 지금은 사정이 완전히 다르다. 중국에서 한국의 대기업 화장품 브랜드는 완전히 몰락했다고 해도 과언이 아니다. 오히려 지금 중국 화장품 시장을 선도하는 주체는 브랜드가 아니라 소위 '왕홍网红'이라 불리는 중국의 SNS 인플루언서들이다. 이들은 잘 알려지지 않은 상품, 가성비가 뛰어난 중소기업의 상품을 소개하고 소비자의 호평과 구매를 유도한다. 중소형 브랜드라 하더라도 사용 후기와 데이터가 쌓이자 단숨에 한국 대기업의 화장품은 시장에서 밀려나고 말았다.[1]

한편 최근 스타트업의 유행도 데이터와 무관하지 않다. 인터넷 시대가 열리던 2000년대 초반에도 벤처기업이 유행한 적은 있지만 오늘날 스타트업 열풍은 그 이상이다. 한국에서 한 해 동안 생겨나는 창업 기업 수는 약 130만 개다. 한국의 경제활동 인구가 약 2700만 명이니 20명 중에 1명꼴로 창업에 도전한다는 뜻이다. 이러한 창업 열풍은 이름이 알려지지 않은 스타트업도 시장의 선택을 받을 수 있는 기업 환경이 조성되었기 때문이다. 이제는 브랜드를 가진 대기업incumbent만 성공하는 시대가 아니라 좋은 상품을 출시하고 소비자의 리뷰를 받는 도전자entrant도 성공하는 시대가 된 것이다.

좋아요가 돈이 되는 시대

패밀리 레스토랑이 동네 맛집에게 자리를 내준 이야기, 한국의 뷰티 브랜드가 중국 시장에서 패배한 이야기는 시장의 권력이 데이터로 넘어갔음을 말해 준다. 오늘날 기업 활동의 중심에는 데이터가 있으며 모든 기업이 벌이는 경쟁은 바로 데이터 경쟁이다. 좋은 상품을 만드는 것만큼이나 그 상품에 대해 긍정적인 데이터(리뷰와 별점)를 만들어 내는 것이 기업의 생존을 위해 중요해졌다. 쉽게 말하면 상품이 아니라 좋아요가 돈이 되는 시대다.

데이터가 기업의 생사를 결정하자 기업이 소비자와 소통하는 방식도 크게 변화했다. 과거에는 기업의 주된 홍보 수단이 브랜드나 스타 연예인을 앞세우는 것이었다. 이를 통해 기업은 자신의 이야기를 일방적으로 소비자에게 전달했다. 그러나 데이터 시대에는 소통 방식이 완전히 달라졌다. 기업은 기존의 방식이 아니라 소비자가 스스로 데이터를 만들어 내도록 유도하는 수단을 사용한다. 긍정적인 리뷰를 작성하거나 인스타그램을 팔로우하면 할인 쿠폰을 제공하는 방식으로 소비자와 소통하는 것이다.

데이터가 기업의 생사를 가르는 요인이 되자 기업은 부정한 방법의 유혹을 받기도 한다. 바로 가짜 데이터(가짜 리뷰)를 생성하는 것이다. 수많은 기업이 직원을 동원해 조회수를 올리고 자사 제품에 5점 만점을 준다. 인터넷에서는 건당 500~5000원을 받고 가짜 리뷰를 작성해 주는 마케팅 회사도 쉽게 찾아볼 수 있다. 심지어 개

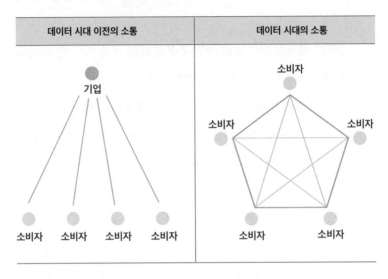

데이터 시대 이전의 소통	데이터 시대의 소통

인들의 ID도 거래된다. 가짜 리뷰를 생성하려면 다수의 ID가 필요
해서다.

　그러나 가짜 데이터는 플랫폼 기업의 생존을 심각하게 위협한
다. 플랫폼이 가짜 데이터로 도배된다면 그 누구도 플랫폼을 찾지
않을 것이기 때문이다. 실제로 네이버는 가짜 데이터로 인해 검색
엔진이라는 본연의 기능을 위협받고 있다. 네이버로 검색을 하면
수많은 광고성 글만이 검색될 뿐 소비자가 찾는 제대로 된 정보는
검색되지 않는다. 만약 가짜 데이터의 범람이 더욱 심각해진다면
아무도 네이버를 찾지 않을 것이다. 따지고 보면 **플랫폼은 데이터를
유통하는 기업이며 데이터가 오염되는 순간 생명력을 다한다.**

그래서 오늘날 대부분의 플랫폼 기업은 가짜 데이터와 전쟁을 벌인다. 인터넷에는 돈을 받고 리뷰를 조작하거나 경쟁 업체에 별점 테러를 가하는 대행 업체들이 넘쳐 난다. 플랫폼 기업은 이러한 대행 업체들에 적극적으로 법적 조치(형법상 업무방해죄)를 취하고 있다. 가짜 데이터는 정직하게 일하는 자영업자들을 몰아낼 뿐만 아니라 플랫폼 기업 자체의 존립마저 위협하기 때문이다.

플랫폼은 알고리즘Algorithm을 공개하지 않는 방식으로 가짜 리뷰를 예방하기도 한다. 네이버는 실시간 검색어의 집계 방법, 유튜브는 1면 영상의 선정 기준, 구글은 검색 결과를 정렬하는 방법을 명시적으로 공개하지 않는다. 만약 알고리즘의 작동 방식이 대중에게 알려진다면 이를 역이용할 수도 있기 때문이다. 예컨대 유튜브의 1면 영상 추천 알고리즘이 공개된다면, 사람들은 알고리즘에 맞추어 허위 댓글을 달거나 좋아요를 누르는 방식으로 1면 영상을 조작할 수 있다. 따라서 플랫폼은 역이용(악용)의 가능성을 원천 차단하기 위해 알고리즘을 철저히 비밀에 부친다. 마치 공정한 심사를 위해 채점 기준표를 공개하지 않는 셈이다.

가짜 데이터를 걸러 내기 위한 또 다른 방법은 별도의 인증 절차다. 예컨대 네이버는 리뷰를 작성할 때 그 업체에서 실제 구매한 영수증을 첨부하도록 요구한다. 내가 내 돈 주고 산 물건임을 인증하게 만드는 것이다. 이는 물건도 구매하지 않고 경쟁 업체에 악의적 리뷰를 작성하는 행위를 막는 방법이다.

가짜 데이터를 걸러 내는 AI를 개발하기도 한다. 이 방식은 주로 배달 앱에서 많이 사용한다. 음식점 사이에서는 별점 0.1점에 매출 수백만 원이 왔다 갔다 한다. 그래서 요식업계에서는 불법 마케팅 업체를 고용해 허위로 별점을 주는 부정행위의 유혹을 줄곧 받는다. 그러다 보니 배달의민족을 비롯한 배달 앱들은 가짜 리뷰를 자동으로 걸러 내기 위한 AI까지 개발해 사용하고 있다. 고의적인 악플 작성이 반복되면 그 사람을 악플러로 분류하는 방식이다.

이처럼 데이터 시대의 도래는 오늘날 기업이 경쟁하는 양상을 완전히 바꿔 놓았다. 소비자와의 소통 방식도 달라졌으며 플랫폼의 주된 관심사도 가짜 데이터를 어떻게 차단할지가 되었다. 이 모두는 과거에는 전혀 상상도 할 수 없었던 경쟁 양상이다. 데이터는 경제의 작동 원리는 물론 기업의 생존 방식도 바꾸어 놓았다.

화폐를
위협하다

돈 대신 데이터

돈 대신 데이터를 받는 기업도 등장했다. 바로 카카오톡, 페이스북 같은 플랫폼 기업이다. 대부분의 플랫폼 기업은 자신들이 서비스를 제공하는 대가로 아무런 금전을 요구하지 않는다. 그 대신 이들은 서비스 제공의 대가로 소비자들의 데이터를 받는다. 플랫폼에 최초로 가입할 때 '개인정보 제공 동의' 버튼에 체크해야 하는데 이는 소비자들의 데이터를 가져가겠다는 계약이다.(이 책에서는 간결성을 위해 데이터, 정보, 개인정보, 프라이버시 등 유사 용어를 혼용한다. 논의를 전개하는 데 엄격한 구분이 큰 의미가 없기 때문이다. 가급적이면 데이터를 주로 사용한다.) 플랫폼이 수집하는 데이터는 다양하다. 이름, 나이 등 기본적인 신상 정보뿐만 아니라 행동 데이터도 수집한다. 내가 인터넷에서 무엇을 클릭했고, 어떠한 검색을 했는지에 대한 정보가 플랫폼 기업 측으로 넘어가는 것이다.

플랫폼 기업은 그 데이터를 모아 맞춤형 광고 사업을 벌인다. 소비자의 신상 정보와 행동 데이터를 알고 있으니 개인화된 광고를 타기팅하는 것이 훨씬 수월하다. 카카오, 구글, 페이스북 등 이름이 알려진 대부분의 플랫폼 기업은 이 비즈니스 모델을 기본적인 전략으로 삼는다. 페이스북이 빅테크로 단숨에 올라선 비결도, 무료로 제공하는 카카오톡이 엄청난 수입을 내는 비결도 돈 대신 데이터를 받는 사업 구조에 있다.

플랫폼이 돈 대신 데이터를 받는다는 것은, 플랫폼에서는 데이터가 일종의 화폐currency 역할을 한다는 뜻이다. 서비스를 받기 위한 교환의 매개 역할을 화폐가 아니라 데이터가 하는 것이다. 또 플랫폼이 데이터를 모아 새로운 비즈니스를 하는 과정도 화폐가 자본이 되는 과정을 닮아 있다. 푼돈money이 모이면 거대한 자본capital이 되듯이 플랫폼도 데이터를 모아 새로운 비즈니스를 만들어 낸다.

증권회사 중에도 돈 대신 소비자의 데이터를 받아 가는 회사가 있다. 바로 2013년 미국에서 설립된 스마트폰 전용 증권회사인 로빈후드Robinhood다. 로빈후드의 사업 모델은 일반적인 증권회사와 다를 바 없다. 개인 투자자가 주식을 사고팔 수 있는 서비스를 제공하는 것이다. 그런데 로빈후드의 특이점은 주식 매매에 따른 수수료

[1-3] 플랫폼 기업과 데이터의 흐름

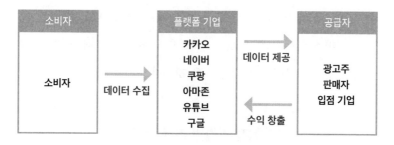

를 받지 않는다는 점이다. 보통 증권사들의 주된 수입원이 거래 수수료인 것과 대비된다.

로빈후드가 수수료를 받지 않는 비결은 돈 대신 데이터를 받기 때문이다. 로빈후드가 가져가는 데이터는 고객들이 주식을 사고팔 때 만들어지는 주문 데이터PFOF다. 예컨대 어떤 투자자가 로빈후드에서 삼성전자 주식을 8만 9000원에 사고 싶다는 주문을 냈다면 이 데이터를 가져가는 것이다. 이 주문 데이터는 그 즉시 다른 증권사로 넘어가 삼성전자 주가를 실시간으로 예측하는 데 사용된다. 개인들의 주문 동향을 실시간으로 취합할 수 있다면 1초 뒤에 주가가 어떻게 변화할지 더 정확하게 예측할 수 있기 때문이다. 다른 사람들의 주식 주문 데이터를 미리 전송받는 상황에서는 데이터가 곧 돈이나 다름없다.

이 이야기들은 경제를 이해하는 관점이 변해야 함을 보여 준다. 전통적인 경제에서는 돈의 흐름이 가장 중요했다. 사람들은 돈이 돌면 경제가 살아난다고 생각했다. 그러나 오늘날 경제에서는 돈이 아니라 데이터가 돌고 있다. 더 많은 데이터가 유통되면 기업은 그 데이터에 기반한 새로운 서비스(비즈니스)를 만들어 낸다. 새로운 서비스가 생기면 새로운 일자리도 늘어난다. 이제는 데이터가 돌아야 경제가 돌아가는 세상이 온 것이다.

적자 기업의 높은 주가

플랫폼 기업이 돈 대신 데이터를 받는다는 사실은, 이들이 구조적으로 (돈의 관점에서) 적자를 겪을 가능성이 높다는 뜻이다. 실제로 유명한 글로벌 플랫폼 기업은 대부분 적자다. 우버, 리프트, 트위터, 스냅 등 누구나 이름을 들어 봤을 법한 기업들이 모두 적자 상태에 빠져 있다. 물론 시장에 자리를 잡은 몇몇 플랫폼 기업은 흑자 전환에 성공한 경우도 있지만, 대부분은 아직 적자에 허덕이고 있거나 이듬해에 다시 적자 기업으로 전환하는 경우도 부지기수다.

한국의 플랫폼 기업도 상황은 마찬가지다. 카카오톡도 2010년에 창업한 이후 2013년까지는 계속 적자를 기록했다. 당근마켓, 배달의민족, 쏘카, 마켓컬리 등도 2021년까지 모두 적자 상태였다. 적자 규모도 작지 않아서 매년 수백억에서 수천억 원에 이른다. 대표 쇼핑몰인 쿠팡도 오랫동안 적자 기업이었다. 쿠팡은 분기마다 수천억 원의 적자를 기록했고 그 적자는 주주들이 추가 출자를 통해 메워야 할 몫으로 돌아갔다.

어마무시한 적자에도 불구하고 역설적으로 플랫폼 기업의 주

주요 온라인 플랫폼 실적 (단위: 원)		2020년		2021년		2022년	
		매출	영업이익	매출	영업이익	매출	영업이익
중고 거래	당근마켓	118억	-134억	257억	-352억	499억	-464억
	크림			33억	-595억	459억	-860억
배달	배달의민족	1조 336억	-112억	2조 87억	-757억	2조 9471억	4241억
모빌리티	쏘카	2206억	-147억	2809억	-210억	3976억	94억
부동산	직방	458억	38억	559억	-82억	883억	-370억
이커머스	오늘의집	759억	-101억	1176억	-385억	1864억	-362억
	마켓컬리	9531억	-1163억	1조 5614억	-2177억	2조 336억	-2289억

출처: 금융감독원 전자공시시스템

가는 매우 높게 형성되어 있다. 당근마켓의 기업 가치는 3조 원 수준이며 배달의민족은 15조 원이다. 전통적인 제조 기업인 LG전자가 15조 원 정도임을 감안하면, 플랫폼 기업의 주가가 얼마나 높은 수준인지 짐작된다. 재미있는 점은 적자 규모가 클수록 주가가 높아졌다는 것이다. 쿠팡은 2021년에 사상 최대의 적자(1.8조 원)를 기록했지만, 동시에 그 기업 가치는 사상 최고가인 100조 원 이상으로 평가받기도 했다.

적자 기업의 주가가 이렇게 높은 현상을 어떻게 설명할 수 있을까. 심지어 적자 규모가 커졌는데도 주가는 최고치를 기록하는 현상을 어떻게 설명해야 할까. 이를 전통적 경제 이론만으로 설명하기는 쉽지 않다. 전통적 관점으로는 돈을 많이 버는 기업이 주가도 높아야 당연하다. 기업의 금전적 수익이 곧 주가이기 때문이다. 그러나 플랫폼 기업의 높은 주가는 돈의 관점으로는 설명되지 않는다.

이를 설명하기 위해서는 데이터 관점으로의 전환이 필요하다. 플랫폼 기업은 돈 대신 데이터를 벌고 있다. 플랫폼은 돈(화폐)의 관점에서는 적자이지만 데이터 측면에서는 엄청난 흑자 기업이다. 플랫폼이 벌어들이는 데이터의 가치를 감안하면 이들의 높은 주가는 간결하게 설명된다. 즉 플랫폼 기업의 주가는 돈의 관점이 아니라 '데이터=주가'라는 관점에서 설명되어야 한다.

데이터가 기업 가치를 결정하는 대표적인 사례는 바로 페이스북이다. 2011년 회계감사 결과에 따르면 페이스북의 자산 가치는 63억 달러 수준이었다. 다음해인 2012년 나스닥에 상장되는데 이때 기업 가치는 1040억 달러로 평가되었다. 회계 감사 결과와 실제 기업 가치의 엄청난 격차(63억 vs 1040억)는 무엇으로 설명해야 할까. 이는 페이스북의 핵심 자산인 데이터로 설명할 수밖에 없다. 페이스북은 게시글, 좋아요, 댓글 등 사용자의 데이터를 핵심 자산으로 모아 둔 기업이며, 이 데이터의 가치가 페이스북의 실제 기업 가치를 결정한 것이다.

데이터가 곧 주가라는 설명은 비단 페이스북에만 국한되지 않는다. 오늘날 세계에서 가장 잘나가는 기업은 모두 데이터를 수집하는 플랫폼 기업이다. '매그니피센트 7'이라 불리는 미국의 대표 IT 기업들은 모두 데이터를 통해 비즈니스를 영위하는 곳이다.

데이터로 설명하는 기업의 가치

대표적 플랫폼 기업인 네이버와 카카오는 한국에서 10~20위 수준의 기업 가치를 가지고 있다. 그러나 이들이 만들어 내는 (화폐적) 수익은 그에 훨씬 미치지 못한다. 비슷한 기업 가치(시가총액)를 가진 기업은 LG화학, 기아자동차 등이 있다. 이 전통적 제조 기업들은 카카오, 네이버에 비해 훨씬 많은 수익을 낸다. 즉 거꾸로 말하면 플랫폼 기업은 벌어들이는 돈에 비해서 매우 높은 주가가 형성되어 있는 셈이다.

돈이 기업의 주가를 설명하지 못한다는 사실은, 이제는 돈이 오랫동안 누려 온 그 신성한 자리를 데이터라는 새로운 도전자에게 내주고 있다는 사실을 보여 준다. 이제 오늘날의 경제 현상을 돈의 관점으로만 설명하기 매우 어렵다. 오히려 화폐보다 데이터로 설명 가능한 경제 현상들이 많아지고 있다.

사회를
변화시키다

프라이버시가 위협받는 사회

오늘날 자신의 개인정보를 통제하기란 사실상 불가능하다. 이미 나의 개인정보는 플랫폼 기업에 공유되어 있으며 이 순간에도 인터넷 어디인가를 떠돌고 있다. 그러나 우리는 어떤 개인정보가 어디로 공유되고 있는지조차 파악하지 못한다. 오늘날 플랫폼 기업이 수집하는 데이터의 종류나 처리하는 과정은 일반인의 이해 수준을 넘어선 지 오래다. 따라서 과거에는 개인정보를 통제할 수 있었지만, 이제는 그 누구도 자신의 개인정보를 통제하기 어려운 지경에 이르렀다.

그러나 개인정보 공유의 혜택을 마음껏 누리고 있다는 것도 분명하다. 인스타그램에 일상생활을 공유해야 더 많은 친구가 생기고 교우 관계가 유지된다. 네이버에 아이디와 비밀번호를 저장해 두어야 매번 입력하지 않고도 자동으로 로그인할 수 있다. 쿠팡에서 쇼핑할 때 관심 품목을 자동으로 추천받는 것도 데이터를 넘겨주었기 때문이다. 즉 우리는 개인정보가 어떻게 사용되는지 알지 못하지만, 개인정보의 공개를 통해 엄청난 이득을 누리는 사회에서 살고 있다.

페이스북 창업자인 마크 저커버그가 '프라이버시의 시대는 끝났다'고 말한 것도 같은 맥락이다. 이제 프라이버시를 무작정 지키는 것이 더 이상 바람직한 사회적 규범social norm이 될 수 없다. 페이스북 창업 초기만 해도 사람들은 개인정보를 인터넷에 올리는 것을 꺼려 했지만, 불과 몇 년 만에 자신의 나이, 직업, 거주지는 물론 취향이나 정체성 같은 사적 정보까지 자발적으로 공개한다. 프라이버시를 지킨다는 가치는 점차 퇴색되고 있으며, 이를 공개하여 얻는 혜택은 갈수록 커지고 있는 것이 사실이다.

프라이버시 공개가 가져오는 편익은 개인의 수준을 넘어서서 사회적으로도 많은 혜택을 불러온다. 개인의 휴대폰 위치 데이터가 집단적으로 모이면 정부의 도시정책이나 교통정책에 활용된다. 한국에서는 사람들의 위치 데이터를 코로나19의 역학조사에 활용했다. SNS의 빅데이터로 여론 동향을 파악하거나, 사람들의 검색 내역으로 독감 유행 여부를 예측하기도 한다. 이처럼 개인들이 내놓

는 데이터는 개인적 차원을 넘어 사회의 발전을 위한 유익한 도구로도 사용된다.[2]

그래서 저커버그의 주장은 오랫동안 힘을 얻어 왔다. 조금 극단적으로 말하면 차라리 개인정보를 자유롭게 제공하되 그 이익을 어떻게 활용하고 공유할지를 논의하는 편이 생산적일지도 모른다. 마냥 데이터의 흐름을 틀어막기보다 어떻게 수집되는지를 이해하고 부작용에 대비하는 편이 낫다. 나아가 악용될 가능성을 통제하는 데 집중하는 것이 앞으로 우리가 해결해야 할 과제일지도 모른다.

권력의 새로운 분배

데이터는 사회의 권력도 재분배한다. 과거에는 대부분 전문성을 검증받은 사람들이 대중적인 영향력을 행사했다. 외국의 유명 대학에서 박사 학위를 받거나 자격증을 취득한 변호사, 의사 같은 전문가가 오피니언 리더로서 자리매김했다. 이들은 전문성과 그에서 나오는 권위를 바탕으로 TV 프로그램에 출연하거나 언론사에 칼럼을 기고하며 자신의 지식을 사회에 공급해 왔다.

따라서 전문성을 검증하는 사람gatekeeper들이 막강한 권한을 누려 왔다. 방송국의 PD는 누가 TV에 출연할지를 결정했고, 언론사의 편집부장은 오피니언 리더들을 선별해 냈다. 신춘문예의 심사위원 몇 명이 문인들의 등용 권한을 움켜쥐고 있었다. 권한은 소수의 권력자들에게만 집중되어 있었고, 그 권력자들의 눈에 들어야 비로소 나의 재능을 펼칠 기회가 주어졌다.

오늘날은 상황이 완전히 달라졌다. 학위나 자격증이 없더라도 자신의 지식을 인정받고 공급할 수 있는 다양한 방법이 등장했다. 예컨대 나의 생각(콘텐츠)이 얼마나 가치 있는지에 대한 검증은 학위가 아니라 플랫폼을 통해 이루어진다. 내가 가진 콘텐츠의 가치는 대중으로부터 받는 좋아요의 숫자로 증명된다. 이런 사실은 과거처럼 소수의 권력자들에 의해서 전문성을 검증하는 시대가 끝났음을 뜻한다. 오히려 대중으로부터 좋아요를 많이 받는 사람이 지식과 정보를 유통하는 자격을 얻는 시대다.

이런 현상은 권력 이동의 단면을 보여 준다. 소수의 권력자들 대신 데이터와 플랫폼이 사회의 권위와 영향력을 배분하게 된 것이다. 플랫폼이 사회적 권위를 배분한다는 사실은 플랫폼에 대한 민주적 통제의 필요성을 시사한다. 플랫폼이 자신의 이해관계에 따라 특정 집단이나 인물에게 사회적 권위를 제공할 위험성이 존재하기 때문이다. 따라서 많은 사람들은 플랫폼이 데이터를 처리하는 과정(알고리즘)을 통제해야 한다고 주장한다. 데이터를 생산하고 처리하는 과정에서 권력의 새로운 분배가 이루어진다는 사실은 알고리즘이 얼마나 중립적이고 공정한가에 대한 질문으로 연결될 수밖에 없기 때문이다.

무엇이든 쪼개기

데이터는 소비자와 시장을 쪼개고 있다. 물론 과거에도 기업은 소비자의 특성에 따라 마케팅 전략을 달리하는 시장 세분화Segment 전략을 구사해 왔다. 다만 소비자를 나이와 성별 등 몇 개의 그룹으로 구분하는 것이 전부였다. 고객층을 나누어 타기팅Targeting하고 상품의 마케팅 전략을 정하는Positioning 방식이었다.

그러나 최근에는 개인의 데이터가 축적되면서 기업이 시장을 구분하는 단위가 매우 세밀해졌다. 개인 맞춤형 마케팅은 물론이고 기업들은 소비자 개개인을 넘어서는 수준까지 구분한다. 이제는 개인조차 1/10단위로 쪼개어진다. 동일한 사람도 시간과 공간에 따라 취향이 달라지기 때문이다. 예컨대 유튜브는 아침 출근길과 저녁 퇴근길에 추천하는 영상이 다르다. 시간에 따라 선호하는 콘텐츠의 종류가 달라서다. 아마존도 동일한 소비자에게 요일에 따라 각기 다른 상품을 추천한다. 월요일엔 사무용품을, 금요일엔 레저용품을 추천하는 식이다. 이는 데이터가 축적되면서 기업의 마케팅 전략이 초超개인화되고 있음을 의미한다.

콘텐츠도 쪼개어진다. 이전까지는 한 권의 책을 통째로 소비하고 한 편의 영화를 처음부터 끝까지 정주행하는 방식이 익숙했다. 그러나 지금은 어떤 콘텐츠에서 사람들의 반응이 가장 좋았던 부분만을 골라서 볼 수 있는 시대다. 예컨대 유튜브는 사람들이 '다시보기'를 가장 많이 한 장면을 그래프 모양으로 제공한다. 시간이 부족

Best Data Science Degrees to Get Hired

365 Data Science
구독자 30.3만명

구독

👍 3.1천   👎   ↗ 공유   ⬇ 오프라인 저장   ✂ 클립   ...

출처: 365 Data Science, 유튜브 채널 영상 캡처

해 영상 전체를 정주행할 수 없는 시청자나, 핵심만 골라 보고 싶어 하는 콘텐츠 체리피커cherry picker를 위해 '가장 많이 본 장면'으로 바로 넘어갈 수 있도록 만들었다. 이처럼 하나의 콘텐츠도 사람들의 피드백에 따라 정밀하게 세분화된다.

시간대별로 축적된 시청자의 반응 데이터는 영상 제작자의 작업 방식도 바꿔 놓았다. 이제는 반응이 좋았던 장면이 어디인지 알 수 있으며 이를 1분짜리 숏폼short form 영상으로 다시 만들어 낸다. 데이터 덕분에 적은 노력으로 다양한 콘텐츠를 생산하는 것이다. 마찬가지로 강의 영상을 찍는 강사는 다시보기가 가장 많았던 장면을 통해 강의가 미진했던 부분이 어디인지를 알 수 있다. 이처럼 콘텐츠에 대한 소비 데이터는 제작자의 작업 과정에도 많은 영향을 미친다.

데이터는 상품도 쪼개어 버렸다. 예전에는 자동차를 구입해야

전통적 경제		데이터 경제
소유 = 사용		소유 ≠ 사용
일자리 = 장기 고용 계약	데이터의 유통	일자리 ≠ 장기 고용 계약
1개의 직업	→	N잡러
유휴 자원의 존재		유휴 자원 최소화
과잉 생산		최적 생산

사용할 수 있었다. 하나의 자동차는 한 명의 소유물이었기 때문이었다. 그러나 이제 자동차도 쏘카SOCAR 같은 공유 플랫폼을 통해 여러 사람이 번갈아 가며 탈 수 있다. 공유 플랫폼은 자동차의 위치, 사용 가능 여부 등을 데이터로 정리하여 제공한다. 즉 데이터가 실시간으로 유통되면서 하나의 상품은 여러 사람이 함께 사용할 수 있도록 쪼개어졌다.

일자리도 쪼개어지고 있다. 오늘날 일자리는 짧게는 10분짜리가 되었다. 1년 정도의 계약을 맺고 사람을 고용하던 과거에는 10분짜리 일자리를 상상하기 어려웠다. 그러나 데이터는 10분 동안 일할 사람을 연결해 주고 있다. 일자리에 대한 수요 데이터와 공급 데이터를 실시간으로 매칭하는 앱이 생겨났기 때문이다. 배달이 대표적이다. 음식점은 배달원을 정규직으로 가게에 두지 않는다. 배달 앱으로 라이더(배달원)를 사용하면 그만이다. 음식점 입장에서 인력(일자리)이란 잠시 빌려 쓰는 것에 불과하다. 더 이상 1년짜리의 고용계약이 필요 없어져 버렸다.

콘텐츠든 고용이든 데이터가 상품을 쪼개는 기준은 고객들의 취향이다. 유튜브 다시보기에서는 시청자의 반응이 좋았던 부분이 중점 부각된다. 자영업자의 배달 수요가 있는 10분 동안만 배달원들이 고용된다. 데이터는 어디에 수요가 있는지를 정밀하게 측정해 내고 이에 따라 공급을 만들어 낸다. 데이터 경제에서는 공급자들의 장인 정신이나 순수한 열정으로 경제가 돌아가지 않는다. 오히려 수요가 있어야 공급이 만들어지는 시대가 되었다. 이를 온디멘드on-demand 경제라 부른다. 온디멘드를 직역하면 '수요가 있는 곳에'라는 뜻이다.

미래에는 쪼개기가 불가능해 보이던 것들도 쪼개어질지 모른다. 예컨대 유권자가 원한다면 정치권력도 쪼개어질 수 있다. 지금의 정치권력이 작동하는 방식은 임기를 정해 두고 이를 채우는 식으로 돌아간다. 그러나 유권자의 취향이 실시간으로 데이터로 축적된다면, 이제 정치인도 10분 단위로 유권자와 계약을 연장하는 정치 체제가 자리 잡을지 모른다. 언론도 쪼개어질지 모른다. 수요자의 취향이 우선인 경제에서는 독자의 취향에 따라 상반된 관점의 논조를 가진 언론사들이 등장할 것이다. 한 언론사가 동일한 사안에 따라 보수적 관점, 진보적 관점의 상반된 기사를 쓰는 것이다. 아직 상상에 불과한 이야기지만 데이터가 쪼개지 못할 것은 없으며, 이에 따라 우리 사회도 커다란 변혁을 겪어 갈 것이다.

데이터로
세상을 이해하다

모든 것의 데이터화

오늘날은 모든 것이 데이터화datafication되는 세상이다. 과거에는 기록조차 불가능했던 것도 데이터로 기록된다. 페이스북은 사람들의 인간관계를 데이터로 만들어 성공했다. 심지어 성격도 데이터로 만들 수 있다. 페이스북은 사용자가 주로 사용하는 단어를 취합해 그 사람의 성격을 추측한다. 만약 거친 언어를 자주 사용한다면 공격적일 가능성이 높다. 또 사용자가 관심을 보이는 콘텐츠에 따라서도 성격 추측이 가능하다.

넷플릭스도 방대한 데이터를 보유하고 있다. 넷플릭스는 우리의 영상 취향을 잘 알고 있다. 게다가 어떤 기기를 통해 영상을 보았는지, 어떤 페이지를 보고 마우스를 얼마나 빠르게 스크롤 했는지도 안다. 만약 빠르게 스크롤을 내렸다면 그 페이지에는 관심이 없다는 의미로 받아들인다. 넷플릭스는 사용자의 동작을 하나하나 기록하고, 그만큼 사용자의 취향을 정교하게 파악한다.

소비자는 넷플릭스의 추천을 벗어나지 못한다. 넷플릭스에서 소비되는 콘텐츠 중 대부분(2/3)은 넷플릭스가 추천한 영화들이다. 소비자의 취향과 넷플릭스의 추천이 일치한다는 증거다. 아마존도 마찬가지다. 아마존에서 판매하는 상품의 1/3은 추천 기반이다. 당신이 좋아할 만한 영화, 함께 구매하는 빈도가 높은 상품 등의 이름으로 추천된 상품들이다. 이는 당신의 행동 하나하나가 얼마나 상세하게 데이터로 남는지를 보여 준다. 성격과 취향을 포함한 삶 전체가 데이터로 기록된다고 봐도 과언이 아니다.

구글은 책을 데이터화하기도 했다. 구글이 운영하는 전자책인 플레이북Play Book은 자사에 등록된 모든 도서를 대상으로 삼는다. 도서를 데이터화한다는 말은, 책에 등장하는 모든 단어의 빈도수를 세고 가장 많이 등장하는 단어가 무엇인지를 수리적으로 분석했다는 뜻이다. 과거에는 상상도 하지 못한 접근법이다. 책의 내용(콘텐츠)을 중요시했지, 단어 하나하나를 데이터로 기록하는 일은 생각조차 하지 않았다. 그러나 구글은 책에 자주 등장하는 핵심 키워드를 가려내고 이를 토대로 핵심 내용을 독자에게 전달한다. 전자책의 세계에서 기록될 수 있는 데이터는 이뿐만이 아니다. 만약 이 책을 전자책으로 읽고 있다면 구글은 당신이 어느 페이지에 집중하는 지에 대한 데이터도 수집할 수 있다. 당신의 독서 취향과 습관이 기록되면 가장 인기가 많았던 구절들만 요약해서 공급하는 서비스도 탄생할 수 있다.

사람 대신 데이터를 믿는 시대

생각해 보면 우버 택시에 탑승하거나 에어비엔비 숙소에 머무르는 것은 매우 위험천만한 짓이다. 전혀 모르는 사람의 차에 한치의 의심 없이 탑승하는 것이며, 전혀 모르는 사람의 집에 들어가 잠을 자는 것이기 때문이다. 갑자기 택시 기사가 강도로 돌변하더라도 대응할 방법이 없지만 그 위험을 감수하면서 서비스를 받는다.

우리가 모르는 사람의 차량에 자연스레 탑승하는 이유는 데이터가 신뢰를 만들어 냈기 때문이다. 그동안 쌓인 별점과 리뷰는 이 택시 기사가 믿을 만한 사람인지를 판단하는 훌륭한 기준이 된다. 만약 이미 큰 사고를 친 이력이 있는 기사라면 별점 테러를 통해 시장에서 걸러졌을 것이다. 이처럼 데이터는 소비자의 신뢰를 만들어 낸다.

과거에 신뢰를 만드는 방법은 아는 사람을 통해 소개받는 것이었다. 지인이 소개한 가게나 정부 같은 공신력 있는 기관이 보증하는 곳을 찾았다. 이는 면허 제도가 존재하는 이유다. 면허는 지인의 소개를 사회적으로 공식화해 둔 제도다. 믿을 만한 사람들에게

만 택시 면허를 내주고, 검증된 업자에게만 호텔업 인허가를 내주기 때문이다. 즉 정부의 보증에서 신뢰가 만들어졌다. 그러나 데이터 경제에서는 지인(또는 정부)의 품질 보증이 필요가 없다. 오히려 데이터가 축적되면서 신뢰가 형성된다.

더 많은 것들이 데이터화될수록 데이터는 정부의 역할을 대체해 나갈 것이다. 신뢰를 형성하는 데서 지인(또는 정부)의 역할이 사라지고 있다. 실제로 사람들은 어느샌가부터 정부가 내놓는 품질 보증 수단인 KS마크나 Q마크에는 전혀 신경을 쓰지 않는다. 자신도 모르는 사이에 공신력 있는 기관을 믿기보다 축적된 데이터를 믿으며 살아가고 있다.

데이터가 결정을 내리는 시대

데이터가 인류의 모든 문제를 해결할 수 있다고 믿는 사람도 등장하기 시작했다. 바로 데이터 만능론자Dataist들이다. 이들은 우리가 사는 세상이 데이터로 이루어져 있다고 믿는다. 또 모든 데이터가 기록되는 세상에서는 데이터가 모든 것을 설명한다고 생각한다. 나아가 일상적인 의사 결정은 물론이고 심지어 인생의 중요한 결정도 데이터에 맡기는 것이 낫다고 주장한다.

이들의 주장은 설득력이 있다. 이미 데이터는 삶에 깊숙이 개입하고 있기 때문이다. 우리는 오늘날 데이터의 안내를 받아 살아간다. 쇼핑, 길 찾기, 식사, 여행 등 모든 의사 결정은 데이터에 의해 이루어진다. 지금 이 책을 읽고 있는 이유도 당신의 자유의지 때문이 아니었을 수도 있다. 오히려 네이버나 구글의 추천 알고리즘에 의해 '만들어진 결과'였을지 모른다. 그만큼 데이터는 당신의 정체성identity을 결정하는 데 앞장서고 있다.

데이터 만능론자는 인생의 중대한 결정도 데이터에게 물어보는 것이 낫다고 믿는다. 누구와 결혼해야 하는지, 어떤 직업을 선택해야 하는지도 말이다.[3] 심지어 한 사람의 인생을 바꿔 놓을 수 있는 재판이나 주요한 질병의 진단마저도 데이터에 맡기자고 주장한다.

데이터가 인간의 의사 결정과 판단 능력을 대체하고 있다는 주장은 점점 현실로 다가온다. 구글이 미국 대선 결과나 독감 유행 여부를 미리 예측했다는 이야기, 미국의 한 슈퍼마켓이 고객의 임신 사실을 맞혔다는 이야기는 이미 식상할 정도로 많이 회자된다. 어쩌면 앞으로 인간의 감정이나 생각 같은 더 많은 것들이 데이터로 변해 간다면 결혼이나 연애 같은 지극히 인간적인 영역에 대해서도 데이터의 간섭을 받는 세상이 올지도 모른다.

2장

사업 전략

기업 경영의 중심이 된 데이터

온라인 쇼핑 시장을 혁신하다

쿠팡 vs 네이버, 최후의 승자는

오늘날 쿠팡과 네이버쇼핑이 없는 생활을 상상할 수 있을까? 온라인 쇼핑은 이제 우리 생활의 일부나 마찬가지다. 한국에서는 온라인 쇼핑몰에서 대부분의 상품이 거래된다. 일상 생활용품은 물론이고 산지에서 직접 배송하는 신선식품까지 유통된다. 온라인 쇼핑 강국인 미국이나 중국에서도 찾아보기 어려운 현상이다. 게다가 최근에는 언어와 결제 장벽마저 사라지면서 해외직구도 활발해졌다. 이쯤 되면 인터넷 쇼핑은 한국을 대표하는 하나의 문화가 되었다고 보아야 한다.

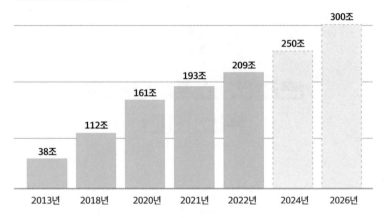

[2-1] 국내 이커머스 시장 성장 추이

단위: 원(※2022년 이후는 전망치)

출처: 〈전쟁터 된 이커머스 시장, 쿠·쓱·온 어떤 난제 있나〉, 《중앙일보》, 2022. 4. 14

온라인 쇼핑몰이 이렇게 커진 것은 비교적 최근의 일이다. 지금은 스마트폰이 일상화되면서 온라인 쇼핑이 매우 편리하게 느껴지지만 불과 10년 전만 해도 불편함이 많았다. 우선 스마트폰 이전 시대에는 쇼핑을 위해 일단 책상 앞에 앉아야 했다. PC를 통해서만 접속 가능했기 때문이다. 결제 과정도 복잡했다. 결제를 위해서는 공인인증서에 카드번호까지 매번 입력하던 시절이 있었다. 배송 속도도 문제였다. 지금이야 로켓배송이 기본이지만 당시에는 제품 배송에도 최소 (무려) 2~3일이나 걸렸다.

그러나 스마트폰의 등장과 함께 지난 10년간 한국 이커머스 e-commerce 시장은 5배로 급성장했다. 연 매출 38조 원에 불과하던

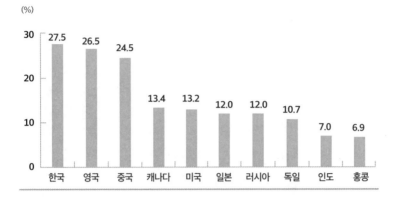

(%)

출처: 미래에셋증권, 《인터넷(비중확대/Initiate): 성장주와 가치주의 갈림길에서》, 2022

시장이 209조 원이 넘는 시장으로 커졌다. 스마트폰이 생기니 이제는 때와 장소를 가리지 않고 쇼핑이 가능해진 것이다. 출퇴근 지하철 안에서도, 잠자리에 들기 전 침대 위에서도, 심지어는 식사를 하면서도 온라인 쇼핑이 가능하다. 결제 과정도 간편해졌다. 이제는 공인인증서 없이 지문으로 인증만 해도 결제가 된다. 그만큼 모바일 쇼핑 환경이 소비자 친화적으로 변한 것이다.

쇼핑몰 간의 치열한 경쟁도 이커머스 산업의 성장에 큰 몫을 했다. 한국에서는 전 세계적으로 유래를 찾기 어려울 정도로 온라인 쇼핑몰 간의 치열한 경쟁이 벌어졌다. 가격은 물론이고 배송 경쟁도 치열했다. 공산품에 만족하지 않고 신선식품이나 해외직구 같은 새로운 시장을 개척하기 위한 경쟁도 벌어졌다. 지금도 마찬가

[2-3] 2022년 온라인 쇼핑 시장 점유율

쿠팡	24.5
네이버	23.3
쓱닷컴+지마켓	11.5
11번가	7
위메프	3.9
티몬	2.8
롯데온	4.9
카카오	5
기타	18.5

출처: 통계청, 교보증권

지지만 유명 연예인을 동원한 마케팅 경쟁까지 벌어졌다. 이렇게 치열한 경쟁 덕분에 한국 사람들이 온라인 쇼핑에 의존하는 비율 penetration은 다른 나라에 비해서 월등히 높다(27.5%).

경쟁이 치열했던 만큼 이커머스 산업에는 많은 변화가 있었다. 10년 전만 해도 인터넷 쇼핑 시장에서 잘나갔던 기업들은 지마켓, 옥션, 인터파크 등이었다. 그러나 어느 순간 누적된 적자와 경쟁 압력을 견디지 못하고 시장에서 퇴출되었다. 그 자리에 쿠팡, 네이버 쇼핑 등 후발 주자가 등장했다. 격변 끝에 한국 온라인 쇼핑 시장은 쿠팡, 네이버의 2강 체제로 자리를 잡고 SSG가 추격하는 형태가 되었다.

쿠팡은 아마존과 유사한 기업이다. 아마존은 미국 전역에 최대한 신속한 배송을 위해 직접 물류 센터를 운영한다. 쿠팡도 마찬가지로 직접 물류 센터를 짓고 관리한다. 쿠팡은 전국에 물류 센터 168개를 운영 중이며, 그래서 하루 만에 상품을 배송하는 로켓배송 서비스를 가능하게 만들었다. 쿠팡은 이커머스 시장에서 소비자를 감동시키기 위해서는 빠른 배송이 가장 확실한 수단이라 믿는다.

반면 네이버쇼핑은 한국의 알리바바다. 알리바바는 판매자와 소비자를 연결하는 장터를 운영하는 것이 전부다. 상품의 배송은 알리바바가 위탁한 택배회사의 몫이다. 네이버도 마찬가지다. 네이버는 상품만 판매할 뿐 배송은 한진택배, 대한통운 같은 제휴사가 처리한다. 그래서 네이버쇼핑은 로켓배송 서비스를 제공하는 것이 구조적으로 어렵다.

다만 네이버에는 쿠팡이 가지지 못한 많은 강점이 있다. 대표적인 강점은 네이버의 핵심 DNA인 검색 서비스다. 네이버는 한국 사람들에게 인터넷을 시작하는 일종의 관문gate이다. 인터넷에서 무엇을 하든 일단 네이버로 접속을 시작하기 때문이다. 이는 쿠팡이 흉내 내지 못하는 네이버쇼핑의 커다란 강점이다. 실제로 2021년 기준 네이버에서는 하루 평균 3.4억 건의 검색이 이루어졌으며 약 40%가 쇼핑 관련 검색어다. 검색과 쇼핑은 떼려야 뗄 수 없는 사이다.

앞으로 쿠팡과 네이버쇼핑의 대결은 어떻게 끝이 날까? 기본적으로 두 기업의 경쟁은 앞서 말한 것처럼 '배송 vs 검색'의 구도

	네이버	쿠팡
강점	• 검색과 데이터 • 다양한 서비스와 시너지 효과 • 네이버페이 • 리워드 지급	• 물류 직접 관리 • 로켓배송 • 신선식품 배송 • 가격 비교를 통한 최저가 정책 고수
약점	• 로켓배송 불가 • 제한적인 배송 관리	• 쿠팡페이의 제한된 사용처 • 제한적인 검색 기능

에서 이해할 수 있다.

그러나 이에 더해 또 다른 관전 포인트가 있다. 바로 데이터 경쟁이다. 지난 10년간 한국의 이커머스 산업은 급속하게 성장했기 때문에 앞으로 추가적인 성장은 쉽지 않아 보인다. 성장이 정체되는 상황Red Ocean에서는 기업 간 고객을 빼앗아 오는 출혈경쟁이 일어날 수밖에 없다. 이 경쟁에서는 고객의 니즈를 파악하고 비용을 절감하기 위한 데이터 활용이 무엇보다 중요하다. 100원이라도 저렴하게 물건을 판매하고 시장 트렌드를 한 걸음이라도 빠르게 예측하려면 데이터의 도움이 필수적이다.

쿠팡의 물류 최적화

누가 뭐래도 쿠팡의 아이콘은 로켓배송이다. 그러나 아이러니

하게도 오랫동안 쿠팡을 적자에 빠뜨린 주요 원인이기도 했다. 배송 속도를 높이기 위해 더 많은 물류 창고를 지어야 했고 더 많은 인력을 고용해야 했기 때문이다. 물류 창고 같은 설비 투자는 한번에 목돈이 들어가며 투자금 회수 기간도 오래 걸린다. 여기에 투자를 집중해 온 쿠팡은 2010년 창립 후 12년 동안 한 번도 흑자를 기록한 적이 없었다.

그러나 2022년 3분기 쿠팡은 놀라운 실적을 발표한다. 바로 흑자 전환에 성공했다는 소식이었다. 당시에만 해도 많은 투자자들은 쿠팡의 흑자가 일시적 사건에 불과할 수 있다고 의심했다. 오랫동안 적자 기업이라는 불신이 있었기 때문이다. 그러나 흑자는 지금까지도 이어지고 있다. 쿠팡은 2023년 기준 처음으로 연간 당기순이익이 흑자(약 6000억 원)를 기록했다.

쿠팡을 흑자로 이끈 주요 원동력은 로켓그로스라는 택배 사업 Fulfillment이다. 로켓그로스 사업은 쿠팡에 입점한 업체의 상품을 대신 배송하는 일종의 택배 서비스다. 쿠팡 입장에서 이 사업은 돈을 벌어다 주는 캐시카우Cash Cow가 될 수밖에 없다. 이미 창고, 쿠팡맨 등 물류 인프라를 갖춘 입장에서 추가적인 택배 서비스는 비용이 거의 들지 않기 때문이다. 추가 비용이 거의 없는 상황에서 수수료를 받으니 쿠팡의 수익성은 점점 개선될 수밖에 없었다.

쿠팡이 택배업(로켓그로스)에서 경쟁력을 가지게 된 원동력은 물류에 대한 경험 축적과 데이터의 확보다. 쿠팡은 소비자가 어떤 상품을 구매하는지에 대한 데이터를 쌓아 두었고, 이에 따라 어느

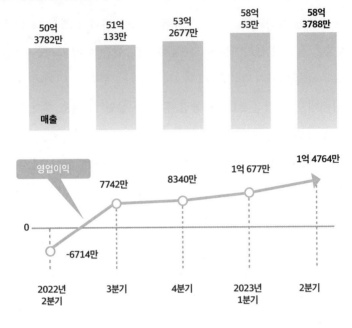

[2-5] 쿠팡 분기별 실적 추이

| | 50억 3782만 | 51억 133만 | 53억 2677만 | 58억 53만 | 58억 3788만 |

매출

영업이익

1억 4764만

1억 677만

8340만

7742만

0

-6714만

| 2022년 2분기 | 3분기 | 4분기 | 2023년 1분기 | 2분기 |

출처:《쿠팡 2023년 2분기 실적보고서》

지역에서 어떤 상품이 팔릴지를 예측한다. 소비자가 주문하지 않더라도 창고에 팔릴 물건을 미리 채워 놓는 것이 가능하다. 그리고 주문이 들어오면 가장 가까운 창고와 매칭시켜 처리한다.

상품의 포장 과정에도 데이터를 활용한다. 쿠팡은 상품 포장을 그저 단순하게 박스에 넣는 과정으로 생각하지 않는다. 데이터를 활용해 제품의 크기, 무게, 파손 가능성을 파악한 뒤 소형 상품의 경우 종이박스 대신 비닐백에 담아 포장하는 방식(싱귤레이션)을 사용한다. 이처럼 제품별 포장 방식을 통해 과도한 포장재 사용을 줄이고 배송 트럭당 운송량도 증가시킨다. 별것 아닐 수 있는 단순한 과정에서도 데이터를 활용해 물류 비용을 줄이는 것이다.

쿠팡은 사소한 부분에까지 데이터에 기반한 파고들기deep dive를 강조한다. 그러다 보니 유통 업체임에도 수많은 특허를 보유하고 있다. 쿠팡은 1200개의 특허를 보유하고 있는데 대부분이 데이터에 기반한 물류 관리 기법들이다. 예측 배송, 데이터 분류 구조, 배송 경로 산정 방법 등이 쿠팡이 주력하는 특허 분야다. 그래서 쿠팡은 스스로도 자신을 유통회사가 아닌 IT 기업이라 말한다. 데이터와 IT에 자신 있으니 이를 물류에 접목했고, 그 물류 사업이 돈을 벌어다 주는 쿠팡의 효자 사업이 된 것이다.

난이도 높은 신선식품 시장

한국 새벽 배송의 선두 주자는 마켓컬리다. 마켓컬리는 2015년 '샛별 배송'이라는 이름으로 신선식품 새벽 배송을 최초로 선보였다. 이는 주부들의 폭발적인 반응을 불러일으켰다. 주부들은 매일 밤마다 내일 먹거리를 고민하는 것이 일상인데 새벽 배송은 이 고민을 해결해 주었다. 잠들기 전에 누워서 주문한 신선식품은 다음날 새벽에 배송되었다. 마켓컬리가 창업 7년 만에 매출 1조 원 기업으로 성장한 이유다.

신선식품 배송은 난이도가 높은 시장이다. 우선 일반 이커머스에 비해 높은 비용 구조를 감당해야 한다. 신선식품은 하루 이틀밖에 보관하지 못하므로 재고 폐기 비용이 크다. 수요를 조금만 잘못 예측해도 신선식품을 엄청나게 폐기해야 한다. 또 새벽에 배송하려면 심야에 작업해야 해서 인건비도 높다. 보통의 택배가 종이 포장을 하는 것과 달리 신선식품은 아이스박스 포장도 필요하다. 신선식품 배송 시장은 여러모로 고비용 구조의 시장이며, 그래서 많은 기업이 고전했던 분야였다.

쿠팡은 2018년 '로켓프레시'라는 이름으로 이러한 고비용 시장에 뛰어들었다. 우선 쿠팡이 택한 전략은 대형화였다. 새벽 배송 시장에서 규모의 경제를 일으키면 원가를 절감시킬 수 있다는 생각이었다. 그래서 쿠팡은 고비용 구조를 줄이고자 설비 자동화에 우선 투자했다. 새벽 배송 과정에 필요한 인력을 최소화하겠다는 의도다. 이는 쿠팡의 오래된 영업 전략이기도 하다. 초기 투자 비용은 많이 들지만, 규모가 커질수록 원가는 절감되고 서서히 시장 독점이 가능해진다는 논리다.

효율적 재고 관리를 위해 데이터 수집과 분석 도구도 준비했다.[1] 신선식품 유통은 재고 관리 싸움이 핵심이다. 재고를 최소화하되 품절 사태는 나지 않는 최소량의 재고 보유가 필요했다. 쿠팡은 품목별 재고 상태를 실시간으로 전달받고 1시간 뒤의 재고량을 추정하는 딥러닝 방식RNN을 사용했다. 수명 주기가 긴 공산품과 달리 거의 실시간으로 데이터를 파악하면서 재고를 관리한다.

쿠팡의 데이터베이스		주요 변수 추출		재고 폐기될 확률 추정 (품목별 수치는 단순 예시에 불과함)	
판매	→	재고 백로그	→	오징어 0.83	폐기 확률 높음
재고		판매 트렌드		삼겹살 0.56	↑
		과대 예측의 정도		어묵 0.23	↓
유통 기한		품절 시간		…	폐기 확률 낮음
…		제품 수명			
…		…			

출처: 쿠팡 개발자 콘퍼런스 'Reveal 2020'에 근거해 수정

만약 신선식품 중 1시간 뒤에도 재고가 남으리라 예상되면 반짝 할인 행사를 연다. 재고 폐기보다 헐값에라도 소진하는 편이 낫기 때문이다. 반대로 재고가 없어 품절될 상품은 미리 입고 주문을 넣는다. 신속한 대응으로 품절 시간을 최소화하는 것이다. 그리고 판매 기한이 임박한 제품은 마감 세일이라는 할인 행사도 연다. 어떻게든 식품 폐기를 최소화하려는 의도다.

많은 기업이 새벽 배송 시장에 진출했지만 대부분 적자를 견디지 못하고 사업을 축소했다. 롯데, GS, BGF 등 전통적 유통 기업은 사업을 철수했으며 SSG도 규모를 축소 중이다. 이제 남은 기업은 쿠팡, 마켓컬리, 오아시스 정도다. 많은 전문가들은 이 중에서도 전국 단위의 새벽 배송을 지속할 수 있는 유통 기업은 쿠팡이 유일

하리라 생각한다. 태생적인 고비용 구조에서 살아남기 위해서는 규모의 경제와 빅데이터를 통해 원가를 최대한 절감하는 전략이 가장 중요하기 때문이다.

뒤죽박죽 물류 창고

쿠팡이 물류 비용을 절감할 수 있었던 배경에는 창고 정리 기술도 한몫했다. 창고 정리라고 하면 보통은 같은 물건끼리 차곡차곡 모아 두는 모습을 떠올린다. 실제로 많은 쇼핑몰이 그러한 방법을 사용한다. 이케아, 코스트코 등 우리에게 친숙한 창고형 마트는 모두 이러한 방법을 택해 같은 제품을 같은 공간에 모아 둔다.

그러나 쿠팡 물류 센터는 정반대다. 대중에게 공개되어 있지 않지만 쿠팡의 물류 센터에는 같은 품목이 여기저기에 흩어져 뒤죽박죽으로 정리되어 있다. 다양한 제품을 진열대 곳곳에 소량씩 배치하는 것이다. 얼핏 보면 상식적인 입장에서 정리라고 표현하기 어렵지만, 쿠팡은 이러한 '무질서한 정리' 방식으로 물류 센터의 효율을 235%나 끌어올렸다.

쿠팡이 택한 창고 정리 방식을 랜덤스토우 Random Stow**라고 부른다.** 이 방식은 많은 사람의 상식과 달리 물류 센터의 관리 비용을 줄이는 데 크게 기여한다. 랜덤스토우는 사람들의 직관과는 어긋나지만 작업자 동선은 최소로 줄여 준다. 만약 제품의 보관 장소를 알려 주는 단말기만 가지고 있다면 제품이 차곡차곡 정리되어 있는지는 중

전통적 방식		
<u>빈 공간</u>	<u>빈 공간</u>	<u>TV</u>
생수	타월	젓가락
책상	오디오	숟가락
↑입구		

랜덤스토우		
TV 화장지 숟가락 …	책상 화장지 생수 …	생수 TV 젓가락 …
타월 오디오 책상 …	생수 오디오 책상	물티슈 생수 타월
숟가락 TV 젓가락	책상 생수 오디오 …	물티슈 화장지 숟가락
↑입구		

요하지 않다. 오히려 물건이 여기저기 흩어져 있어야 작업자가 어디에서든 원하는 물건을 짧은 동선으로 집을 수 있다. 특히 여러 품목을 한 바구니에 담아야 하는 출고 작업에서 여기저기 흩어져 있는 창고 정리 방식은 동선을 획기적으로 줄여줄 수밖에 없다.

공간 활용 측면에서도 이점이다. 전통적인 적재 방식은 빈 공간이 생길 수밖에 없다. 특정 자리는 특정 상품을 위한 자리로 약속되기 때문에 빈 공간이 생기더라도 다른 품목을 그 자리에 채우기 어렵다. 그러나 랜덤스토우 시스템은 빈 공간을 허락하지 않는다. 입고와 출고 동선을 따져 가장 가까운 곳에 제품을 적재할 뿐이다.

판매자를 위한 솔루션

네이버가 데이터를 활용하는 방법은 쿠팡과 완전히 다르다. 쿠팡이 물류 관리를 위해 데이터를 사용한다면 네이버는 데이터를 공유하는 데 힘을 쏟는다. 물류를 직접 담당하지 않는 네이버는 데이터를 입점 업체와 공유하는 방식을 택했다. 네이버의 데이터는 2016년 오픈한 데이터랩Data Lab을 통해 이루어진다. 네이버의 인기 검색어 순위를 공유하고 신용카드 사용액 통계도 제공한다. 이를 통해 입점 업체들이 시장 트렌드를 읽게 하겠다는 의도다. 데이터 공유를 통해 입점 업체의 영업을 지원하는 것이다.

또 네이버의 약점인 배송을 보완하기 위해서도 데이터를 공유한다. 바로 택배회사의 물류 데이터를 입점 업체들과 공유하는 것이다. 입점 업체 입장에서는 어느 택배회사가 배송 여력이 있는지 확인해 최적의 택배회사를 고를 수 있다. 상품을 가장 빨리 배송할 수 있는 택배회사를 찾으면 배송 지연도 막을 수 있다. 이렇게 탄생한 서비스가 지금 네이버가 제공하는 '도착보장'이다. 도착보장 서비스는 로켓배송처럼 빠르게 배송하지는 못하지만, 적어도 이유 없는 지연 현상은 크게 줄었다. 네이버가 택배회사와 입점 업체들 간에 데이터를 공유하는 플랫폼은 NFANaver Fulfillment Alliance라고 불린다.

이제까지 네이버가 데이터와 관련하여 보여 준 행보는, 앞으로 네이버가 데이터 공유에 특화된 쇼핑 플랫폼으로 진화할 가능성이 높음을 시사한다. 네이버쇼핑은 단순히 물건을 파는 장터가 아니라

[2-8] 네이버의 데이터랩이 제공하는 데이터

출처: 네이버 쇼핑인사이트

[2-9] 입점 업체에 제공하는 데이터 기반 물류 플랫폼

출처: 네이버 스마트스토어

[2-10] 플랫폼으로서의 역할에 충실한 네이버

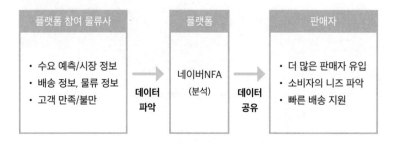

검색 데이터를 토대로 시장 트렌드를 분석하고, 물류 데이터를 소
상공인에게 제공하는 플랫폼으로 진화하는 것이다.

데이터는 어떻게 세상을 지배하는가

가격을
결정하다

10분마다 바뀌는 가격

쇼핑 플랫폼은 상품 가격을 최저가로 유지하기 위해 수많은 입점 업체의 가격경쟁을 부추긴다. 여러 판매업자가 동일한 상품을 판매한다면 최저가 판매자를 전면에 내세운다. 이 방식을 아마존에서는 바이박스Buy-Box, 쿠팡에서는 아이템 위너Item Winner라고 부른다. 특히 쿠팡의 아이템 위너 방식은 최저가 판매자Winner에게만 모든 혜택을 몰아 준다. 이 판매자를 전면에 배치해 줄 뿐만 아니라, 다른 판매자들이 얻은 리뷰와 상품 후기까지 가져가도록 설계되어 있다. 최저가 판매자가 리뷰와 별점까지 모든 것을 가져가는 구조 때

기업	요금 책정
아마존	경쟁사 참고해 하루 250만 번 이상 가격 변경 히트 상품 가격 적극 낮춰 저렴한 이미지 챙겨
우버	고객 수요가 드라이버 공급보다 많은 지역에 실시간으로 요금 올리는 '서지 프라이싱' 제도
쿠팡	주요 온라인 쇼핑몰 모니터링으로 '최저가' 유지
쿠팡이츠	배달 수요 높은 지역에 실시간 배달 요금 인상
카카오T대리	지역별 수요·공급 분석해 적정 대리 요금 제시
KB손해보험	운전자 안전 운전 할수록 보험료 깎아줘
AIA생명	걸음 수 등 건강 관리 노력에 따라 보험료 할인
프레시스토어	유통 기한·내방 고객 수 분석해 가격 할인

문에 판매자는 더욱 치열한 가격경쟁에 내몰린다.

고정된 가격을 유지하지 않고 실시간으로 유연하게 가격을 변동시키는 것도 플랫폼 기업의 대표적인 전략이다. 아마존은 10분마다 상품 가격을 업데이트한다.[3] 아마존이 하루에 가격을 바꾸는 아이템의 횟수는 250만 회이며 이는 다른 쇼핑몰 업체에 비해 50배나 높은 빈도다. 다른 플랫폼도 마찬가지다. 우버는 택시를 호출할 때마다 요금이 달라진다. 쿠팡도 경쟁사의 가격을 보고 가격을 조정한다. 카카오T도 대리기사를 배정할 때 수급 상황을 따져 적정가를 산출한다.

이처럼 가격을 정해 놓지 않고 유동적으로 조정하는 전략을 다이내믹 프라이싱dynamic pricing이라고 한다. 다이내믹 프라이싱은 온라인 쇼핑 시장의 모든 활동이 데이터로 집계datafication되기 때문에 가능해졌다. 소비자의 모든 행동은 데이터로 측정된다. 내가 어떤 상품을 클릭했는지 언제 아마존에 접속했는지 같은 데이터다. 경쟁 업체가 얼마에 상품을 판매하는지도 분석 대상이다. 상품의 재고량과 재고 소진 예상 시기도 실시간으로 분석해 가격 책정에 활용한다.

우버의 고민

우버는 다이내믹 프라이싱을 적극적으로 활용하는 대표적 기업이다. 우버가 여기에 의존하는 나름의 이유가 있다. 우버는 창고에 존재하는 물건이 아니라 사람과 사람(승객과 운전기사)을 이어주는 플랫폼이기 때문이다. 이런 독특한 특징 때문에 다른 플랫폼이 겪지 않는 고유한 문제가 있으며, 이를 해결하기 위해 더욱 정교한 다이내믹 프라이싱을 필요로 한다.

우버가 가진 고유한 문제란 성수기peak time의 문제다. 성수기에 수요가 급증하고 재고가 모자라는 현상은 모든 산업에 공통으로 나타난다. 그러나 우버에 성수기는 심각한 재앙인 경우가 많다. 사람과 사람을 잇는 시장은 성수기에 수요 증가와 공급 감소가 동시에 나타나기 때문이다. 예컨대 크리스마스에는 분명 우버 택시를 타고 싶어 하는 승객들이 많을 것이다. 그러나 동시에 운전기사도 휴가를 보내고 있을 가능성이 높다. 즉 우버는 성수기가 되면 수요도 증

공급자	플랫폼	소비자
호텔: 공급 고정 상품: 공급 고정 항공기: 공급 고정 운전기사: 공급 감소	숙박 플랫폼 이커머스 항공권 플랫폼 우버, 리프트	수요 증가

가하는 동시에 공급(운전기사)도 현저히 감소하는 특징이 있다. 사람이 아닌 상품을 판매하는 아마존은 절대 겪지 않는 문제다.

우버처럼 수요 증가와 공급 감소가 동시에 나타난다면 승차 요금은 크게 변동할 수밖에 없다. 크리스마스 같은 성수기에는 요금을 매우 크게 인상해야만 우버 기사도 일을 하러 나온다는 의미다. 그러나 요금이 너무 높아지면 승객은 불만이 커질 수밖에 없다. 이것이 우버 같은 차량 공유 플랫폼이 직면하고 있는 성수기의 문제이며 따라서 정교한 가격 조정이 필요한 이유다.

우버는 성수기에 직면하는 또 다른 문제가 있다. 바로 데이터의 부족이다. 크리스마스 같은 특별한 날은 1년에 고작 1번뿐이다. 과거 5년치의 데이터를 모두 모아도 5일치의 데이터밖에 없는 상황이다. 과거 데이터를 통해 적정 승차 요금이 얼마인지를 구하려 해도 데이터의 부족이 이를 가로막는 상황이다.

데이터가 부족한 상황에서는 유사한 데이터를 빌려 오는 방법이 종종 사용된다. 크리스마스가 아니더라도 설날이나 추석 같은 유사한 성수기 데이터를 빌려 와서 유추한다. 우리 지역의 데이터가 부족하다면 다른 지역의 데이터를 가져오기도 한다. 예컨대 시카고의 데이터가 부족하다면 뉴욕의 데이터를 가져와 데이터를 풍부하게 만든다.[4] 우버도 성수기의 데이터 부족 문제를 해결하기 위해 여러 도시의 데이터를 합치고 있다. 순수한 데이터만으로 해결하기 어려운 영역에서는 인간이 적절히 개입하여 합리적 결론을 이끌어 내는 것이다.

특정 수요를 예측하는 알고리즘

성수기의 수요를 예측하기 위해 보통은 장단기기억모델Long Short Tern Memory, LSTM이라는 변형된 순환신경망RNN 알고리즘을 사용한다. LSTM은 특정한 과거의 데이터를 별도로 기억하고 있다가 극단적 이벤트의 수요 예측 시 참조한다. 학습이 지속될 경우 초기에 학습한 내용이 잊히는 단점을 보완하기 위한 방법이다. 이 모델은 설날과 크리스마스 등 급변동하는 이벤트에 대한 수요를 예측하는 데 활용된다.

배달 시장의 판을 흔든 쿠팡이츠

한국의 배달 앱인 쿠팡이츠도 사람(고객)과 사람(라이더)을 잇는 대표적인 플랫폼이다. 당연히 우버와 같은 문제를 겪을 가능성이 크며 라이더(배달원)를 모으기 위해 정교한 다이내믹 프라이싱이 필요하다.

우버와 달리 쿠팡이츠는 또 다른 문제를 안고 있었다. 바로 배달 앱 시장에서 후발 주자라는 점이다. 쿠팡이츠는 이미 한국에서 배달 시장이 안착한 2019년에 배달 앱 시장에 진입했다. 당시는 부동의 1위인 배달의민족과 요기요가 시장을 양분하는 구도였다. 이 선발 주자들을 상대로 쿠팡은 차별화된 강점을 보여 줘야 했다.

후발주자인 쿠팡이츠가 주목했던 요인은 배달 품질(속도)이었다. 쿠팡이츠가 등장하기 전까지 배달 품질은 열악했다. 배달원 한 명이 여러 업체를 묶어 동시에 배달하는 경우도 많았고, 배달 시간이 1시간 넘게 걸리는 일도 종종 발생했다. 배달원은 거리가 먼 지역으로의 배달은 거부하기도 했다. 이는 기존 배달 앱 시장에서 배달 요금의 책정이 난이도에 따라 합리적으로 이루어지지 못했음을 보여 준다.

쿠팡이츠는 배달 품질을 높이자는 전략을 내세웠다. 그러기 위한 최우선 과제는 배달원(라이더)의 확보였다. 쿠팡이츠는 라이더에게 지급하는 배달료를 합리적으로 책정했다. 라이더들은 비가 오거나 외진 지역이면 배달을 기피했다. 그래서 쿠팡이츠는 어려운

[2-13] 쿠팡이츠의 배달 요금 체계

상한 금액	하한 금액	픽업 할증	배달 할증
16,000원	2,500원	2km 이후 100m당 25원 최대 2km 초과분까지	2km 이후 100m당 25원 최대 6km 초과분까지

출처: 〈쿠팡이츠 배달파트너〉, 나무위키

배달일수록 높은 배달료를 지급했다. 더 많은 라이더가 신생 기업인 쿠팡이츠로 유입되도록 인센티브를 준 것이다. 다른 배달 앱이 라이더를 구하지 못할 때 쿠팡이츠는 라이더를 계속 확보해 갔다.

쿠팡은 어떻게 어려운 배달과 쉬운 배달을 구분했을까? 여기에는 라이더의 반응을 데이터로 사용했다. 예컨대 배달 주문이 전송되자마자 수락을 하면 이는 가까운 거리이거나 쉽게 처리할 수 있는 주문이다. 반면 난이도가 높은 배달은 라이더가 수락하는 시간이 길 수밖에 없다. 오랜 고민 끝에 수락하거나 아예 거부하는 빈도도 높다. 쿠팡이츠는 이러한 라이더의 행동 데이터를 통해 배달의 난이도를 측정했다.[5]

쿠팡이츠는 고난이도 배달에 대해서는 높은 배달 요금을 지불했다. 그런데 얼마나 높은 금액을 지불해야 적당할까. 만약 배달료가 너무 높다면 소비자의 불만을 사기 때문에 적절한 균형점을 찾아야 했다. 쿠팡은 이에 대한 답도 데이터에서 찾았다. 데이터 분석

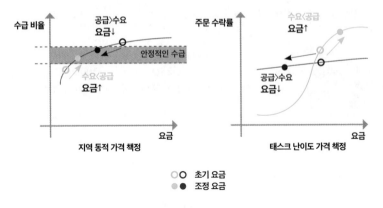

[2-14] 난이도에 따른 배송료 책정

수급 비율 / 요금 / 공급>수요 요금↓ / 안정적인 수급 / 수요<공급 요금↑ / 지역 동적 가격 책정

주문 수락률 / 요금 / 수요<공급 요금↑ / 공급>수요 요금↓ / 태스크 난이도 가격 책정

○○ 초기 요금
●● 조정 요금

출처: 미디엄, 쿠팡 엔지니어링 블로그, 2022. 8. 4

결과 라이더들은 쉬운 배송에 대해서는 배달료에 민감하지 않아서 무조건 빠르게 수락하는 경향이 있었다. 반면 어려운 배달은 요금을 충분히 올려 주어야 수락했다. 즉 어려운 배달일수록 더 큰 보상을 필요로 했다.

이러한 사실을 토대로 쿠팡이츠는 기본 배송료를 2500원 수준으로 낮추는 전략을 택한다. 반대로 어려운 배달은 난이도에 따라 충분히 배달료를 높였다. 이러한 전략은 배달의 품질을 획기적으로 높였으며 이 전략으로 쿠팡이츠는 배달 시장에 성공적으로 안착했다. 쿠팡의 배달 품질이 좋아지자 고객도 크게 증가했다. 2021년 초 쿠팡이츠의 하루 평균 사용자 수는 3만 명 수준이었지만, 그해 말에 사용자 수는 46만 명을 넘어섰다. 불과 1년 만에 사용자가 15배로 늘어난 것이다.

디만 쿠팡이츠의 배달료 책정 방식은 논란에 휩싸여 있기도 하다. 어려운 배달은 요금을 높였지만 거꾸로 쉬운 배달은 낮추었기 때문이다. 기본 배달료가 배달의민족은 3000원인데 쿠팡이츠는 2500원으로 더 낮은 수준이다. 제아무리 데이터 분석을 통해 내린 합리적인 결론이라고 하지만 라이더 입장에서는 상대적 박탈감을 안겨 주는 결정이었다. 이는 아직까지도 쿠팡이츠와 라이더 간의 갈등 요인으로 남아 있다. 쿠팡이츠는 라이더의 민심을 달래고자 특별 보너스도 지급했지만 아직도 적정 배달료를 둘러싼 갈등은 진행 중이다.

다이내믹 프라이싱의 논란들

다이내믹 프라이싱은 데이터에 기반한 과학적인 가격 책정 전략으로 보이지만 한편으로는 철저히 이윤 극대화를 위한 전략이기도 하다. 그래서 다이내믹 프라이싱은 소비자의 비난을 사는 경우도 흔하다. 아마존에서는 어제 구입한 상품의 가격이 오늘은 떨어져 있는 경우가 흔하다. 고객 입장에서는 화가 나는 상황이다. 예컨대 2000년 아마존은 충성도가 높고 가격에 민감하지 않은 고객에게는 비싼 가격을 부과한 적이 있었다. 이런 얄팍한 수법이 들통나자 아마존의 충성 고객들은 불매 운동을 벌이기도 했다. 1999년 코카콜라도 날씨에 따라 가격이 달라지는 자판기를 출시했지만 소비자의 저항에 부딪혔다. 소비자는 합리적 가격을 떠나 남들보다 손해를 보고 있다는 느낌에 매우 민감하게 반응한다.

소비자의 방문 경로에 따라 가격이 달라지기도 한다. 쇼핑몰에 직접 접속한 고객에겐 높은 가격을, 구글 검색을 거쳐 접속한 고객에겐 낮은 가격을 부과하기도 한다. 스마트폰으로 접속한 고객에겐 비싼 가격을, PC로 접속한 고객에겐 낮은 가격을 부과하기도 한다. 외국의 렌트카를 예약할 때 한국에서 접속하면 낮은 가격을, 현지에서 접속하면 높은 가격을 제시하기도 한다. 이렇게 가격이 수시로 달라지는 상황에서 소비자는 기업이 얄팍한 상술을 쓴다는 느낌을 가질 수밖에 없다.

다이내믹 프라이싱 때문에 시장의 가격경쟁이 저해된다는 주장도 존재한다.[6] 온라인 쇼핑몰은 주로 다른 쇼핑몰을 보면서 가격을 조정한다. 다른 쇼핑몰이 가격을 낮추면 알고리즘이 덩달아 가격을 낮추는 전략이다. 이러한 매커니즘은 쇼핑몰 간의 가격경쟁을 유도하며 소비자에게 최저 가격을 제시할 것처럼 언뜻 느껴진다. 그러나 역설적으로 이러한 방식의 다이내믹 프라이싱은 모든 쇼핑몰이 가격 인하를 하지 않는 원인이 될 수도 있다. 가격을 내려 봤자 다른 쇼핑몰도 함께 인하할 것이기 때문에 그 누구도 먼저 가격을 내릴 유인이 없기 때문이다. 함께 가격을 내릴 바에는 가격을 내리지 않는 것이 합리적이다. 이러한 측면에서 다이내믹 프라이싱의 확산은 역설적으로 쇼핑몰 간의 가격경쟁을 방해하는 요인이 될 수 있다.

다이내믹 프라이싱은 데이터와 관련한 윤리적 문제도 야기한다. 다이내믹 프라이싱을 하려면 소비자의 데이터 확보가 필요하다. 물론 소비자들은 자발적으로 플랫폼에 데이터를 제공하지만 그 데이터가 자신에게 불리하게 사용되리라고는 기대하지 않는다. 그러나 쇼핑몰은 그 데이터를 소비자에게 불리한 방향으로 사용하는 상황이 야기된 것이다. 데이터를 제공한 주체가 사회적 약자의 위치라면 더욱 문제다. 사회적 약자를 공격하는 셈이기 때문이다. 쿠팡이츠는 라이더의 클릭 데이터를 모아 배달 비용을 낮추는 알고리즘을 만들어 냈다. 노동자가 자발적으로 제공한 데이터가 노동자의 임금을 깎는 화살로 돌아온 것이다.

다이내믹 프라이싱을 둘러싼 논란은 우리의 데이터가 어디까지 사용될 수 있는지에 대해 생각할 거리를 남긴다. 사람들은 나의 개인정보 제공에 동의했지만, 그 동의에는 가격을 인상하거나 임금을 깎는 데 데이터를 사용할 수 있다는 점까지는 포함되지 않았기 때문이다. 이처럼 우리가 플랫폼에 지불하는 데이터는 양면성을 띠고 있다. 나의 데이터는 나를 위해 사용되기도 하지만 나를 위협하는 화살이 되기도 한다.

최적의 상품을
추천하다

별점 대신 좋아요

플랫폼 기업들의 공통된 작동 원리는 소비자가 별점과 리뷰 같은 데이터를 생산하도록 유도하고, 생산된 데이터를 유통시키는 것이다. 이 과정을 통해 더 반응이 좋았던 상품들이 추천되고, 더 많은 소비자가 플랫폼을 재방문하는 선순환을 가져온다.

유튜브는 소비자의 반응을 측정하는 도구로 좋아요를 사용하고 있다. 그 이유는 소비자의 반응을 더 손쉽게 얻기 위함이다. 그러나 사실 유튜브는 창립 초기에 좋아요 대신 5점 만점의 별점 방식을 사용했다. 그러나 5점 만점의 별점은 사용자의 적극적인 평가

데이터는 어떻게 세상을 지배하는가

를 유도하기가 어려웠다. 그래서 2009년부터 만들어 낸 것이 좋아요 버튼이다. 소비자가 더 간편하게 영상을 평가할 수 있는 장치였다.

넷플릭스도 좋아요를 벤치마킹했다. 넷플릭스도 과거에는 별점 방식으로 영상을 평가했다. 그러나 영상 소비자가 더 많은 데이터를 만들 수 있도록 2017년부터 유튜브를 따라 좋아요 방식으로 전략을 전환했다. 더 간편하게 소비자의 반응을 측정하기 위해서다. 넷플릭스는 이렇게 간단한 평가 방식의 도입으로 소비자의 평가 참여도가 2배 이상 증가했다고 말한다.

다만 좋아요 방식이 언제나 옳다고는 할 수 없다. 때로는 5점 만점의 별점이 더 효과적일 때도 있다. 대부분의 온라인 쇼핑몰은 여전히 5점 만점의 별점을 사용하고 있는데 이는 소비자가 '내돈내산'한 물건에 대해서는 적극적으로 평가할 자세가 되어 있기 때문이다. 따라서 매번 거래마다 실제 현금이 오가는 상품 시장(아마존, 쿠팡 등)에서는 5점 만점의 별점이 표준으로 자리를 잡았다. 내 주머니에서 지금 돈이 나가는 상황에 처하면 소비자들은 평가에 매우 예민해진다. 반면 무한정 콘텐츠를 골라 볼 수 있는 영상 시장(유튜브, 넷플릭스)에서는 좋아요 방식이 표준이 되었다. 소비자의 관여도에 따라 데이터를 측정하는 방식도 달라졌다.

흥미롭게도 넷플릭스는 콘텐츠 추천 알고리즘을 투명하게 공개하고 있다. 보통의 플랫폼 기업은 자신들이 운영하는 알고리즘을 공개하지 않는다. (1장에서 설명했듯이) 상품 판매자가 알고리즘을 역이용해 인기 검색어를 조작하거나 1면에 자신의 콘텐츠를 부정

	넷플릭스	유튜브
영상 공급자	전문가(폐쇄적)	누구나(개방적)
영상 품질	고품질 영상	제한 없음
영상 기획	넷플릭스가 콘텐츠를 제작	유튜버의 자율적 참여
수익원	구독료	구독료, 광고료
추천 알고리즘	공개	비공개
평가 방법	3단계 (맘에 안 들어요-좋아요-최고예요)	2단계 (싫어요-좋아요)

한 방법으로 게재하는 현상을 방지하기 위해서다. 그러나 넷플릭스
는 플랫폼 기업임에도 자사의 영상 추천 알고리즘을 공개한다.

넷플릭스가 자신 있게 추천 알고리즘을 공개하는 이유는 유튜
브와 태생부터 다른 사업 구조 때문이다. 유튜브는 누구나 영상을
업로드할 수 있는 개방형 플랫폼이다. 그래서 유튜브는 언제나 1면
에 올라가고 싶어 하는 유튜버에 의해 알고리즘이 악용될 위험성을
내포하고 있다. 그러나 넷플릭스는 자사가 콘텐츠를 엄선하여 업로
드하는 폐쇄형 플랫폼이다. 알고리즘의 역이용 가능성이 매우 낮다
는 뜻이다. 오히려 넷플릭스의 입장에서는 추천 알고리즘을 공개함
으로써 훨씬 이득을 본다. 소비자가 제공한 좋아요 데이터가 어떻
게 처리되는지를 투명하게 알리는 것이 소비자와의 신뢰 형성에 도
움이 되기 때문이다.

유튜브 1면 영상의 비밀

　넷플릭스와 달리 누구나 영상을 올릴 수 있는 개방형 플랫폼인 유튜브는 데이터를 집계하는 알고리즘을 철저히 비밀에 부친다. 그럼에도 많은 전문가들은 연구를 통해 유튜브가 어떻게 1면 영상을 선정하는지를 대략적으로는 추정하고 있다. 연구 결과에 따르면 유튜브는 1면에 올라가는 영상을 뽑기 위해 △ 조회수, △ 조회수 증가 속도, △ 시청 시간, △ 좋아요·싫어요·댓글·공유 등, △ 참신성, △ 채널 내 영상 업로드 빈도, △ 세션 시간, △ 지역 등의 요인을 고려한다.

　위의 평가 요소는 동일한 비중으로 다루어지지 않는다. 예컨대 유튜브는 시청 시간을 조회수보다 더 중요한 평가 요소로 본다. 단순히 조회수로만 점수를 매긴다면 동영상 제작자는 썸네일(미리보기)만 자극적으로 만들어 소비자의 클릭을 유발할 확률이 높아진다. 따라서 영상 제작자의 낚시 행위를 방지하기 위해 조회수보다는 소비자가 오랫동안 시청한 영상을 더 훌륭하다고 평가한다.

　조회수 집계도 단순 덧셈으로 이루어지지 않는다. 유튜브는 1면 추천된 영상에 대해서는 조회수를 100% 인정하지 않는다. 1면에 추천된 영상일수록 사람들의 클릭을 받기가 유리해서다. 이에 반해 사용자가 직접 스크롤을 내리고 검색해서 찾아낸 영상에는 높은 점수를 부여한다. 이런 영상은 사용자의 진짜 취향을 반영할 가능성이 높기 때문이다.[7]

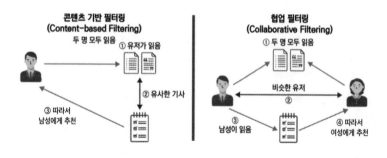

출처: Software Carpentry

유튜브는 1면에 노출되는 영상을 사용자별로 차별화한다. 이를 위해서는 영상을 먼저 체계적으로 분류classification할 필요가 있다. 영상을 장르나 취향에 따라 분류해야 소비자의 선호에 맞는 1면 영상을 추천할 수 있다. 이를 위해 콘텐츠들을 유사한 장르끼리 묶는 방법(콘텐츠 기반 필터링)이 일반적으로 사용된다. 예컨대 코미디 영화를 좋아하는 사람에게는 다른 코미디 영화를 추천하는 방식이다. 이와 별개로 나와 비슷한 사람이 좋아했던 영상을 추천(협업 기반 필터링)하기도 한다. 다른 사람이 좋아한 영상을 나에게도 추천하는 것이다.

손수 붙이는 태그

넷플릭스에 게재된 영상의 특징 중 하나는 모든 영상에 태그tag가 달려 있다는 점이다. 태그란 영상의 특징을 압축적으로 보여 주는 일종의 키워드다. 넷플릭스를 본 적이 있는 사람은 모든 영상의 하단에 달린 '흥미진진한' '긴장감 넘치는' '범죄' 등의 키워드를 보았을 것이다. 이러한 키워드를 태그라고 부른다.

넷플릭스가 태그를 다는 이유는 영상의 세분화 때문이다. 물론 태그가 없더라도 일반적인 영화 장르에 따라 영상을 분류할 수도 있다. 멜로, 액션, 스릴러 같은 기본적인 분류법이다. 그러나 넷플릭스는 '신비한' '따뜻한' '무서운' 등과 같은 태그를 모든 영상에 달아 둔다. 배경에 따라서도 우주 배경, 미국, 중세 시대 등의 태그가 달린다. 이렇게 달린 무수한 태그는 서로서로 조합되며 '신비한 느낌의 미국 액션'과 같은 마이크로장르mirogenre로 분류된다. 이렇게 만들어진 마이크로장르는 5만~7만 개에 달한다.

재미있는 점은 태그를 붙이는 작업이 100% 사람의 수작업으로 이루어진다는 점이다. 넷플릭스에는 태그 작업을 담당하는 전담 팀이 있다. 이 팀의 직원은 새로운 영상이 업로드되기 전에 영상을 미리 시청한다. 그리고 자신이 느낀 점이나 주요 내용을 뽑아내 태그를 붙인다. 태거tagger라고 부르는 이들의 노력이 있었기에 영상은 더욱 자세히 분류된다. 영상을 손수 분류한다는 점에서 책을 분류하는 사서libraian와 비슷한 업무를 하는 셈이다.

넷플릭스가 사람의 수작업으로 영상을 분류하는 이유는 아직 이 작업에서는 AI가 사람의 처리 속도를 따라오지 못하기 때문이다. 이미 AI는 여러 분야에서 인간을 능가했지만 아직 동영상을 보고 세세한 느낌을 파악하는 단계까지는 이르지는 못했다. 그래서 아직까지는 사람이 직접 태그 작업을 담당한다. 즉 태그는 사람이 만드는 사람 기반 데이터People Based Data라 할 수 있다.

태그는 메타데이터meta data라고도 불린다. 메타데이터란 그 자체가 최종적인 목적을 지닌 데이터가 아니라, 데이터를 분류하기 위해 '데이터에 붙어 있는 데이터'를 지칭한다. 즉 분류 작업을 위해 사용하는 데이터다. 예컨대 인스타그램 사진에 붙어 있는 해시태그#도 메타데이터다. 해시태그는 사진을 분류하기 위해 부가적으로 붙여진 데이터다. 이 책에도 메타데이터가 있다. 이 책 역시 서점에서 '경제/경영'이라는 꼬리표가 붙는데 이 단어가 이 책에 붙어 있는 메타데이터다. 메타데이터가 존재하기 때문에 콘텐츠를 정교하게 분류할 수 있으며 나아가 큐레이션이 가능해진다.

메타데이터를 만드는 작업이 사람 손으로 이루어진다는 것은 데이터 시대에도 인간의 역할이 남아 있음을 보여 준다. 이미 데이터와 AI는 많은 분야에서 인간을 능가했다. 그러나 역설적이게도 인간에게는 너무 쉽지만 AI는 쉽게 해결하지 못하는 일이 존재한다. 이른바 모라벡의 역설Moravec's Paradox이다. 또 정해진 결론에만 기계적으로 도달하는 AI와 달리 인간의 두뇌는 유연함이라는 강점도 있다. 인간은 어제의 생각과 오늘의 생각이 다르다. 그 과정에서 인간은 창의성을 발휘하고 새로운 아이디어들을 떠올린다.

이 사실은 데이터 시대에도 인간과 컴퓨터의 공존이 가능하다는 것을 시사한다. 많은 일이 데이터와 AI에 의해 대체되고 있지만 여전히 인간의 창의력, 유연성 그리고 전체를 꿰뚫어 보는 통찰력은 한동안 대체되지 못하는 영역으로 남아 있을 가능성이 크다.

3장

지배력 확보

데이터를 장악하기 위한 인수합병

온라인 광고 시장을
장악하다

구글의 수입원

구글(알파벳)의 기업 가치는 2300조 원을 넘어선다. 이 금액은 한국의 모든 상장기업을 합쳐도 모자라는 규모다. 한국에서 가장 큰 기업인 삼성전자의 기업 가치가 400~500조 원 정도이며 현대 자동차는 50조 원에 불과하다. 한국 상장기업 가치(코스피)를 모두 합쳐도 2200조 원밖에 되지 않으니 구글이 얼마나 거대한 플랫폼 기업인지를 짐작할 수 있다.

구글은 매년 엄청난 돈을 벌어들이는 기업이기도 하다. 연 매출이 약 100조 원에 달한다. 구글은 검색 서비스로 가장 유명하지만 역설적이게도 정작 검색으로는 큰돈을 벌지 못한다. 오히려 매출의 81%는 광고에서 나온다. 수입 측면에서 보면 검색회사라기보다 광고회사에 가깝다. 구글은 온라인 광고 시장의 1위 기업이기도 하다. 전 세계 온라인 광고 시장의 29% 이상을 장악했으며, 이는 2위 기업인 페이스북(20%)에 비해서도 현저히 높은 점유율이다.

소비자가 느끼는 구글의 수익원

소비자도 다음 3가지 서비스에 대해서는 구글에 직접 비용을 지불한다. 첫 번째는 클라우드(Drive, Photo) 서비스다. 이 서비스는 기본적으로 무료지만 사용 용량을 확장하려면 추가 요금을 지불해야 한다. 두 번째는 유튜브 프리미엄Youtube Premium이다. 구글은 유튜브 영상 중간에 상영되는 광고를 없애는 대가로 월 1만 원 정도를 요구한다. 마지막으로 플레이 스토어Google PlayStore도 있다. 구글은 이 스토어에서 앱이나 영화를 유통하며 일부는 유료로 판매한다. 구글은 자사의 플랫폼 사용료로 앱 가격의 10~30%를 부과한다.

구글이 어떻게 광고로 돈을 버는지는 쉽게 납득되지 않는다. 구글 홈페이지에는 아무런 광고창 없이 단순한 흰색 배경에 로고와

단위: 억 달러, ( ) 안은 비중(%)

2021년	2022년		2022년 1분기 말	2023년 1분기 말
1489.51 (71.1)	1624.50 (72.4)	구글 검색 & 기타	396.18 (72.5)	403.59 (74.0)
288.45 (13.8)	292,43 (13.0)	유튜브 광고	68.69 (12.6)	66.93 (12.3)
317.01 (15.1)	327.80 (14.6)	구글 네트워크	81.74 (15.0)	74.96 (13.7)
2094.97	2244.73	구글 총 광고 수익	546.61	545.48
81.3%	**79.4%**	**광고 수익 비중**	**80.4%**	**78.2%**
2576.37	2828.36	구글 총 수익	680.11	697.87

출처: 알파벳

검색창만 존재하기 때문이다. 이는 네이버와 정반대다. 네이버에는 검색창 하단에 커다란 광고창이 있어서 누구든 네이버가 광고를 걸어서 돈을 번다는 것을 짐작할 수 있다.

사실 구글은 자기네 홈페이지에 광고를 거는 기업이 아니다. 대신 광고주 기업과 웹사이트(퍼블리셔publisher)를 연결하는 역할을 한다. 쉽게 말하면 구글은 사람들이 많이 방문하는 《뉴욕타임스》, CNN 같은 유명 사이트의 귀퉁이를 빌린 뒤 기업들의 배너 광고를 대신 걸어 준다. 일종의 광고 브로커인 셈이다. 구글은 광고를 걸어 주고 광고주 기업으로부터 수수료를 받는다. 이것이 구글이 수행하는 광고 비즈니스의 핵심 모델이다.

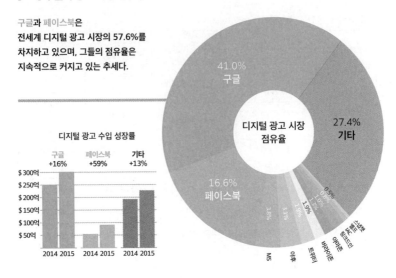

[3-2] 구글의 광고 시장 점유율

구글과 **페이스북**은
전세계 디지털 광고 시장의 57.6%를
차지하고 있으며, 그들의 점유율은
지속적으로 커지고 있는 추세다.

디지털 광고 수입 성장률

| 구글 +16% | 페이스북 +59% | 기타 +13% |

$300억
$250억
$200억
$150억
$100억
$50억

2014 2015   2014 2015   2014 2015

디지털 광고 시장
점유율

41.0%
구글

27.4%
기타

16.6%
페이스북

3.8% MS
3.1% 야후
1.9% 트위터
1.3% 버라이즌
1.0% 아마존
0.5% 야후 재팬
0.5% 소후닷컴

출처: www.visualcapitalist.com

구글이 광고 브로커로서 경쟁력을 가지는 근원적인 이유는 데이터에서 나온다. **구글은 인터넷 세계에 대한 가장 완벽한 지도를 가지고 있는 기업이다.** 구글은 사용자들이 입력하는 검색 데이터를 통해 사람들이 어떠한 주제에 관심이 있는지를 상세히 파악하고 있다. 동시에 어떤 사이트가 가장 인기가 많고 방문객이 많은지에 대해서도 알고 있다. 인터넷 세계에 대한 정보가 가장 많으니 기업도 구글에 광고를 맡길 수밖에 없는 형편이다.

구글이 애초부터 온라인 광고 시장의 최강자는 아니었다. 오히

데이터는 어떻게 세상을 지배하는가

려 초창기 배너 광고 시장에서 구글은 후발 주자에 불과했다. 광고 브로커 기업으로 성공하기 위해서 검색 데이터만 많다고 성공할 수는 없기 때문이다. 데이터만큼이나 중요한 것은 광고를 걸 수 있는 인기 웹사이트를 많이 확보하고 있는 것이다. 쉽게 말하면《뉴욕타임스》, CNN 같은 대형 사이트들(퍼블리셔)이 구글의 파트너가 되어야 광고 브로커로서 제 역할을 할 수 있다.

그러나 초창기의 구글은 대형 퍼블리셔를 확보하지 못했다. 구글은 검색엔진에서 출발한 회사였지 광고를 전문적으로 중개하던 회사는 아니었기 때문이다. 그래서 과거 구글이 광고를 걸 수 있도록 제휴한 사이트는 고작 개인 블로그 위주였다. 그러다 보니 2007년 이전에 구글에 배너 광고를 맡기는 대기업은 거의 없었다. 나이키나 샤넬 같은 대기업이 구글에 광고를 맡길 가능성은 없었다. 그들이 개인 블로그에 광고를 게재하지는 않기 때문이다.

더블클릭 인수전

구글이 온라인 광고 시장에서 두각을 나타내지 못했던 시절에 그 시장을 장악했던 기업이 있었다. 바로 더블클릭DoubleClick이라는 광고회사다. 더블클릭은 1990년대부터 세계 최대의 배너 광고회사로 자리를 잡았다. 더블클릭은 이미 20년 전부터 온라인 광고 시장의 성장세를 예견하고 수많은 대형 사이트를 회원사(광고 공간, 퍼블리셔)로 확보했다. 설립 4년 만에 전 세계 6400개의 웹사이트를 퍼블리셔로 두었으며 50억 개의 광고를 내보내고 있었다.[2] 게다가 방대한 데이터를 가진 회사이기도 했다. 더블클릭은 사람들의 인터넷 방문 기록cookie을 수집하고 개인별로 맞춤형 광고를 송출Ad-Server하는 기술을 가지고 있었다. 지금은 보편화된 방식이지만 이 맞춤형 광고의 원조 기술을 가진 회사가 바로 더블클릭이었다.

더블클릭이 제공하는 서비스는 광고주 입장에서도 만족스러웠다. 무차별적으로 광고를 싣는 방식이 아니라 광고주가 요구하는 위치에, 원하는 시간만큼, 원하는 대상에게 광고했기 때문이다. 그 이전까지 광고주는 자신의 광고가 어디에 얼마나 노출되는지 알 수 없었다. 그러나 더블클릭은 광고주에게 데이터에 기반한 리포트를 제공했고, 광고주는 자신의 광고비 지출이 얼마만큼의 효과를 가져왔는지 계산할 수 있었다.

그러나 더블클릭의 호시절은 오래가지 못했다. 우수한 기술을 보유했음에도 더블클릭은 결국 기업 인수 시장에 매물로 나왔다. 배너 광고 시장이 점점 커지자 야후, 구글 등의 대기업도 뛰어들었기 때문이다. 더블클릭은 회사 단독으로 광고 시장에서 살아남기가 어렵다고 판단했으며 2005년 사모펀드에 매각된다. 이에 여러 기업이 더블클릭을 인수하기 위해 나섰고 그중의 하나가 구글이었다. 더블클릭은 구글이 가지지 못했던 퍼블리셔 네트워크를 보완할 수 있을 뿐만 아니라 데이터 분석 기술까지 갖추고 있었기 때문이다.

구글과 인수 경쟁을 벌인 회사는 마이크로소프트MS였다. MS 역시 배너 광고 시장이 점점 더 커지리라 예상했으며 무엇보다도

데이터는 어떻게 세상을 지배하는가

광고로 쉽게 돈을 버는 수익 구조에 매력을 느꼈다. 두 회사의 인수 경쟁은 더블클릭의 몸값을 크게 높였다. 인수 가격은 당초 20억 달러로 예상되었지만 두 회사의 경쟁으로 인해 31억 달러까지 뛰어올랐다. 구글은 경쟁 끝에 2007년 더블클릭을 인수했다.

인수합병의 결과

인수 경쟁에서 탈락한 MS는 구글의 더블클릭 인수를 반대하고 나섰다. MS는 구글이 배너 광고 시장을 독점할 것이라 주장했다. 그리고 구글의 독점은 광고 시장의 단가를 높이며 이는 광고주 기업의 피해로 고스란히 돌아올 것이라 주장했다. MS가 내세운 근거는 구글의 검색 광고였다(검색 광고란 검색어를 치면 검색 결과 상단에 관련 상품이 노출되는 광고를 말한다. 대부분의 검색엔진들은 검색 결과 상단에 광고받은 기업들의 링크를 우선 노출하고 있다). 구글은 이미 검색 광고에서 강점을 가진 회사인데 배너 광고 분야까지 장악한다면 광고 시장(검색 광고+배너 광고)을 독점한다는 논리였다. 게다가 더블클릭이 가진 데이터까지 흡수한다면 후발주자는 사실상 배너 광고 시장에 진입할 수 없다는 논리를 펼쳤다.

구글과 더블클릭의 인수합병은 미국 연방거래위원회FTC의 심사를 받는다. 8개월이 넘는 심사가 이어졌으며 결국 연방거래위원회는 두 기업의 합병을 승인한다. 이 심사의 쟁점 중 하나는 데이터였다. 두 기업이 가진 데이터가 합쳐져서 일종의 진입 장벽이 될 수

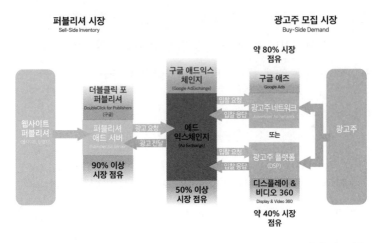

출처: 미국 법무부

있는지를 심사했다. 이 판단에서 연방거래위원회는 두 기업이 보유한 데이터가 특별하지 않다는 결론에 도달한다. 경쟁 기업도 그 정도 수준의 데이터는 쉽게 획득할 수 있기에 두 기업이 가진 데이터의 결합이 진입 장벽이 되지는 못한다는 논리였다.

그러나 연방거래위원회의 승인 이후 약 15년 뒤 구글은 사실상 온라인 광고 시장의 독점 기업이 되었다. 미국 법무부에 따르면 구글은 퍼블리셔와 광고주를 연결하는데 퍼블리셔 시장의 90%, 광고주 모집 시장의 80%를 장악하고 있다. 또 구글은 두 기업을 연결해 주는 대가로 약 30%의 수수료를 받는다. 그래서 광고주는 구글에 내는 광고비가 비싸다고 불만이고, 퍼블리셔는 광고 수입이 낮다고 불만이다. 오랫동안 미국의 시장 독점을 담당하던 공무원 사이에서는 '연방거래위원회의 결정은 실수였다'라는 말까지 나오기도 했다. 그만큼 두 기업의 인수가 만들어 낸 시장 독점력이 예상외로 컸던 것이다.

2024년 구글의 광고 사업 부문은 또다시 독점 논란에 휘말렸다. 미국 법무부가 구글이 그동안 온라인 광고 시장을 독점해 왔다고 주장하며 구글을 연방법원에 제소했기 때문이다. 법무부가 주장하는 구글의 혐의는 다양하다. 광고를 중개하는 과정에서 구글이 다른 기업들에 구글에 유리한 기술을 강요했으며 광고 입찰 가격도 조작했다는 의혹을 받았다. 이러한 이유로 미국 법무부는 구글의 광고사업부에서 더블클릭을 다시 분리해야 한다고 주장하고 있다.

앞으로 구글과 미국 법무부 간의 법정 공방이 펼쳐질 것으로 예상된다. 물론 이번 소송의 핵심은 데이터 독점 문제가 아니다. 주된 쟁점은 구글이 시장 지배력을 이용해 경쟁 기업을 불합리하게 배제시켰느냐의 문제가 될 것이다. 또 광고 중개 플랫폼과 퍼블리셔 플랫폼을 동시에 장악하고 있는 구글이 어떠한 불공정 행위를 했는지를 증빙하는 것이 주된 쟁점으로 보인다. 오랫동안 온라인 광고 시장을 장악해 온 구글이 15년 전으로 회귀할지도 모르는 기로에 서 있다.

헬스케어 시장에 도전하다

빅테크 기업과 헬스케어

———

구글은 혁신적 기술 개발에는 돈을 아끼지 않는 것으로 유명하다. 설령 그 기술이 당장 돈이 되지 않는다고 해도 말이다. 구글에는 새로운 혁신 기술만을 연구하는 자회사도 있는데 바로 엑스x라는 조직이다. 엑스가 연구하는 기술은 문샷moonshot이라 불린다. 달에 보낼 만큼 혁신적인 기술이라는 뜻이다. 잘 알려진 구글의 스마트안경smart glasses도 엑스에서 연구한 작품이다.

최근 수년간 구글이 가장 관심을 두는 문샷은 헬스케어다. 구글은 이미 헬스케어 분야에 엄청난 돈을 투자한 상태다. 2020년 이후에만 16억 달러가 넘는 규모의 투자에 참여했으며 지난 2년 동안 참여한 투자 라운드는 100건이 넘는다. 구글이 가진 헬스케어 분야의 자회사만 해도 그레일Grail, 오스카Oscar, 베릴리Verily, 칼리코Calico 등 다양하다.

이처럼 구글이 헬스케어 산업에 관심을 보이는 이유는 헬스케어 분야의 환경 변화 때문이다. 과거에는 헬스케어에서 생산되는 데이터가 매우 단순했다. 조금 과장해서 말하면 의사가 환자의 몸에 청진기를 대어 보는 것이 전부였다. 숨소리나 심박수 등의 단순한 데이터를 토대로 그 사람의 건강 상태를 진단했다. 이런 환경에서는 사람이 경쟁력을 가진다. 의사처럼 전문적 교육을 받은 사람이라면 데이터를 해석하고 정확하게 검진할 수 있었다.

그러나 오늘날의 풍경은 완전히 달라졌다. 헬스케어는 일종의 데이터 산업으로 진화하고 있다. 더 이상 청진기가 아니라 스마트워치를 통해 심박수, 수면 패턴, 운동량 등의 데이터를 측정하고 저장한다. 이 데이터는 매분, 매초 실시간으로 생성된다. 즉 헬스케어 산업에서 생성되는 데이터를 다루기 위해서는 사람이 아니라 AI가 필요한 환경으로 바뀌었다. 이제 헬스케어 산업은 누가 더 정교한 데이터를 수집하고 그 데이터를 분석할 수 있느냐로 경쟁하며 진화하고 있다.

그래서 구글은 자기네가 전통적인 헬스케어 기업보다 우위에 있다고 믿는다. 비록 의료 분야 자체의 사업 경험만 놓고 보면 전문성이 떨어질지도 모르지만 데이터를 수집, 처리하는 역량에서는 구글이 확연한 우위다. 이는 헬스케어 산업의 데이터화가 가속화될수록 뚜렷이 나타나는 현상이 될 것이다. 구글은 헬스케어 산업이 완전히 데이터화되고 AI에 의해 진단과 처방이 이루어지는 상황을 기다리고 있을 것이다.

구글은 건강 데이터를 확보하는 데도 적극적이다. 구글은 생명과학을 담당하는 자회사인 베릴리를 통해 2017년부터 4년 동안 1만 명의 건강 데이터를 수집했다. 베릴리는 이 프로젝트를 위해 전용 스마트워치도 만들었으며 심박수, 수면 패턴, 혈액, 소변 등의 다양한 데이터를 측정했다. 아직 이 건강 데이터를 통해 뚜렷한 사업 성과를 내지는 못했지만, 방대한 데이터를 수집해서 헬스케어에 IT를 접목하겠다는 시도를 하고 있다.

다른 회사와의 합작도 추진 중이다. 영상 전문 회사인 니콘과 제휴해 질병을 판독할 수 있는 영상 기술을 개발하고 당뇨병을 감지하는 콘택트렌즈를 만들거나 혈당측정기도 개발했다. 또 병원과 제휴해 데이터를 확보하는 데도 힘썼다. 구글의 딥마인드Deep Mind는 2018년 영국의 건강보험공단NHS에 요청해 유방암 환자의 사진 수만 장을 제공받는다. 이 데이터로 유방암을 진단하는 AI를 개발하기 위해서였다.

구글의 노력은 결실을 맺기도 했다. 2020년 1월 딥마인드는 방사선 전문의를 능가하는 수준의 유방암 진단 AI를 개발했다고 발표한다. 발표된 자료에 따르면 이 AI는 전문의에 비해 오진 비율이 9.4%나 낮다고 하니 구글의 예측대로 AI가 인간을 능가하게 된 셈이었다. 이처럼 구글은 헬스케어 산업의 데이터화를 위해 한 걸음씩 나아가는 중이다.

구글과 핏빗의 시너지

구글은 스마트워치 기업도 인수했다. 더 이상 다른 기업과 제휴하여 헬스케어 데이터를 취득하기보다 직접 데이터를 생산하는 기업이 되겠다는 의도다. 구글의 인수 대상은 세계 4위 기업인 핏빗fitbit이었다.

과거에는 스마트워치 기능이 제한적이었지만 기술이 점차 발전하면서 수집할 수 있는 데이터도 다양해졌다. 최근에는 심박수, 체온뿐만 아니라 혈중산소 등의 데이터까지 수집된다. 스마트워치의 장점은 실시간으로 데이터를 측정한다는 점이다. 24시간 몸에 붙어 있으니 하루 중 심박수가 언제 가장 높으며 하루에 소모한 칼로리가 얼마인지도 알 수 있다. 또 수면 습관과 패턴까지 알 수 있어 우리 몸의 빅데이터 생성기라 보아도 무방하다.

한편 일부 전문가들은 구글이 핏빗을 인수한 목적이 OS 시장을 장악하는 데 있다고 해석하기도 한다. 구글이 안드로이드 OS로 성공했듯이 스마트워치 OS 시장을 장악하기 위해서 핏빗을 인수했다는 의견이다. 그러나 이러한 시각에는 한계가 있다. 스마트워치 시장은 스마트폰 OS만큼 확장성이 뛰어나지 않다. 스마트워치에는 다양한 앱을 설치하기도 어렵고 스마트폰에 비해 제약이 많다는 점을 감안하면 OS 때문이라는 해석은 설득력이 부족해 보인다.

핏빗 인수는 구글에도 새로운 도전이었다. 구글은 하드웨어를 직접 만드는 경험을 가지고 있지 않기 때문이다. 타사의 스마트폰에 안드로이드 OS는 제공하지만 직접 스마트폰을 제조하지는 않았다. 따라서 구글의 핏빗 인수는 매우 이례적인 일이라 볼 수 있다. 그러나 주요하게는 앞서 말한 바와 같이 소비자의 건강 데이터를 적극적으로 수집하여 헬스케어 시장의 초석을 닦겠다는 의도로 해석된다.

앞으로 구글이 실제로 헬스케어 데이터를 어떻게 활용하는지는 많은 사람들의 관심사가 될 것이다. 이제 구글은 사람들의 인터넷 사용 데이터, 위치 데이터에 더해 건강 데이터까지 손에 넣었기 때문이다.

심지어 앞으로 헬스케어 분야에서는 지금까지 상상하지 못한 다양한 데이터가 생성될 것으로 전망된다. 예컨대 사람이 누워 있는 모습이나 침대의 압력을 기록하는 기술도 존재하며, 냄새를 데이터로 기록하는 장비도 등장했다. 또한 방바닥에 센서를 부착해 거동이 불편한 노인이 넘어졌는지 기록하는 기술도 등장했다. 이는 헬스케어 분야에서 데이터가 무궁무진한 잠재력을 가지고 있다는 것을 뜻한다.

건강 데이터의 사용을 제한한 EU

구글이 다양한 데이터를 손에 넣었다는 것은 소비자를 더욱 세분화할 수 있게 되었다는 뜻이다. 과거에는 검색 내역을 통해 맞춤형 상품을 추천했지만 이제는 건강 상태에 따라서도 큐레이션이 가능하다. 예컨대 어떤 소비자의 건강 상태를 측정해 맞춤형 건강 기능 식품을 추천하거나 필요한 운동용품을 광고할 수도 있을 것이다.

다만 EU는 구글이 건강 데이터를 광고 시장의 영향력 확대 도구로 사용하는 것을 금지했다. 구글의 핏빗 인수는 EU 집행위원회의 승인 사항이었다. EU 집행위원회는 약 1년간의 심사 끝에 2021년 1월 구글의 핏빗 인수를 승인한다. 다만 이 승인에는 조건이 있었다. 먼저 EU는 구글이 핏빗에서 수집한 데이터를 광고 시장에서 사용하지 말라는 조건을 달았다. 구글의 광고 시장 독주를 조금이라도 저지하려는 의지다. 그리고 타 웨어러블 기기에 대해서 안드로이드 OS에 대한 접근성(연결성)을 보장하라는 조건도 걸었다.

전 세계의 직장인을
끌어안다

무료의 구글과 유료의 MS

일반적으로 플랫폼 기업의 서비스는 공짜다. 카카오톡도 무료
고 구글의 검색 서비스도 무료다. 그러나 MS는 정반대의 수익 모델
을 고수하는 기업으로 소비자에게 악착같이 돈을 받아낸다. MS의
상품은 대부분 유료다. 윈도는 대략 15만 원이며 MS오피스도 10만
원 정도에 판매한다. MS는 게임 산업에도 진출해 있는데 XBOX나
게임 타이틀 모두 유료로 판매한다.

모든 상품이 유료이다 보니 MS는 보통의 플랫폼 기업과는 다
른 사업 구조를 가지고 있다. 예컨대 많은 사람들이 모여드는 SNS

(10억 달러, %)	2021년 1분기	2021년 2분기	2021년 3분기	2021년 4분기	2022년 1분기	2022년 2분기	2022년 3분기	2022년 4분기	2021년	2022년
총매출	37.2	43.1	41.7	46.2	45.3	51.7	49.4	51.9	168.1	198.3
서버/클라우드	11.2	12.7	13.2	15.5	15.1	16.4	17.0	18.8	52.6	67.3
오피스/클라우드	9.3	9.9	10.0	10.7	10.8	11.3	11.2	11.2	39.9	44.9
윈도	5.3	5.5	5.5	6.8	5.7	6.6	6.1	11.2	23.0	24.8
게임	3.1	5.0	3.5	3.7	3.6	5.4	3.7	11.2	15.4	16.2
검색 광고	1.8	2.4	2.4	2.1	2.7	3.1	2.9	11.2	8.7	11.6
기타	6.5	7.5	7.1	7.4	7.5	9.0	8.4	6.5	28.5	33.5
판매 비중										
서버/클라우드	30.1	29.6	31.7	33.5	33.3	31.7	34.5	36.3	31.3	34.0
오피스/클라우드	25.0	22.9	24.0	23.2	23.8	21.8	22.6	22.4	23.7	22.6
윈도	14.3	12.8	13.1	14.7	12.5	12.8	12.3	12.4	13.7	12.5
게임	8.3	11.7	8.5	8.0	7.9	10.5	7.6	6.7	9.1	8.2
검색 광고	4.8	5.5	5.8	4.6	5.9	5.9	6.0	5.6	5.2	5.8
기타	17.5	17.5	17.0	16.0	16.6	17.4	17.0	16.6	17.0	16.9

같은 서비스가 없다. 대중은 공짜 서비스가 아니면 모여들지 않기 때문이다. 이러한 사업 모델로 인해 MS는 다른 플랫폼 기업과는 상이한 수익 구조를 가진다. 보통의 플랫폼 기업이 광고에서 많은 수익을 올리는 데 비해 MS는 광고 수입이 거의 없다. 구글, 페이스북은 전체 매출의 80~90%가 광고 수입이지만 MS는 3%에 불과하다.

MS와 SNS

그렇다고 MS가 애초부터 SNS 사업에 관심이 없었던 것은 아니다. MS도 SNS 기업을 인수하기 위해 노력해 왔다. 유튜브, 페이스북처럼 많은 사람들이 모이는 SNS가 있으면 광고를 걸어서 수월하게 돈을 벌 수 있다. 그래서 MS는 기회만 생기면 SNS에 눈독을 들였으며 2012년 야머Yammer라는 직장인을 위한 소규모 SNS를 인수하기도 했다. 최근에는 미중 갈등이 거세지면서 중국 기업인 틱톡TikTok의 미국 사업 부문을 인수하겠다는 의사를 밝히기도 했다. 물론 실제 인수합병으로 성사되지는 못했지만 MS가 얼마나 SNS를 가지고 싶어 하는지를 엿볼 수 있는 대목이다.

결국 MS는 2016년 대형 SNS 사이트를 인수하는 데 성공한다. 바로 링크드인LinkedIn이라는 구인구직 SNS 사이트였다. 링크드인은 페이스북이나 인스타그램처럼 개인의 일상생활을 공유하는 SNS가 아니다. 그와 달리 직장인이 자기 관심사와 프로필을 공유하는 SNS다. 한국에 비유해서 말하자면 잡코리아 같은 구인구직 사이트를 SNS 버전으로 만들어 놓은 네트워크다.

한국에서는 미국만큼 링크드인이 잘 알려져 있지 않다. 이는 한국과 미국 노동 시장의 문화 차이 때문이다. 한국에서는 미국만큼 이직이나 창업이 활발하지 않고 여전히 한 직장에 오래 일하는 것이 미덕으로 여겨지는 편이다. 그러나 미국에서는 이직과 창업이 활발하고, 이에 따라 링크드인 같은 전문 직장인의 SNS가 노동 시장에서 널리 활용된다. 링크드인을 바탕으로 내 이력을 알리고 새로운 직장을 구하기도 한다. 현재 링크드인은 가입자가 8억 명이 넘을 만큼 직장인 사이에서는 거대한 SNS가 되었다.

링크드인의 진화 가능성

MS가 링크드인을 활용해서 가장 손쉽게 얻은 이익은 온라인 광고 수입이었다. 링크드인은 전체 매출의 40% 정도가 광고이며 2021년 기준으로 연간 4조 원이 넘는다. 앞으로도 광고 매출은 지속적으로 성장할 가능성이 높다. 전문가들은 링크드인이 2026년까지 8조 원이 넘는 광고 수입을 올릴 것으로 예상한다. MS는 링크드인을 통해 그동안 진출하지 못했던 온라인 광고 시장으로의 교두보를 마련한 셈이다.

MS가 링크드인을 인수하여 얻은 또 다른 이득은 데이터다. 링크드인은 직장인의 상세한 프로필과 커리어 데이터를 보유하고 있다. 구인구직을 위해서는 상세한 프로필을 게재하듯, 링크드인 사용자도 자신의 이력을 가급적이면 상세하게 기술한다. 따라서 링크드인 인수는 직장인의 이력 데이터를 획득하는 것과 다름없다.

MS는 이미 링크드인의 데이터를 자사의 소프트웨어와 결합했다. MS는 고객 관리 프로그램인 '다이내믹스365'에 링크드인의 프로필 데이터를 통합했다. 쉽게 말하면 업무용 메신저 프로그램에 페이스북의 프로필 데이터가 들어온 셈이다. 업무를 하면서 상대방

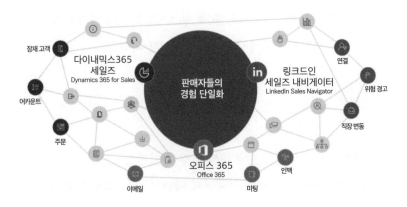

다이내믹스365
세일즈
Dynamics 365 for Sales

판매자들의
경험 단일화

링크드인
세일즈 내비게이터
LinkedIn Sales Navigator

잠재 고객

아카운트

주문

연결

위험 경고

직장 변동

오피스 365
Office 365

이메일

미팅

인맥

출처: "Improving sales productivity with Dynamics 365 Sales", Incremental

과 나 사이에 공통으로 알고 있는 인맥을 조회하거나 필요하다면 상대방의 주요 관심사도 파악할 수 있다. MS의 고객 관리 프로그램이 고유의 기능을 넘어 인맥을 관리하는 도구로 진화하는 것이다.

앞으로 링크드인의 데이터를 어떻게 활용해 나갈지는 MS의 사업 역량에 달렸다. 가장 가능성이 높은 방안은 MS의 생산성 도구(팀즈, 오피스 등)가 SNS의 데이터와 결합하는 것이다. 예컨대 오피스 프로그램을 사용하면서 '우리 회사에서 엑셀 분석의 최고 전문가를 찾아줘'라고 하거나, 또는 팀즈를 사용하면서 '삼성전자에서 LG전자 강○○ 대리와 가장 친한 직원을 찾아줘'라고 명령할 수도 있을 것이다. 앞으로 업무 프로그램과 인맥 데이터가 유기적으로 결합된다면 MS의 프로그램들은 그 누구도 넘보지 못할 독보적인 생산성 도구가 될 것으로 전망된다.

MS의 1위 탈환

2024년 1월 MS는 애플을 앞지르고 세상에서 기업 가치가 가장 높은 기업이 되었다. MS는 2010년대에 들어서는 애플에 밀려 만년 2위 기업에 불과했다. 애플은 스마트폰을 만들고 모바일 시대를 주도했으나 MS는 이 흐름에 편승하지 못했다.

그러나 MS는 최근 들어 새로운 성장 동력을 찾는 데 성공했다. 바로 데이터와 AI다. MS는 오랫동안 클라우드와 AI 등 데이터 기반의 산업에 투자해 왔으며 이제야 그 성과가 조금씩 나타나고 있다. MS가 오픈AI에 전격적으로 투자해 챗GPT의 개발을 지원한 것도 결코 우연이 아니다. MS가 데이터의 잠재력을 이해하고 오랫동안 데이터 기반의 혁신에 투자해 왔기 때문에 가능한 일이었다.

최근 들어 MS가 보여 주는 혁신의 사례는 그동안 부진했던 MS의 서비스가 소비자의 관심을 받는 계기가 될 것이다. MS는 GPT-4에 기반해 코파일럿copilot이라는 자체 AI를 출시했다. 코파일럿의 등장에 가장 경계심을 느끼는 기업은 바로 검색 시장의 최강자인 구글이다. 구글은 검색 시장에서 MS의 빙Bing이 경쟁 상대라고 생각해 본 적조차 없을 것이다. 그러나 MS의 코파일럿은 빙과 결합해 검색 서비스의 패러다임을 변화시킬 위협 요인으로 부상했다. 데이터와 AI가 기업 간의 경쟁 구도마저 바꾸어 놓고 있기 때문이다.

기업의
경쟁 구도를 바꾸다

자영업자의 별점 경쟁

소비자에게 상품을 더 많이 파는 방법은 무엇일까. 가장 쉬운 방법은 가격을 낮추는 것이다. 가격을 낮추면 자연스레 더 많은 상품이 팔린다. 그러나 가격 인하에도 한계가 있다. 이미 치열한 가격 경쟁에 노출된 대부분의 기업은 더 이상 가격을 낮출 수 있는 여력이 없다. 판매자 입장에서는 막심한 손해를 감수하고 가격 100원을 인하하더라도 소비자는 아무런 관심을 주지 않을 가능성이 크다. 적어도 반값 할인 행사를 해야 겨우 관심을 받는다.

플랫폼 시장에서는 가격 할인 대신 소비자의 관심을 얻을 수

데이터는 어떻게 세상을 지배하는가

있는 또 다른 방법이 있다. 바로 별점이다. 별점이 높은 상품은 플랫폼의 1면에 배치된다. 그래서 더 이상 가격으로 승부하기 어려운 자영업자들은 0.1점이라도 더 높은 별점을 받기 위해 치열한 경쟁을 벌인다.

그러나 별점은 자영업자의 무한 희생을 강요하는 도구이기도 하다. 이는 별점의 태생적인 구조 때문이다. 일반적으로 별점의 평균은 매우 높은 수준에서 형성된다. 대부분 4점 이상이다. 왜냐하면 대부분 5점이나 4점을 기본값으로 부여하기 때문이다. 소비자는 자신의 만족도를 엄밀히 따져 별점을 부여하지 않고 웬만한 하자가 없으면 5점을 주는 경우가 많다.

여기서 문제가 발생한다. 누군가는 상품에 불만을 가질 수도 있는데 별점 테러를 벌이는 순간 문제가 된다. 불만 때문에 고객이 한 명이라도 1점을 준다면 자영업자는 매출에 심대한 타격을 입는다. 평균 점수로는 0.1점밖에 되지 않겠지만 그 별점 0.1점에 따라 자영업자의 월매출은 몇백만 원씩 차이가 난다. 소비자는 소수점 단위까지 비교하며 업체를 고르기 때문이다. 바로 위에 4.3점 업체가 있는데 굳이 4.2점 업체를 고르는 소비자는 없다.

그래서 자영업자 입장에서는 별점에 목숨을 건다. 한 명의 악성 고객을 막기 위해 최선을 다할 수밖에 없다. 1분이라도 빠르게 배달해야 하며 소비자의 항의에는 친절하게 대응한다. 만족할 때까지 교환, 환불은 기본이다. 긍정적인 별점을 유도하기 위해 음료수를 서비스로 넣어 주는 것도 기본이다. 고만고만한 자영업자 사이에서 살아남기 위해 영혼을 갈아 넣는다.

그에 반해 별점 권한을 하사받은 소비자는 갑甲이 되었다. 그러다 보니 인터넷에서는 자영업자의 하소연을 쉽게 찾아볼 수 있다. 대부분의 하소연은 소비자의 갑질에 대한 이야기다. 1인분을 주문하고 3인분 양을 달라고 하거나, 짜장면을 시키고 탕수육을 서비스로 달라고 하는 소비자에 대한 이야기다. 많은 사람들은 자영업자의 어려움에 대해 공감하기도 한다. 0.1점이 매출을 지배하는 오늘날 자영업자의 영업 환경이 녹록지 않다는 것을 이해하기 때문이다.

네이버의 경쟁 상대

네이버는 국내 검색 시장의 독점 기업처럼 보인다. 실제 점유율로 따져도 국내 검색의 70%를 차지하는 기업이다. 그러나 사실 따지고 보면 네이버 역시 치열한 경쟁에 노출되어 있다. 검색 서비스 그 자체만 보면 네이버의 독점처럼 보이지만 사실 오늘날 소비자의 검색 방법은 다양해졌다. 이제 검색할 때 유튜브를 사용하기도 하고 인스타그램을 사용하기도 한다. 텍스트 위주로 검색했던 옛날과 달리 검색이라는 개념이 영상과 SNS로 확장된 것이다. 나 역시 궁금한 내용을 찾기 위해 네이버보다 유튜브를 이용하는 경우가 더 많다. 이런 측면에서 보면 네이버는 독점 기업이 아니다. 유튜브, 인스타그램과 경쟁하는 관계라 보아야 한다.

유튜브가 네이버의 경쟁 상대로 부상할 수 있었던 것은 유튜브에 충

분한 데이터가 쌓였기 때문이다. 수년 전만 하더라도 유튜브가 검색 시장을 위협하는 플랫폼이 되리라고는 아무도 상상하지 못했다. 초창기 유튜브는 그저 변변찮은 아마추어의 영상들만 업로드되던 플랫폼이었기 때문이다. 그러나 콘텐츠가 쌓이고 검색 알고리즘이 정교화되면서 유튜브는 네이버의 경쟁 상대로 떠올랐다. 즉 플랫폼에 데이터가 쌓이면 경쟁 구도를 변화시킨다.

인스타그램도 마찬가지다. 인스타그램은 자신의 일상을 올리는 사진 사이트로 출발했다. 그러나 사용자가 맛집과 패션에 대한 사진을 올리기 시작했고 오늘날에는 옷과 음식을 홍보하는 거대한 광고판으로도 활용된다. 인스타그램이 네이버쇼핑 같은 인터넷 쇼핑몰과 경쟁하는 사이트가 된 것이다. 이처럼 데이터의 축적은 새로운 경쟁 상대를 만들기도 하고 시장의 경계를 무너뜨리기도 한다. 데이터가 자산이 되는 오늘날의 플랫폼 환경에서는 엄격하게 시장을 획정하는 행위가 점차 의미를 잃어 간다.

그래서 플랫폼은 서로를 상대로 무한 경쟁을 펼친다. 지금은 전혀 무관해 보이는 플랫폼일지라도 향후 유사한 분야의 데이터가 축적되면 언젠가는 서로 경쟁 관계로 변화할 수 있어서다. 그래서 플랫폼 기업은 플랫폼의 플랫폼platform over platform이 되기 위해 노력한다. 자기네가 다른 플랫폼의 서비스를 포괄하는 첫 플랫폼이 되기 위해 경쟁하는 것이다. 과거에는 네이버에서 검색해도 유튜브 영상이 나타나지 않았다. 그러나 이제는 네이버에서 유튜브 영상이나 쿠팡의 상품도 검색된다. 이렇게 플랫폼은 서로 자기네가 인터넷으로 들어가는 통로gatekeeper가 되기 위한 경쟁을 벌인다.

재미있는 점은, 플랫폼 기업들이 개인정보의 보호에 대해서는 경쟁 수준이 매우 낮다는 점이다. 개인정보 보호는 소비자에게 매우 민감한 문제이지만 플랫폼 기업은 보호에 소극적이다. 수시로 개인정보 관련 사건사고 소식을 접하는 이유도 플랫폼 기업의 낮은 개인정보 보호 수준에서 기인한다. 최근에 한국에서도 구글과 페이스북은 개인정보 무단 수집을 이유로 1000억 원대의 과징금을 부과받았다. 페이스북은 독일에서도 사람들의 인터넷 사용 내역을 무단으로 수집한 적이 있었다.

개인정보에 대한 보호 수준이 낮음에도 페이스북이나 구글은 소비자로부터 여전히 큰 사랑을 받는다. 오히려 사람들은 자신의 개인정보 유출을 대수롭지 않게 생각하는 것처럼 보인다. 이는 소비자들이 플랫폼에 기대하는 바도 변했다는 뜻이다. 소비자는 플랫폼의 서비스 그 자체에 관심을 가지지, 나의 데이터가 얼마나 보호되는지에 대해서는 둔감해졌다는 의미다.

시장 지배력의 확대

플랫폼 기업은 소비자와 입점 업체로부터 취득한 데이터를 불공정한 방법으로 사용하려는 유혹에 빠지기가 쉽다. 가장 전형적인 수법은 쇼핑 플랫폼이 자기네 쇼핑몰에서 가장 잘나가는 제품을 스스로 카피하는 행위다. 플랫폼은 모든 상품의 판매 데이터를 관찰하고 있으므로 어떤 제품이 가장 잘나가는지 쉽게 파악한다. 그리고 그 제품을 똑같이 출시해 직접 판매하는 수법이다. 예컨대 쿠팡은 납품 업체들이 판매하던 상품과 유사한 명칭, 포장을 사용해서 카피 제품을 내놓았다는 의혹을 받은 바 있다. 게다가 자사 직원들이 리뷰 작성에 동원되기도 한다.

소비자에게 자사의 제품을 우선 추천하는 행위도 가능하다. 아마존 역시 아마존 베이직Amazon Basics이라는 자체 브랜드를 가지고 있다. 이 브랜드로 판매하는 자체 품목은 24만 개가 넘는다. 이 상황에서 아마존은 자체 브랜드 상품을 소비자에게 우선 노출하려는 유인이 생길 수밖에 없다. 설령 소비자가 그 제품을 원하지 않더라도 아마존은 자체 브랜드를 우선 추천한다.

이런 행위를 자사 우대self preference라고 하는데 많은 플랫폼에서 크든 작든 쉽게 관찰되는 현상이다. 아마존은 자사의 AI인 알렉사Alexa가 탑재된 스마트 스피커를 대폭 할인한 가격에 판매한 적이 있으며, 구글은 검색 결과를 표시할 때 자사 콘텐츠를 우선 노출시키기도 한다. 또한 네이버도 검색 알고리즘을 변경하여 자사 상품을 검색 결과의 상단에 올리고 경쟁사는 하단으로 내린 경우도 있었다.

이러한 자사 우대 행위는 시장의 경쟁 질서를 저해한다. 자사 상품을 집중적으로 밀어 주고 다른 경쟁자의 진입은 억제하는 효과를 가지기 때문이다. 자사 우대가 데이터와 결합하면 경쟁 제한 효과는 더욱 커진다. 플랫폼 입장에서는 잘 팔리는 상품, 수요 증대가

[3-6] EU의 디지털시장법이 금지하는 주요 사항

금지 사항	상세 내용
개인정보의 광고 목적 사용	핵심 플랫폼 서비스를 이용하는 제3자의 서비스를 이용하는 최종 이용자의 개인정보를 광고 서비스 목적으로 사용 금지
개인정보의 결합	핵심 플랫폼 서비스의 개인정보를 다른 서비스의 개인정보와 결합하는 행위 금지
데이터 결합 목적의 이용자 가입 유도	데이터 결합을 위해 다른 서비스의 이용자를 서비스에 가입시키는 행위 금지
배타 조건부 거래	이용 사업자가 다른 플랫폼과 거래하는 것을 막을 수 없으며 자사에 최저가로 공급하도록 강요할 수 없음
끼워 팔기	서비스 제공을 이유로 최종 이용자를 다른 플랫폼 서비스에 강제로 가입시키는 행위를 할 수 없음
데이터를 활용한 사업자 배척 행위	게이트키퍼는 이용 사업자가 제공하는 어떠한 데이터라도 이용 사업자와의 경쟁에 사용 금지

출처: EU 디지털시장법(2022년 11월 발효)을 근거로 정리

예측되는 상품, 쉽게 대체할 수 있는 상품을 간단하게 구분할 수 있다. 이 데이터를 바탕으로 자사 브랜드를 만들고 경쟁 업체를 쉽게 시장에서 몰아낼 수 있어서다.

이와 같은 이유로 EU는 데이터의 오남용을 규제하는 법인 디지털시장법Digital Market Act을 2020년 제정했다. 이 법은 플랫폼 기업이 데이터를 악용하여 경쟁 기업을 몰아내는 행위를 방지한다. 또한 소비자의 플랫폼 가입을 유도해 데이터를 확보하는 행위 등을

데이터는 어떻게 세상을 지배하는가

막는다. 한편 플랫폼이 취득한 개인정보를 다른 개인정보와 결합하는 행위도 금지한다. 데이터 수집과 활용에 대해 강하게 규제하는 것이다.

한국에서도 공정한 시장 경쟁을 판단하는 데 데이터를 고려하기 시작했다. 공정거래위원회는 2019년 기업결합을 심사할 때 지침이 되는 '기업결합 심사기준'을 개정했는데, 주된 개정 사항은 데이터(정보 자산)였다. 기업이 결합할 때 데이터가 혹시 경쟁을 저해하는지 여부도 살펴보겠다는 취지다. 2023년에는 온라인 플랫폼의 독과점 여부를 심사하는 지침에서도 데이터의 수집, 활용 능력을 명시했다. 데이터가 시장 경쟁의 구도와 방법에 점점 더 많은 영향을 미치는 점은 모든 나라의 관심 사항이 되었다.

4장

AI의 위력

처음 경험하는 혁신

빅데이터와
AI

고양이와 개 구분하기

사람에게는 매우 쉽지만 컴퓨터에는 매우 어려운 일이 있었다. 바로 사진을 보고 사물을 '구분'하는 능력이다. 사람은 누구나 사물을 보고 본능적으로 무엇인지를 판단한다. 그것도 아주 단번에 가능하다. 사람의 눈에 개와 고양이는 엄연히 다르며 심지어는 비슷하게 생긴 사람들의 얼굴도 구분해 낸다.(물론 우리에게 익숙하지 않은 외국인의 얼굴 구분은 약간 시간이 걸린다.)

반면에 컴퓨터는 사진을 보고 사물을 구분하는 데 오랫동안 애를 먹어 왔다. 컴퓨터가 사진을 구분하게 하려면 그 '방법'을 가르쳐야 했는데 인간의 시각 인지 능력은 논리적으로 설명하기가 어려웠기 때문이다. 인간이 사물을 보는 과정은 매우 직관적이고 본능적이다. 별달리 말로 설명하기 어렵다. 컴퓨터에 고차원의 수학 문제 풀이법을 가르치기는 매우 쉬웠지만 사물을 보는 원리를 가르치는 건 매우 어려웠다.

사람들은 다양하게 시도해 보았다. 대표적으로 사물의 주요 특징feature을 뽑아내서 가르치는 방법이었다. 예컨대 고양이는 눈이 2개이고 얼굴은 둥글며 콧수염이 있음을 컴퓨터에 가르쳐 주었다. 특징을 입력받은 컴퓨터는 사진에서 이 특징들을 찾는다. 이 특징이 보이면 고양이라고 답하는 방식이다. 이 방법은 어떤 특징을 뽑아내었느냐에 그 성공 여부가 달려 있다. 핵심적 특징만을 뽑아낼수록 정확도는 올라간다.

그러나 이 방법에는 치명적 문제가 있었다. 바로 각도였다. 사물은 보는 각도에 따라 그 모양이 달라진다. 정면에서는 고양이의 눈이 2개지만 측면에서는 1개밖에 보이지 않는다. 고양이 얼굴이 원형이라고 설명했지만 각도에 따라 타원형으로 보이기도 한다. 책은 직사각형이라고 컴퓨터에 가르쳐도 보는 각도에 따라 마름모가 되기도 한다. 보는 각도가 조금만 달라져도 미리 입력한 특징들은 무용지물이 된다.

사진의 크기도 문제였다. 컴퓨터는 확대한 그림과 축소한 그림을 구분하지 못했다. [4-1] 그림처럼 동일한 그림이라도 확대했느냐 축소했느냐에 따라 모양이 다르다. 사람은 부분만 확대해도 대

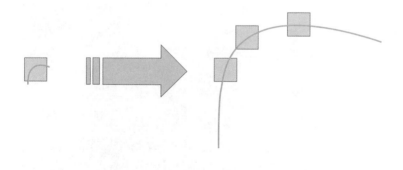

충 무엇인지를 알아차리는 능력이 있다. 고양이의 눈만 봐도 그 사진이 고양이임을 알 수 있다. 그러나 컴퓨터는 그렇지 못했다. 고양이 얼굴 전체를 보여 주어야만 고양이라는 판단을 내렸다. 즉 그림을 조금만 바꾸면 컴퓨터는 인식률이 현저히 떨어졌다.

그러나 2004년 이 문제를 해결할 획기적 아이디어가 제시된다. 바로 사물의 뾰족한 코너corner 부분에 집중하는 방법이었다. 사물의 모양은 평평한 면, 테두리, 뾰족한 코너 등으로 나눌 수 있다. 그런데 뾰족하게 생긴 코너는 평평한 부분과는 특징이 다르다. 보는 각도가 바뀌어도 또는 그림을 확대해도 그대로 뾰족하게 남아 있을 가능성이 높다. 그래서 사물의 뾰족한 부분만 집중 비교하면 각도가 달라져도 두 사진이 동일한지 판단할 수 있다.

코너만 집중적으로 비교하는 이 SIFTScale-invariant feature transform(척도 불변 특징 변환) 기술은 당대까지 등장한 이미지 인식 기

[4-2] 코너 부분을 직접 비교하는 SIFT 기술[1]

[4-2] 코너 부분을 직접 비교하는 SIFT 기술[1]

술 중 최고의 정확도를 자랑했다. 이미지의 특징을 추출하는 방법과 궁합이 잘 맞았기 때문이다. 특징만 잘 정의하면 이제는 사진의 각도가 달라져도 크기가 변해도 안정적인 이미지 인식률을 얻을 수 있었다. 이 기술 이후 컴퓨터의 시각 인지 능력은 급격하게 높아졌다. 이 기술이 등장하고 7년이 지난 2011년에는 인식의 정확도가 74% 수준까지 올라간다.

그러나 거기까지였다. SIFT의 이미지 인식률은 70% 초반 수준에서 벗어나지 못했다. 이미지 10장 중 3장에 대해서는 오답을 내놓았다는 뜻이다. 이는 이 기술의 태생적 한계에서 비롯했다. 이 기술은 사물의 특징을 정의하는 것에서 시작하지만 사물이 지닌 모든 특징을 사전에 정의하기란 사실상 불가능하다. 결국 이 방법으로 당시 도달할 수 있는 이미지 인식의 한계점은 70%였다.

2012년 이미지 인식 기술의 정확도를 높이는 엄청난 변화가 일어난다. 기존의 기술을 뒤집는 획기적 기술이 등장했기 때문이다. 바로 딥러닝Deep Learning이라는 AI 기술이었다. 딥러닝은 기존의 방법론을 거부하면서 등장했다. 인간이 사물의 특징을 미리 정해 주는 방식을 택하지 않은 것이다. 대신 딥러닝은 무수한 사진 데이터를 토대로 AI가 알아서 사진의 패턴을 발견하도록 설계되었다.

딥러닝, 압도적 역량의 차이

AI는 초등학생도 친숙하게 사용하는 일상용어가 되었다. 그러나 AI라는 말이 대중화되기까지 두 번의 큰 계기가 있었다. 첫 번째 사건은 2016년 알파고AlphaGo의 등장이었다. 당시 알파고는 바둑에서 인류 최강이라 평가되던 이세돌 기사를 너무나도 쉽게 꺾었다. 이는 많은 사람들에게 충격이었다. 오랫동안 바둑은 기계가 인간을 넘어설 수 없다고 평가되던 분야였기 때문이다. 그러나 알파고는 AI의 위대함을 보여 주며 바둑에서 인간을 넘어 버렸다.

두 번째 계기는 2022년 챗GPT의 등장이다. 사람들은 챗GPT를 보고 AI가 무엇인지 몸소 체감했다. 챗GPT는 알파고가 가져온 충격을 넘어섰다. 알파고는 기껏해야 바둑에 한정된 AI였지만 챗GPT는 인간만의 고유 능력인 언어를 대체했기 때문이다. 챗GPT는 기존의 챗봇과는 비교도 안 될 정도로 인간의 언어를 거의 완벽하게 이해한다. 어려운 질문에도 그럴듯한 답을 내놓는다. 인간의 언어

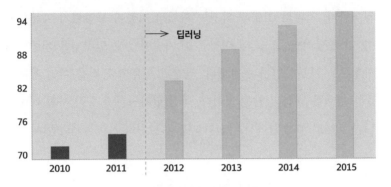

출처: 《동아비즈니스리뷰》, 2015

능력에 기반한 AI가 등장한 것이다.

사실 알파고, 챗GPT 이전에도 혁신적인 AI가 등장한 적이 있다. 바로 2012년 이미지 인식 분야Computer Vision에서 등장한 딥러닝이다. 2012년 캐나다의 제프리 힌턴 교수팀은 알렉스넷AlexNet이라는 딥러닝 기반의 AI를 이미지 인식 프로그램으로 선보였다. 당시 최고의 이미지 인식 기술로 평가받는 기술(SIFT)의 정확도는 70% 수준에 불과했으나 힌턴 교수팀이 선보인 딥러닝은 80% 이상의 정확도를 기록했다. 등장하자마자 10%가 넘는 압도적인 기량 차이를 드러낸 것이다.

딥러닝이 이미지 인식 분야에서 압도적이었던 비결은 무엇일까? 바로 전통적 방법론의 완전한 배제였다. 딥러닝은 사람이 특징을 가르쳐 주는 방법을 완전히 배제했다. 대신 대량의 데이터(사진)

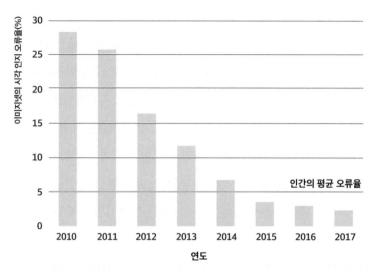

이미지넷 챌린지의 오류율 그래프: 컴퓨터 비전의 정확도는 2012년 딥러닝의 도입과 함께 비약적으로 개선되었으며, 그 이후에도 성장을 지속해 나갔다. 인간의 평균 이미지 인식 오류율은 약 5%이며, 2015년부터는 컴퓨터 비전의 정확도가 인간을 능가했다.

를 입력하면 컴퓨터가 알아서 특징을 파악하도록 만들었다. 딥러닝은 수십만 장의 고양이 사진을 입력받고 그 사진들의 평균적인 특징을 찾아낸다. 이 작업은 사진이 많아질수록 정교해진다. 평균적 특징을 파악하면 이를 토대로 이미지를 구분한다.

딥러닝의 학습법

단순하게 말하면 딥러닝은 데이터의 패턴을 찾아 주는 장치다. 가령 2, 4, 6, 8, 10, … 같은 데이터에서 숫자가 +2씩 커진다는 패턴을 찾는 도구다. 간단한 데이터에서는 인간도 직관적으로 패턴을 찾을 수 있지만 데이터가 복잡해지면 그럴 수 없다. 예를 들어 날씨와 콜라 판매량의 관계에는 어떤 패턴이 있을까? 날씨가 더워지면 콜라 판매량도 올라가리라 예상할 수 있지만 그 패턴을 구체적인 숫자로 답하기는 어렵다. 만약 변수가 많아지면 더욱 복잡해진다. 날씨뿐만 아니라 소득, 건강 상태 등이 종합적으로 콜라 판매량에 미치는 패턴을 인간이 계산해 내기는 더욱 어렵다. 그러나 딥러닝은 수많은 데이터 간의 패턴을 손쉽게 파악해 낸다.

숫자뿐만 아니라 사진에서도 수학적으로 패턴을 찾아낼 수 있다. 모든 이미지는 점으로 이루어지며 그 점은 특정한 색깔을 띤다. 색깔은 숫자로 나타낼 수 있기에 사진도 숫자로 표현이 된다. 따라서 이미지를 [4-5]와 같은 숫자의 배열로 표현할 수 있다(정확히 말하면 숫자의 묶음이며 어려운 말로 하면 행렬이나 벡터라고 부른다). 사진을 숫자로 변환할 수 있으므로 이미지에서 일종의 패턴도 발견이 가능하다.

AI에 수만 장의 고양이 사진을 입력하면 그 사진들 사이의 패턴을 찾아낸다. 고양이 사진에서 주로 2, 4, 6, 8, 10, …으로 이어지는 숫자 패턴이 자주 등장한다고 가정해 보자. 그러면 딥러닝은 2,

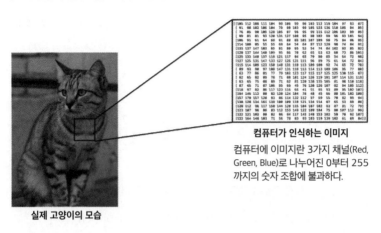

컴퓨터가 인식하는 이미지

컴퓨터에 이미지란 3가지 채널(Red, Green, Blue)로 나누어진 0부터 255까지의 숫자 조합에 불과하다.

실제 고양이의 모습

출처: Jiayi Chen, "Using CNN for detection of diseases", *Journal of Physics: Conference Series*. 2021

4, 6, 8, 10, …이 등장하는 사진은 고양이라고 결론을 내린다. AI는 이렇게 일종의 패턴을 파악하는 방법으로 그 사진이 고양이인지 개인지를 구분한다.

이처럼 수만 장의 이미지 데이터를 입력하고 컴퓨터가 알아서 그 이미지에서 패턴을 찾도록 만든 AI 기술이 딥러닝이다. 딥러닝 모델을 인공 신경망이라고도 부르는데 사람의 신경망(두뇌 세포)을 흉내 낸 구조이기 때문이다. 사람의 두뇌는 대단히 복잡한 세포로 이루어져 있지 않다. 전기 자극을 주고받는 단순한 세포(뉴런)의 집합으로 이루어져 있으며 이 단순한 세포들이 모여 고도의 사고를 가능하게 만든다. 딥러닝도 마찬가지다. 단순히 더하기, 곱하기만을 수행하는 퍼셉트론이라는 장치를 수억 개 모아 두고 데이터에서 패턴을 찾게 만든다. 인간의 두뇌가 작동하는 방식을 그대로 흉내 낸 것이다.

딥러닝의 작동 원리

여기서는 간결성을 위해 딥러닝이 데이터에서 패턴을 찾는 작업이라 설명했다. 하지만 딥러닝의 구조를 엄밀히 이해하려면 우리 두뇌의 뉴런과 유사한 퍼셉트론의 작동 원리를 파악해야 한다. 딥러닝은 단순 반복적인 덧셈과 곱셈으로 최적의 가중치parameter를 찾아나가는 작업을 수행한다. 컴퓨터에 데이터($x1$, $x2$, $x3$, …)를 입력하면, 컴퓨터는 이 데이터값에 어떤 숫자(가중치, w)를 곱하고 더해서 출력값에 최대한 근접하는 값을 만든다. 딥러닝은 입력값에서 결과값으로 이어지는 패턴을 찾기 위해 수많은 가중치($w0$, $w1$, $w2$, $w3$, $w4$, …)를 경사하강법을 통해 조금씩 조정해 나간다. 이 작업은 컴퓨터라 하더라도 무수한 시행착오가 필요하며 딥러닝은 (많게는) 수천억 개의 가중치를 찾아 낸다. 이렇게 최적의 가중치를 찾아내는 과정이 바로 학습Learning이다.

신경망은 여러 개의 층layer으로 이루어진다. 층을 만든 이유는

데이터는 어떻게 세상을 지배하는가

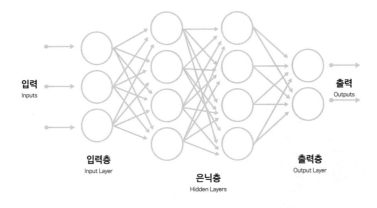

입력
Inputs

출력
Outputs

입력층
Input Layer

은닉층
Hidden Layers

출력층
Output Layer

단계를 거치며 최적의 패턴을 찾기 위해서다. 앞서 고양이 사진에는 엄청나게 많은 숫자가 존재한다. 많은 숫자들은 하나의 층을 통과할 때마다 단순화된다. 층을 거치면서 복잡했던 고양이의 사진(숫자)은 윤곽만 강조하는 방식으로 변화하거나, 특정 부분을 강조하는 방식으로 단순화된다. 이런 단순화 작업이 여러 층을 거치면 복잡했던 사진도 궁극적으로는 단순한 패턴으로 변화해 간다.

딥러닝이 더 쉽게 패턴을 찾아내도록 사전 작업도 한다. 가령 이미지를 학습시킬 때 보통의 이미지 데이터만 입력하지는 않는다. 학습에 최적화된 데이터를 만들어 딥러닝에 입력해야 더 유리하다. 사람도 공부할 때 정형화된 사례가 담긴 교과서로 기본기를 닦듯이 딥러닝도 학습을 할 때는 패턴이 명확하게 드러나는 학습용 데이터가 필요하다.

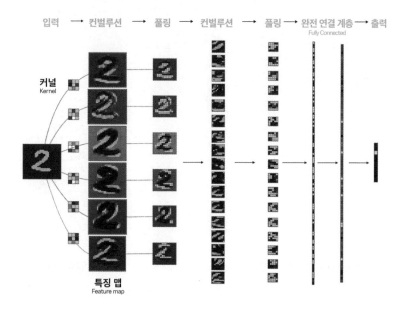

입력 → 컨벌루션 → 풀링 → 컨벌루션 → 풀링 → 완전 연결 계층 → 출력
Fully Connected

커널
Kernel

특징 맵
Feature map

그래서 딥러닝이 쉽게 학습하도록 이미지를 사전에 과장하거나 단순화하는 작업을 한다. 이미지를 과장Convolution(컨벌루션)하고 불필요한 부분을 제거Pooling(풀링)한다면 딥러닝이 더 쉽게 패턴을 발견할 수 있다.(설명의 간결성을 위해 컨벌루션을 과장이라고 표현했지만 컨벌루션은 특정 크기의 필터를 통해 이미지를 흐릿하게 만들거나 선명하게 만드는 기법이다. 풀링도 제거라고 표현했지만 엄밀한 의미로는 이미지의 크기를 줄여 나가는 작업이다.) 이처럼 이미지를 단순화하여 딥러닝의 패턴 발견을 돕는 방식을 CNNConvolution Neural Network(합성곱 신경망)이라 부른다. CNN 기술은 이미지 인식 분야에서 처음 등장

했으며 딥러닝의 원조라 할 수 있다.(CNN 기술을 정립한 제프리 힌턴, 얀 르쿤 등은 AI의 발전에 대한 공로를 인정받아 2019년 컴퓨터과학 분야의 노벨상이라 불리는 튜링상을 수상했다.)

언어를 구사하는 AI

반복되는 패턴이 있는 분야라면 어디든 딥러닝을 적용할 수 있다. 데이터만 입력하면 딥러닝은 특정한 패턴을 찾아내 공식으로 만든다. 언어language에도 패턴이 있다. 우리는 마구잡이로 단어를 내뱉지 않는다. 가장 기본적으로 어순이라는 패턴이 있다. 한글의 경우 '주어→목적어→서술어'로 이어지는 패턴이다. 심지어 단어들 사이에도 패턴이 존재해서 함께 붙여 사용하는 단어의 조합들도 있다. 예컨대 다음과 같은 문장을 사람들에게 보여 주면 어떤 단어가 뒤에 이어질지를 쉽게 짐작할 수 있다.

- 무궁화 꽃이 ….
- 동해물과 ….

'무궁화 꽃이' 뒤에는 '피었습니다'가 이어진다. '동해물과' 뒤에는 '백두산이'가 이어진다. 뒤 단어를 예측할 수 있는 이유는 단어에도 패턴이 존재해서다. 사람들은 전혀 생뚱맞은 단어를 사용하지 않으며 앞뒤 맥락에 어울리는 단어를 가져오기 마련이다. 즉 언

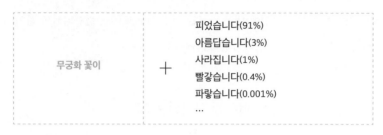

어는 단어의 순차적sequence 패턴으로 이해할 수 있으며 앞서 나온 단어에 따라 뒤의 단어가 결정된다.

앞의 단어를 보고 뒤에 어떤 단어가 이어질지를 '확률값'으로도 나타낼 수 있다. 예컨대 '무궁화 꽃이' 뒤에 '피었습니다'가 나올 확률은 91%, '아름답습니다'는 3%, '사라집니다'는 1% 등으로 나타낸다. 이 확률값은 이제까지 인간들이 작성한 텍스트를 통해 알 수 있다. 인간이 그동안 쓴 문학 작품, 뉴스 기사, 블로그의 글 등을 모두 조사하면 구할 수 있는 값이다. 즉 딥러닝은 인간이 이미 작성한 텍스트 데이터를 바탕으로 단어 간의 상관관계를 알아낸다.

이를 다른 말로 표현하면 단어 사이에도 거리distance라는 개념이 있음을 의미한다. 즉 가까운 단어와 먼 단어가 있다는 뜻이다. 그리고 이 관계는 숫자로 정확히 측정된다. 이를 숫자 하나가 아니라 여러 개를 이용해서 표시한다. 숫자 여러 개가 모인 덩어리를 벡터vector라고 부르는데 2차원(2개의 숫자)의 벡터로 [4-9]와 같이 단어에 숫자를 부여한다. 우리가 실제로 사용하는 문장에 근거해 숫자를 부여

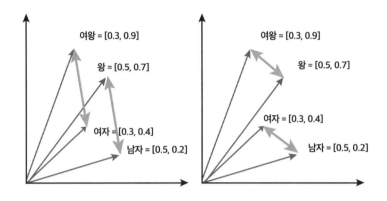

한다면 자주 어울려서 사용되는 단어는 가까운 위치에 존재하고 어울리지 않는 단어는 먼 위치에 존재하게 된다. 또한 비슷한 관계를 가진 단어들의 짝은 서로 비슷한 거리에 위치하게 된다.

챗GPT가 인간의 말을 이해하고 구사하는 원리도 동일하다. 물론 챗GPT는 단어 간의 상관관계를 파악하기 위해 2개가 아니라 2048개의 숫자Token를 각 단어별로 부여받았다. 챗GPT는 우리가 사용하는 단어를 2048차원으로 이해한다는 뜻이다. 그리고 단어 간의 패턴을 정교하게 파악하기 위해 엄청난 분량의 텍스트가 챗GPT의 학습 과정에 입력되었다. 용량으로 말하면 570GB에 해당하는 분량인데 단어 수로 따지면 3000억 개가 넘는 수준이다. 《옥스퍼드 영어사전》의 단어 수가 17만 개이니 챗GPT는 사전 176만 권을 학습한 셈이다.[5]

챗GPT는 단어 간의 패턴을 파악하기 위해 트랜스포머Transform-er라는 모델을 사용한다.[6] 트랜스포머는 앞서 말한 CNN과는 전혀 다른 방법을 취한다. 동일한 단어라 해도 문장 내에서 그 위치에 따라 숫자를 다르게 부여하는 방식이다. 'You eat Pizza(당신이 피자를 먹는다)'와 'Pizza eats You(피자가 당신을 먹는다)'는 동일한 단어로 이루어진 문장이지만 의미가 완전히 다르다. 따라서 트랜스포머는 단어를 사용한 위치에 따라 다른 숫자를 부여하는 방식으로 언어를 이해한다.

트랜스포머 모델의 또 다른 특징은 어텐션Attention이라는 메커니즘이다. 단어에 숫자 2048개를 부여하고, 단어의 위치에 따라 숫자를 조정하는 포지셔널 인코딩Positional Encodning을 적용해도 언어를 정확히 이해하기에는 부족하다. 'You eat pizza, though it is hot'이라는 문장에서 it은 You가 아니라 Pizza를 가리킨다는 것을 인간은 알 수 있다. 왜냐하면 hot과 어울리는 객체는 Pizza이기 때문이다. 이처럼 문장을 정확히 이해하려면 문장 내에서 단어 간의 연관성도 파악해야 한다. 어텐션 메커니즘은 이렇게 단어 사이의 관계를 파악하고 연관성이 높은 단어에만 집중하도록 만드는 메커니즘이다.

트랜스포머는 오늘날 사용되는 AI 기술 중 가장 대중적인 모델이다. 생성형 언어 모델로 유명한 챗GPT의 T도 트랜스포머의 앞 글자에서 따왔다. 챗GPT-3에 사용된 트랜스포머 코어는 96개의 층(레이어)으로 구성된다. 그리고 각 층에는 3000개가 넘는 노드가 존재한다고 알려져 있다. 그리고 이 알고리즘을 구성하는 1750억 개의 가중치는 사전 학습을 통해 결정된다. 이렇게 복잡한 프로세스를 거친 뒤에야 챗GPT는 우리가 던진 질문에 대해 최적의 숫자(단어와 문장)를 내놓는 것이다.

가짜 데이터가
필요하다

학습을 위한 가짜 데이터

가짜라는 말은 일반적으로 부정적 뉘앙스로 사용되며 정직하지 못하다는 느낌을 준다. 그러나 AI 분야에서는 사정이 다르다. 의도적으로 가짜 데이터를 만들어 내는 기술이 매우 큰 관심을 받고 있다. 가짜 데이터를 만드는 목적은 AI의 학습 때문이다. AI 학습에는 방대한 데이터가 필요하다. 컴퓨터가 고양이를 인식하게 만들려면 이미지 수만 개가 필요하고, 알파고를 훈련시키려면 바둑 기보 수천만 개가 필요하다. 챗GPT를 학습시키려면 단어 3000억 개 이상이 필요하다.

이렇게 방대한 데이터를 실제로 확보하기란 결코 쉬운 일이 아니다. 특히 공개되지 않고 민감한 데이터일수록 수집하기가 더욱 어렵다. 그 누구도 자신의 사진이나 개인정보를 선뜻 내어놓으려 하지 않는다. 그래서 금융, 의료 등 쓸모 있는 데이터를 확보하는 일은 매우 어렵다. 결국 AI 기업은 돈을 주고 데이터를 확보해야 하며 이는 기업에 매우 과중한 비용 부담이 된다.

그러니 AI 학습을 위해 가짜 데이터를 만들면 어떨까. 실제 고양이 사진이 아니라 기존 사진을 약간 변형시켜 또 다른 고양이 사진을 수백 장 만들어 사용하는 것이다. AI 학습에 워낙 방대한 데이터가 필요하다 보니 궁여지책처럼 보이기도 한다. 하지만 실제로 생성되는 가짜 데이터는 마구잡이로 만들지 않는다. 가짜 데이터만을 전문적으로 생성하는 AI를 통해 정교한 모습을 갖춘다. 예컨대 [4-10]처럼 〈모나리자〉 그림을 다른 화풍과 결합해 새로운 〈모나리자〉를 탄생시키는 일이다. 이는 분명히 〈모나리자〉지만, 또 다른 〈모나리자〉다. 이렇게 의도적으로 만든 가짜 데이터를 합성 데이터 Synthetic Data라고 부른다.

빠르고 손쉽게 얻을 수 있는 합성 데이터는 AI 개발자에게 매우 반가운 소식이었다. 또 실제 데이터를 사용하려면 수집하는 비용도 만만치 않지만 그 데이터를 사전 처리labelling하는 데도 많은 노력이 들어간다. AI 전문가에 따르면 실제 데이터를 하나 수집, 정리하는 데 6달러가 든다. 그러나 합성 데이터를 만들어 내면 1/100 수준인 6센트면 충분하다.[7] AI 개발자에게 합성 데이터가 매력적일

수밖에 없는 이유다.

합성 데이터는 사생활 침해 우려를 피해 갈 수 있다는 점도 매력이다. AI 개발의 가장 큰 과제 중 하나는 개인정보 침해에 대한 우려다. 수많은 데이터를 다루다 보면 이름, 주민번호, 의료 내역 등 민감한 개인정보를 처리해야 하는 경우가 많다. 물론 데이터 제공자에게 동의를 받으면 상관없지만 현실적으로 수만 명의 동의를 일일이 받기도 어려운 일이다. 특히 금융이나 의료 등 민감한 정보는 개인의 동의를 받기가 거의 불가능하다.

합성 데이터의 또 다른 장점은 인간이 특정 목적에 맞게 수정한 데이터라는 점이다. 우리는 주어진 데이터를 조작하거나 수정한다는 행위에 본능적으로 경계심을 가진다. 조작한 데이터는 객관성과 중립성이 떨어진다는 편견을 가지고 있기 때문이다. 그러나 지난 몇 년간 AI를 보면서 오히려 데이터를 특정한 의도를 가지고 적절히 수정하는 과정이 필요함을 알게 됐다. 중국의 한 AI는 민주주

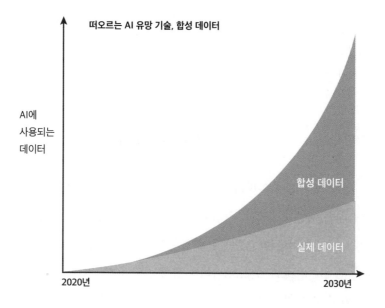

떠오르는 AI 유망 기술, 합성 데이터

AI에
사용되는
데이터

합성 데이터

실제 데이터

2020년   2030년

출처: "Forget About Your Real Data", Gartner Research, 2021

의를 불안정과 동일한 의미로 이해했다. 한국에서 개발한 챗봇 이루다는 성차별적 발언, 장애인에 대한 혐오 발언을 내뱉기도 했다. 이는 적절히 다듬어지지 않은 날것의 데이터가 학습된 결과다. 따라서 인간의 특정한 가치관을 담아 수정한 합성 데이터로 AI를 학습시킨다면 이러한 문제점을 피해 갈 수 있을지도 모른다.

    AI 업계에서 합성 데이터에 대한 관심은 매우 뜨겁다. 《포브스》는 합성 데이터를 2022년 5대 과학 트렌드로 선정한 바 있으며 기술 전문 컨설팅 회사인 가트너Gartner도 합성 데이터 시장이 매년

23%씩 성장하리라 전망했다. 앞으로 2030년이 되면 AI 학습용 데이터 시장은 합성 데이터가 주도한다는 의미다. 특히 AI 개발이 속도전으로 바뀌어 가는 이 시점에서 합성 데이터에 대한 선호는 더욱 뚜렷해질 것이다.

AI를 좌우하는 데이터 품질

합성 데이터도 완벽하지는 않다. AI를 통해 가짜 데이터를 만들어 내기 때문에 끊임없이 신뢰성의 문제가 제기된다. 즉 얼마나 진짜처럼 만들어졌냐의 문제다. 저품질의 조악한 합성 데이터는 다양한 문제를 가지고 있다. 데이터의 편향성이 강화되거나 중립성이 훼손될 수도 있다. 또는 합성 데이터를 토대로 원래 데이터의 개인 정보가 역추적될 가능성도 여전히 존재한다. 그래서 합성 데이터를 사용하려면 반드시 품질 검증의 절차가 필요하다.

다행히도 잘 만든 합성 데이터는 품질 측면에서 진짜 데이터와 유사하다는 연구 결과가 등장하고 있다. 미국 조지매이슨대 공동연구팀은 합성 데이터를 이용해 환자 집단을 생성하는 AI 신디아 Stnthea로 약 120만 명의 환자 데이터를 생성했다. 그리고 대장암 검진율, 만성 폐쇄성 폐질환 30일 이내 사망률 등 4가지 기준에 대해 분석한 결과 실제 매사추세츠주에서 보고된 비율과 통계적으로 유사했다. GANgenerative adversarial networks 등 일부 알고리즘을 사용해 만든 합성 데이터는 정교함도 갖추고 있다고 평가되었다. 미국 하버드 의대 연구팀은 실제 이미지 1만 개를 이용해 신장세포암 이미지를 생성했다. 합성된 이미지는 실제 암세포의 얇은 벽으로 이루어진 혈관 구조까지 동일했다고 한다.[9]

또 합성 데이터는 AI의 품질을 떨어뜨릴지도 모른다는 우려를 받는다. 합성 데이터는 실제로 존재하는 새로운 데이터가 아니라 기존의 데이터를 교배해서 만든 인위적 데이터일 뿐이다. 품질이 낮은 데이터로 학습을 한다면 AI의 품질도 낮아질 수밖에 없다. 그래서 합성 데이터로 훈련시킨 AI의 낮은 품질을 비난하는 표현으로 합스부르크 AI라는 말도 나왔다. 과거 오스트리아의 합스부르크 왕가에서 친족 간의 결혼이 계속되며 돌연변이 후손을 낳듯이, 새로운 데이터를 사용하지 않으면 AI에도 돌연변이가 생길 수 있음을 지적하는 말이다.

합성 데이터의 문제는 데이터에도 다양성이 필요함을 시사한다. 같은 데이터를 반복적으로 사용하기보다 새로운 데이터를 활용해 AI에 가치를 불어넣어야 한다. 이를 위해 데이터의 출처를 다변화하거나 품질에 대한 인간의 검수 작업이 필요하다. 진짜 같은 가짜 데이터를 만들어 내기 위해서는 인간의 손길이 또 한번 필요하다는 것을 보여 준다.

AI를
어떻게 규제할까

글을 쓰고 그림을 그리는 AI

2022년 공개된 챗GPT가 사람들의 관심을 불러일으킨 이유는 혁신적인 성능에 있다. 챗GPT는 사람들의 질문에 단순한 답을 내어놓는 AI가 아니다. 오히려 새로운 작품을 만들어 내는 창작 활동이 가능하며 시와 소설을 쓸 수 있다. 텍스트에도 패턴이 있기 때문에 가능한 일이다. 기존 소설에 존재하는 패턴을 파악하면 새로운 소설을 쓸 수 있고 기존 음악의 패턴을 파악하면 새로운 음악을 작곡할 수도 있다. 이처럼 새로운 창작물을 만들어 내는 AI를 생성형 인공지능Generative AI이라 부른다.

데이터는 어떻게 세상을 지배하는가

출처: MS Bing 웹페이지, powered by DALL-E 3

생성형 AI는 패턴이 존재하는 모든 분야에서 활용할 수 있다. 대표적으로 그림과 음악이다. [4-12]의 이미지는 챗GPT를 만든 오픈AI사의 또 다른 AI인 Dall-E를 통해 그린 그림이다. Dall-E에게 이 책의 표지를 디자인해 달라고 명령했더니 10초도 되지 않는 시간에 여러 장의 이미지를 생성했다. 어디선가 본 듯하면서도 익숙한 디자인이지만 세상에서 하나뿐인 디자인이기도 하다. 이처럼 책 표지 디자인에도 패턴이 있으며 AI는 그 패턴에 기반해서 그림을 그려 낸다.

놀라운 점은 생성형 AI가 그린 그림이 예술적 측면에서도 꽤 훌륭하게 평가되는 경우가 있다는 점이다. 최근 유명 경매 시장에서 AI가 그린 그림이 고가에 거래되기도 했다. 2018년 프랑스의 한

출처: 〈Edmond de Belamy〉, 위키백과

AI가 그린 초상화([4-13])는 약 6억 원에 거래되었으며 2022년 미국에서는 AI가 미술 경연 대회의 우승을 차지했다. 이 사실은 활용하기에 따라 AI도 꽤 훌륭한 그림을 그릴 수 있음을 보여 준다.

AI는 새로운 음악을 작사, 작곡할 수도 있다. 음악의 멜로디와 가사에도 패턴이 존재하기 때문이다. 만약 챗GPT의 명령 프롬프트에서 '유럽 감성의 발라드를 써 달라'고 명령하면 10초도 걸리지 않아 곡을 완성한다. 이처럼 생성형 AI가 작곡까지 하자 다른 빅테크 기업도 음악을 만드는 생성형 AI 시장에 뛰어들고 있다. 구글은 2023년 뮤직LM을 시장에 출시했다. 기존 음악과 유사한 분위기의 새 음악을 만드는 AI다. 페이스북도 뮤직젠이라는 서비스를 출시했다. 음악도 AI가 만드는 시대로 접어들고 있다.

다행스러운(?) 점은 AI의 창작 활동이 아직은 인간 수준에는 도달하지 못했다는 것이다. 지금 출시된 AI들은 기존의 데이터를 변형하는 수준에 머물러 있다. 물론 AI의 결과물 위에 인간의 손길이 더해지면 지금의 AI로도 우수한 창작물을 만들 수 있을 것이다. 그러나 대부분의 AI 창작물 그 자체로는 여전히 기계의 냄새가 강하다. 아직까지는 세상에 새로운 의미를 부여하고 새로운 감성을 만들어 내는 일은 인간의 영역으로 남아 있다.

시작되는 법적 이슈

사람이 아니라 AI가 새로운 작품을 만들어 낸다는 사실은 인류가 처음 경험하는 일이다. 창작 활동은 인간만의 전유물이었으며 그래서 창작에 관련된 모든 법규도 인간을 전제로 만들어졌다. 예컨대 저작권법도 인간을 저작권의 주체로 인정하지, 기계를 저작권의 주체로 인정하지 않는다. 따라서 현행 법규하에서 인간이 만들지 않은 창작물에 대해서는 저작권이라는 개념을 적용하기 어렵다.

그러나 이제는 AI가 만든 창작물은 누구에게 저작권을 부여해야 하는가라는 물음에 답해야 하는 시점이다. 앞으로 AI를 창작에 활용하는 사람들이 급증할 것이기 때문이다. 만약 AI가 만든 창작물로 돈을 벌었다면 그 수익은 누구에게 배분해야 할까? 질문을 조금 바꾸면 AI

가 작곡한 곡은 누구의 곡인가라는 문제다. AI가 만든 곡일까? 내가 만든 곡일까? 아니면 AI를 학습시키기 위해 데이터를 제공한 수많은 제공자가 만든 곡일까?

가장 원론적인 답은 작곡에 기여한 모든 이해관계자가 수익을 나누어 가지는 것이다. AI가 만든 창작물은 수많은 사람들이 기여해서 만든 결과물이기 때문이다. 챗GPT에 학습 데이터를 제공한 사람들은 작곡에 기여했다. 오픈AI사도 챗GPT를 개발했으므로 작곡에 기여했다. 또 명령 프롬프트를 통해 챗GPT에 작곡해 달라고 명령한 사람도 기여분이 인정된다. 이처럼 작곡에서 발생한 수익은 모든 이해관계자가 기여분만큼 나누어 갖는 것이 논리적으로는 타당하다.

그러나 현실적으로 수많은 이해관계자에게 창작물의 수입을 배분하는 것은 불가능하다. 우선 AI가 창작물을 내어놓는 과정 자체가 불투명하다. AI는 인터넷에 공개된 다양한 데이터를 조금씩 활용하여 창작물을 만들었겠지만 어떤 데이터를 얼마나 사용했는지를 밝히기는 쉽지 않다. 어쩌면 내가 운영하는 블로그의 글이 챗GPT의 학습에 사용되었을 수도 있지만 내 글이 얼마나 AI의 활용 과정에 기여했는지를 밝히기란 쉽지 않다.

최근 오픈AI사는 집단소송을 치르고 있는 중이다. 오픈AI사는 프로그래밍을 자동으로 해 주는 Codex라는 AI를 발표했는데 (공개되어 있는) 오픈소스 코드를 학습 데이터로 활용했다. 그러나 공개된 데이터라고 해서 아무런 제약 없이 가져가서 사용할 수 있다는

데이터 제공자

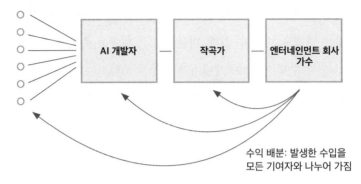

수익 배분: 발생한 수입을
모든 기여자와 나누어 가짐

뜻은 아니다. 원작자가 사용을 허락했더라도 적어도 출처는 표기해야 하는 의무가 있다. 그러나 오픈AI사는 학습 자료로 사용한 코드의 출처조차 표기하지 않았다. 그래서 오픈소스 코드의 작성자들은 오픈AI사를 대상으로 2022년 집단소송을 제기했다. 이처럼 AI가 어떤 데이터를 가져가서 학습에 사용하는지는 미국에서도 큰 관심을 받는 논쟁거리다.

미국의 일부 대형 사이트는 AI 회사가 데이터를 무단으로 가져가는 것을 막아 버리기도 했다.《뉴욕타임스》, CNN, 아마존 등의 대형 사이트는 챗GPT가 자사의 홈페이지에서 무단으로 자료를 가져가는 행위(크롤링)를 막아 버렸다. 아무리 공개된 데이터라고 하더라도 공개한 목적을 벗어나는 수준으로 활용된다면 누구나 거부감이 들기 마련이다.

앞으로 AI에 대한 투명성을 요구하는 목소리는 점점 커질 것이다. 모든 AI는 어떤 데이터로 학습했느냐를 명시해야 할 수도 있으며, AI가 무단으로 데이터를 가져가는 행위를 데이터 공급자가 거부하는 권리도 생길 수 있다. 더불어 AI의 개발을 촉진하기 위한 제도가 생길 수도 있다. AI 개발자가 일정 수준까지는 제약 없이 자유롭게 데이터를 가져갈 수 있어야 AI의 발전도 가속화될 것이기 때문이다.(이를 소위 데이터 공정 이용의 문제라고 한다.) 이처럼 AI의 창작 활동을 둘러싼 법적 이슈들은 한동안 우리 사회에서 논란의 중심에 서 있을 것이다.

규제와 개발의 갈림길

생성형 AI의 개발을 규제해야 한다는 목소리도 높다. 생성형 AI가 범죄에 악용될 가능성도 배제할 수 없어서다. 범죄 집단이 SNS에 올려 둔 사진이나 동영상을 악용하는 날이 올지도 모른다. 생성형 AI를 활용하면 가짜 영상도 만들 수 있기 때문이다. 당신의 SNS 데이터로 만든 가짜 얼굴과 가짜 목소리는 보이스피싱이나 사칭 사기에 이용될지 모른다.

이미 딥페이크Deep Fake라는 AI는 가짜 얼굴과 가짜 동영상을 너무나도 쉽게 만들어 낸다. 원래 가짜 얼굴은 보안 프로그램을 훈련하기 위한 용도로 개발되었지만, 사용하는 사람에 따라 신분 세탁 등의 범죄 목적으로도 악용될 수 있다. 최근에 SNS에서는 미국 국방부가 폭발하는 가짜 사진이 유통되기도 했으며, 오바마나 트럼프 등 미국 정치인의 얼굴을 합성한 동영상이 유통되기도 한다. 이처럼 가짜 데이터가 너무나도 쉽게 만들어지다 보니 AI에 대한 규제의 목소리도 높아지고 있다.

사람들은 윤리적 목적에서 AI 개발을 제한하자고 주장하기도 한다. 일부 영역에서의 AI 발전은 인류 보편의 가치인 인권, 자유, 평등 등의 개념을 훼손할 가능성이 있다. 예컨대 사람의 경제력이나 교육 수준에 점수를 매기는 AI다. 사람에게 점수를 부여하고 계급을 나누는 AI는 인간이 모두 평등하다는 기본권에 반할 가능성이 높다. 그래서 특수한 분야의 AI는 애초부터 개발을 시도조차 하지 말자는 주장도 나온다. 마찬가지로 영화 〈마이너리티 리포트〉처럼 사람의 행동을 예측하고 억압할 수 있는 AI도 인간의 자유권과 반한다는 주장이 나온다.

AI 규제는 유럽이 가장 앞서 있다. 유럽에서는 'AI규제법'이 2024년 유럽의회에서 통과되었다. 이 법은 AI의 위험성을 4단계로 구분하고 위험성이 높은 AI에는 더 강한 규제를 부여하는 것을 골자로 삼는다. 예컨대 안면 인식 기술을 사용하는 AI, 선거 및 민주주의와 관련한 AI, 인간에게 점수를 매기는social scoring AI는 고위험 AI로 분류된다. 한편 이 법률안은 표시 의무도 부여한다. AI가 만든 콘텐츠에는 영상 하단에 'AI가 만들었다'는 표시를 의무적으로 하도록 만들었다.

한국에서도 국가인권위원회가 2022년 AI의 개발 가이드라인을 내어놓은 적이 있다. 그 내용은 앞서 논의한 유럽의 법규와 큰 방향에서는 다르지 않다. AI의 투명성을 확보하고 AI가 내리는 판단에 대해서는 자세한 설명이 필요하다는 것이다. 또 AI가 사람을 대할때 성별, 종교, 나이 등에 따라 차별적인 판단을 해서는 안 된다는 내용도 담았다.

이처럼 세계 각국에서는 AI에 대한 개발 경쟁과 함께 규제 논의도 병행 중이다. 적절한 AI 규제 체계는 AI 개발만큼이나 중요한 작업이다. 규제 수준에 따라 AI 산업의 발전 속도와 방향이 결정되기 때문이다. 앞으로 한국에서도 AI와 관련한 규제를 어떻게 만들어 갈지 관심 있게 지켜볼 필요가 있다.

데이터는 어떻게 세상을 지배하는가

AI 시대를 맞이하는
한국의 과제

AI의 산업 생태계

　AI 생태계를 가장 아래에서 지탱하는 산업은 다름 아닌 반도체다. AI를 학습시키고 구동하기 위해서는 고성능의 반도체가 필요하다. 한국은 메모리 반도체 분야에서는 강국이라 하지만, AI를 개발하는 데 최적화된 반도체는 미국의 엔비디아NVIDIA가 생산한다. 엔비디아는 AI 학습에 필요한 GPU(그래픽 처리 장치) 시장의 80~90% 이상을 점유하고 있다. 반도체 자체의 빠른 처리 속도도 강점이지만 엔비디아가 시장을 장악할 수 있었던 가장 큰 강점은 대규모의 GPU를 병렬로 연결할 수 있는 플랫폼 쿠다CUDA에 있다. 쿠다는 엔비디아가 AI 개발을 위해 만든 소프트웨어 플랫폼이며 이 때문에 대부분의 AI 회사는 개발 단계부터 엔비디아의 반도체를 사용한다.

클라우드 서비스도 AI 생태계의 주요 구성 요소다. 대형 AI 모델을 개발하려면 빅데이터를 저장하고 분석하는 장치가 필요하다. 빅데이터 연산은 내 책상 위에 있는 일반적인 PC로 수행하기 어려우며 보통은 다량의 컴퓨터가 결합된 클라우드에서 처리된다. 최근 이 분야에서 가장 돋보이는 회사는 단연 MS다. MS는 자사의 클라우드 서비스인 애저Azure를 통해 챗GPT의 개발과 운영을 지원한다.

GPT 같은 'AI 기본 모델Foundation Model'을 개발하는 작업도 또 다른 가치 사슬을 형성하고 있다. 대형 AI 모델을 개발하는 작업에는 막대한 자본력이 필요하다. 연산에 대규모 장비가 필요할 뿐만 아니라 최적의 AI를 만들어 내려면 많은 시행착오도 거쳐야 한다. 챗GPT는 개발 과정에서 개당 1000만 원이 넘는 GPU 1만 개 이상을 사용했고, 개도국의 저임금 노동력도 적극적으로 활용했다. AI 운영 비용도 만만치 않다. 일부 추정치에 따르면 챗GPT 서비스의 운영 비용이 하루에만 10억 원이라고 한다. 이렇게 AI 기본 모델의 개발과 운영은 대형화되었고 이제 보통의 학교나 중소기업이 개발을 넘볼 수 있는 수준을 넘어섰다.

개발한 AI 모델을 사람들이 사용할 수 있는 앱App으로 확장하는 것도 새로운 산업으로 부상하고 있다. 오픈AI는 최근 챗GPT 스토어를 개설했다. 사용자는 챗GPT의 기본 모델을 바탕으로 나름의 AI를 만들 수 있으며 이를 스토어에 업로드하고 판매할 수 있다.

데이터는 어떻게 세상을 지배하는가

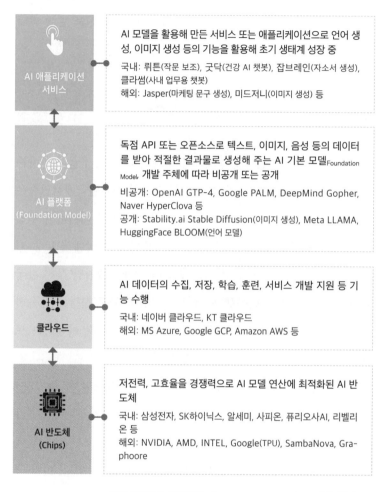

AI 애플리케이션 서비스

AI 모델을 활용해 만든 서비스 또는 애플리케이션으로 언어 생성, 이미지 생성 등의 기능을 활용해 초기 생태계 성장 중

국내: 뤼튼(작문 보조), 굿닥(건강 AI 챗봇), 잡브레인(자소서 생성), 클라썸(사내 업무용 챗봇)
해외: Jasper(마케팅 문구 생성), 미드저니(이미지 생성) 등

AI 플랫폼 (Foundation Model)

독점 API 또는 오픈소스로 텍스트, 이미지, 음성 등의 데이터를 받아 적절한 결과물로 생성해 주는 AI 기본 모델Foundation Model, 개발 주체에 따라 비공개 또는 공개

비공개: OpenAI GTP-4, Google PALM, DeepMind Gopher, Naver HyperClova 등
공개: Stability.ai Stable Diffusion(이미지 생성), Meta LLAMA, HuggingFace BLOOM(언어 모델)

클라우드

AI 데이터의 수집, 저장, 학습, 훈련, 서비스 개발 지원 등 기능 수행

국내: 네이버 클라우드, KT 클라우드
해외: MS Azure, Google GCP, Amazon AWS 등

AI 반도체 (Chips)

저전력, 고효율을 경쟁력으로 AI 모델 연산에 최적화된 AI 반도체

국내: 삼성전자, SK하이닉스, 알세미, 사피온, 퓨리오사AI, 리벨리온 등
해외: NVIDIA, AMD, INTEL, Google(TPU), SambaNova, Graphoore

출처: 앤드리슨 호로위츠Andreeseen Horowitz, 소프트웨어정책연구소

한편 AI를 다른 서비스와 결합하는 것도 새로운 부가가치를 창출하는 방법이다. 예컨대 MS는 자사의 검색엔진인 빙Bing에 GPT-4

기반의 AI를 탑재했다. 삼성전자 역시 최근 출시한 스마트폰에 구글 AI를 탑재하며 AI의 사용성을 확장하고 있다. AI 기본 모델 위에 응용 AI가 등장하는 생태계가 생겨나고 있다.

추종에서 확장으로

한국은 독특한 인터넷 생태계를 구축한 나라다. 구글과 아마존 등 세계적 플랫폼 기업이 세계 시장을 장악했지만 한국에서만큼은 제대로 된 힘을 쓰지 못했다. 구글과 아마존에 앞서 네이버와 쿠팡이 독자적 인터넷 생태계를 구축했기 때문이다. 한국에서 토종 기업이 자리를 잡을 수 있었던 여러 요인이 존재하겠지만 특히 한국어라는 언어 장벽도 한몫했다. 글로벌 기업이 한국 시장에 신속히 진출하지 못하고 있는 동안 한국의 문화와 언어를 잘 이해하는 토종 기업은 재빨리 자리를 잡을 수 있었다.

그런데 언어 장벽은 AI 산업에서도 여전히 유효할까? 즉 '영어가 아니라 한국어로 된 AI는 한국 기업이 더 잘 만들지 않을까?'라는 기대다. 그러나 지금까지 한국에서 개발한 AI를 보면 AI 산업에서 언어 장벽은 과거처럼 굳건하지는 않은 것처럼 보인다. 이미 챗GPT는 한국의 대표 IT 기업인 네이버가 만든 AI(클로바X)보다 영어는 물론이고 한국어까지 훨씬 더 자연스럽게 구사한다. 챗GPT가 내놓는 답변 또한 클로바X보다 정확하고 사람에 가까운 느낌이 난다. 물론 클로바X가 모든 영역에서 챗GPT보다 떨어지는 것은 아니지만 대형 언어 모델 자체로서의 능력은 챗GPT가 확실한 우위다. 한국 기업이 한국어라는 장벽을 믿고 안주하기 어려워졌다는 뜻이다.

물론 시간이 흐르면 언젠가는 한국에서도 챗GPT보다 우수한 한국어 AI가 등장할 것이다. 그러나 그 시간이 얼마나 오래 걸릴지는 예측하기 어렵다. 일부 추정지는 한국과 미국의 AI 기술 격차가 1~3년 남짓이라고 하지만 앞으로 이 격차가 더 벌어질지 좁혀질지는 예단할 수 없는 일이다.

어쨌거나 AI 산업은 향후 국가 경쟁력을 좌우하는 주요한 산업으로 떠올랐다. AI 가치 사슬의 모든 과정에서 우위를 보인다면 더할 나위 없이 좋겠지만, 그것이 현실적으로 힘들다면 어떠한 분야에 특화해야 할 것인가의 문제가 남는다. 가장 가능성이 높아 보이는 분야는 AI의 활용과 확장 분야다. 개발한 AI를 디바이스에 탑재하거나 다른 서비스와 결합하는 분야에서라도 경쟁력을 강화하는 노력이 필요하다.

AI 가치 사슬의 가장 밑바탕을 이루고 있는 반도체 기업도 글로벌 가치 사슬에서 자리를 잡아야 한다. 바로 메모리 반도체에서 강점을 지닌 한국 반도체 산업의 경쟁 우위를 AI 시대에도 이어 나가는 것이다. AI 시대에도 메모리 반도체의 속도 경쟁은 계속해서 이루어질 것이다. GPU가 중요하다 해도 컴퓨터 전체의 성능은 결국 메모리 반도체의 속도가 좌우하기 때문이다. 한편 최근에는 'AI 반도체'라는 이름을 달고 반도체 설계 산업에 뛰어드는 한국의 스타트업도 등장했다. 이들은 엔비디아처럼 범용성이 있는 GPU는 아니지만 특정 연산에만 특화된 반도체를 선보이고 있다.

한국 경제를 오랫동안 성장시킨 전략은 패스트 팔로워fast follower(추종자)였다. 그러나 이제까지 성공적이었던 패스트 팔로워 전략이 AI 시대에도 여전히 먹힐지는 의문이다. 기술의 변화 속도가 빠르게 진행된다면 지금 추격을 시작하더라도 성과가 나올 때쯤에는 새로운 기술이 등장해 후발주자를 따돌릴 가능성이 더욱 크다. 또 챗GPT 같은 기본 모델의 경우에는 선도 기업이 전 세계를 독점적으로 장악할 가능성도 크다.

그래서 AI 산업의 시대에 한국 같은 후발 국가는 패스트 어댑터fast adapter(확장자) 전략으로의 변화가 필요하다. 물론 퍼스트 무버first mover(선도자)가 된다면 가장 좋겠지만, 이것이 어렵다면 개발한 AI를 어떻게 활용하고 어떤 기술과 접목시키느냐를 고민하는 일이 필요하다. AI는 모든 산업에 두루 활용될 수 있는 일반 목적 기술general purpose technology의 성향을 띠기 때문에 금융, 의료, 법률 등 다양한 분야와 접목이 가능하다. 또는 특정 분야에 특화된 AI 개발도 한국이 취할 수 있는 하나의 돌파구가 될 수 있다.

5장

국경 파괴

데이터 주권과 패권 경쟁

데이터에도
국적이 있을까

데이터를 가져가는 페이스북

데이터는 이동할 수 있기 때문에 생겨난다. 복제나 이동이 불가능한 데이터는 애초부터 만들어지지도 않는다. 내가 방에서 남긴 인터넷 검색 내역이 (경제적 가치가 있는) 데이터가 될 수 있는 이유는 쿠팡과 카카오가 그 기록을 가져갈 수 있어서다. 그 기록을 서버로 가져갈 수 있으니 우리의 데이터를 기록하고 수집한다. 그럴 수 없다면 애초부터 나의 인터넷 사용 기록은 데이터로 측정되지도 않았을 것이다.

데이터는 국경조차도 자유롭게 넘나든다. 한국에서 만들어진 데이터가 지금도 미국으로 넘어가고 있다. 예컨대 미국 기업인 페이스북은 한국 소비자에게 SNS 서비스를 제공하고 그 대가로 데이터를 가져간다. 페이스북이 미국으로(정확히는 아시아 데이터 센터로) 가져가는 데이터의 범위는 매우 방대하다. 우리가 페이스북에서 어떤 게시물을 클릭했는지는 물론이고 어떤 광고에 반응하는지도 수집한다. 내가 어떤 친구와 사이가 좋은지, 어떤 게임을 자주 하는지, 사용하는 앱과 방문하는 홈페이지 정보도 가져가고 있다.

이렇게 보면 데이터에는 국경도, 국적도 존재하지 않는다. 데이터가 국경을 자유롭게 넘나드는 현상은 데이터 그 자체에 내재된 본질이기도 하다. 데이터는 이동에 비용이 거의 들지 않아서 시간과 공간의 구애도 받지 않는다. 그래서 데이터는 전 세계를 자유롭게 돌아다닌다. 데이터는 이동할 수 있기 때문에 가치를 가진다. 거꾸로 내 컴퓨터의 하드디스크에만 갇혀 있는 데이터는 아무런 가치가 없다.

데이터의 분석, 처리 기술이 발전하면서 오늘날 데이터는 모이면 모일수록 경제적 가치가 커진다. 그래서 빅데이터Big Data라는 말이 탄생했다. 빅데이터란 다양한Various 데이터를 방대한 규모로 모아 둔 덩어리를 말한다. 빅데이터도 잘게 쪼개 놓으면 아무런 가치가 없는 경우가 많다. 예컨대 내가 어떤 사이트를 방문했는지(쿠키 정보), 어디를 방문했는지(위치 정보), 나이와 성별(신상 정보) 등은 그 자체로는 아무런 의미가 없다. 그러나 이 파편이 모여 거대한 덩어리를 형성하면 사회적으로 가치가 있는 인터넷 방문 정보가 되며

데이터 종류	페이스북이 수집하는 세부 사항
나의 페이스북 활동	• 내가 만드는 콘텐츠(예: 게시물, 댓글, …) • 나의 페이스북 카메라(마스크, 필터 기능) 설정과 관련한 데이터 • 내가 주고받는 메시지(물론 내용을 보지는 않는다고 한다) • 메시지에 대한 메타데이터 • 내가 클릭하는 콘텐츠의 유형 • 내가 페이스북 앱을 공유하는 다른 앱 정보, 페이스북 앱에서의 행동 • 신용카드 결제 정보 • 내가 사용하는 해시태그 • 페이스북 사용 시간, 빈도, 기간
나의 인맥	• 나의 연락처 정보
나의 기기, 브라우저	• 내가 어떤 스마트폰과 브라우저를 사용하는지 • 나의 GPS 위치, 카메라 액세스 정보 • IP 정보 • 나의 인터넷 페이지 접속 내역(쿠키 정보)
제3자가 나에게 제공하는 데이터	• 내가 방문한 다른 홈페이지 정보 • 내가 사용하는 앱 • 내가 플레이하는 게임 • 나의 결제 데이터, 내가 클릭한 광고, 파트너의 제품과 서비스

출처: 페이스북 홈페이지

도시 관리를 위한 교통 정보가 되고 인구 정보가 된다.

　페이스북, 구글 등은 버려지던 데이터 파편들을 주워 담아 경제적 자원으로 탈바꿈시킨 선구적 기업이다. 예전에는 내가 인터넷에서 어떤 검색어를 입력하고, 어떤 페이지에서 몇 초나 머무르는지, 어디에 커서를 가져가는지에 대한 데이터는 관심을 받지 못했다. 이들은 나의 행동에서 파생된 부산물exhaust에 불과했기 때문이다. 그러나 구글은 이 파편들을 활용해 최고의 검색 서비스를 만들어 냈고, 페이스북은 맞춤형 광고 사업을 벌이고 있다.

데이터 주권의 등장

한국의 데이터가 국경을 건너 미국의 페이스북으로 흘러들어 간다는 사실은 결코 달가운 소식이 아니다. 이 사실은 외국 플랫폼 기업에 대한 적개심을 불러일으키기에 충분하다. 한국에서 만들어진 나의 데이터가 아무런 제약을 받지 않고 미국으로 넘어가며 페이스북이라는 민간 기업의 돈벌이에 사용된다니 사람들의 반감을 자아내기에 충분하다. 원래 내 것이었던 데이터를 빼앗겼다는 생각을 들게 하기 때문이다.

그래서 오늘날에는 데이터 주권Data Sovereign이라는 개념이 많은 지지를 받는다. 데이터 주권이란 데이터에도 국적이 있으며 이를 소유한 국가가 데이터를 정책적으로 관리해야 한다는 생각이다. 데이터 주권론자는 데이터에는 애초부터 그 주인이 있었다고 믿는다. 내가 인터넷에서 남긴 기록은 나의 소유이고 한국의 영토 내에서 일어난 일이다. 따라서 페이스북이 그 데이터를 마음대로 가져가는 것은 우리의 주권을 침해하는 일이라 생각한다.

데이터 주권론자에게 데이터는 흐르기 때문에 탄생한 것이 아니다. 오히려 데이터는 원래부터 누군가가 소유하던 것이었고, 이를 그 주체의 양해를 받아 측정한 것이라 생각한다. 심지어 이들은 개개인에게 파편적으로 흩어져 있거나 버려진 데이터라고 해서 가치가 없다고 생각하지 않는다. 오히려 개개인이 가지고 있던 데이터는 각자의 소중한 프라이버시였다고 주장한다. 따라서 페이스북이 한국에서 SNS 서비스를 제공하고 데이터를 가져가는 행위는, 한국 국민의 프라이버시를 가져가는 권리 침익적invasional 행위라고 본다.

데이터 주권론은 국가 안보와도 쉽게 결합한다. 한국의 데이터가 외국으로 흘러간다는 사실은 안보를 위협하는 요인이 되기에 충분하다. 예컨대 페이스북은 수집한 데이터를 군사적 목적으로 활용할 수도 있다. 페이스북은 사용자의 직업을 추정할 수 있으며 상세한 위치 정보도 파악할 수 있다. 만약 한국의 모든 군인이 병영에서 페이스북을 이용한다면 어떨까? 조금 과장해서 말하면 페이스북은 현재 한국의 병력 배치 현황을 추정할 수 있다.

그래서 미국에서는 중국의 SNS인 틱톡 사용이 금지되기도 했다. 국가 안보와 관련된 미국의 데이터가 중국으로 건너갈지도 모른다는 두려움 때문이었다. 미국 정부의 금지 명령 이후 실제로 미국의 군인과 사관생도는 틱톡 사용이 금지되었다. 물론 틱톡 운영사(바이트댄스)는 수집한 개인정보가 중국으로 넘어가지 않는다고 적극적으로 해명했다. 그럼에도 당시 미국에서 틱톡 금지 선언의 파문은 점점 커져 갔다. 틱톡을 미국 기업에 매각해야 한다는 주장이 나오기도 했다. 이러한 사실은 플랫폼 기업, 데이터, 국가 안보

틱톡 앱에서 수집되는 데이터	틱톡이 접근할 수 있는 디바이스의 데이터
■ 디바이스 매핑 틱톡은 스마트폰에 설치된 모든 앱, 구동되고 있는 애플리케이션에 대한 정보를 수집한다.	■ 와이파이 네트워크의 이름(SSID)
	■ 과거에 접속했던 와이파이 네트워크
	■ 디바이스의 시리얼 넘버(제조사에 의해 부여된 시리얼 넘버)
■ 위치 데이터 틱톡은 디바이스의 위치 정보를 1시간에 1번씩 체크한다.	■ SIM 카드의 시리얼 넘버
	■ IC 카드의 식별 넘버
■ 캘린더 지속적인 접근 권한	■ 디바이스 ID(Advertising ID)
	■ 디바이스의 IMEI
■ 연락처 사용자가 연락처에 대한 접근을 거부하더라도 틱톡은 사용자가 허락할 때까지 반복하여 연락처에 대한 접근 권한을 요구한다.	■ 디바이스의 MAC 어드레스(Media Access Control)
	■ 디바이스의 전화번호
	■ 디바이스의 보이스메일 번호
■ 외부 저장 장치 보통의 앱들은 비디오, 사진 등 앱의 특성과 연관된 범위 내에서 외부 저장 매체에 대한 접근을 요구하지만, 틱톡은 활용 가능한 모든 리스트에 대한 권한을 요구한다.	■ GPS 관련 상황 정보
	■ 활성화된 구독 관련 정보
	■ 디바이스에 저장된 모든 계정 정보
	■ 완전한 클립보드 접근 권한

출처: Internet 2.0

가 별개의 개념이 아니며, 미국에서도 데이터 유출이 안보를 위협할지도 모른다는 사회적 두려움이 존재함을 보여 준다.

한국에서도 데이터의 국외 유출 문제가 안보 이슈와 결합된 적이 있다. 바로 2016년 구글의 지도 데이터 반출 사건이다. 구글맵은 구글이 제공하는 핵심 서비스 중 하나로 전 세계의 지도 앱 시장을 독점하고 있다. 구글맵은 단순히 지형지물을 보여 주는 지도가 아니다. 대중교통, 내비게이션, 식당, 관광지 정보 등을 알려 주는 생활 필수 서비스다. 그러나 구글맵이 처음부터 지금처럼 정교한 서비스

구글	쟁점	반대
러시아 얀덱스 등 위성사진 제공 업체 수없이 존재. 구글이 직접적인 위협 되지 않을 것	국가 안보 위협 증가 여부	위성사진에 정밀 측량 데이터 합쳐질 경우 유사시 타격 정밀도 상승 등으로 안보 위협 증가
구글 혁신 서비스 제공 위해 필수. 한국에 서버 두더라도 클라우드 분산 저장으로 반출 허가 필수	지도 데이터 반출 필수 여부	구글 서비스 이미 국내 업체들이 제공 중. 국내 서비스는 서버 구축이나 국내 업체 협력으로 가능
국내 기업이 사용할 수 있는 지도 데이터 반출 불허로 구글 역시 차별당하고 있어	국내 기업 역차별 여부	국내에 서버 두지 않고 세금부터 각종 수사까지 피해 가는 만큼 사업 돕는 데이터 제공 안 돼

출처: 〈'9년 숙원' 구글 지도 반출 곧 판가름… 주요 쟁점은〉, 《머니투데이》, 2016. 8. 23

를 제공하지는 않았다. 초기에는 한국에서 상세하지 않은 비정밀 지도를 사용했으나 서비스가 고도화되면서 더 정교한 지도 데이터가 필요해졌다. 이에 따라 구글은 2007년부터 한국 정부에 정밀 지도(축척 1:5000) 반출을 계속해서 요청해 왔다.

그러나 한국 정부는 구글의 요청을 계속해서 거절했다. 한국 정부가 내세운 주된 논거는 국가 안보였다. 남북이 대치하는 상황에서 상세한 지도 정보를 글로벌 플랫폼 기업에 공개할 수 없다는 것이었다. 다만 마냥 구글의 요청을 거절하면 외국 기업에 대한 지나친 차별일 수 있었기에 정부는 한국 영토 내에 데이터 센터를 짓는 대안을 제시했다. 구글에 지도 데이터를 줄 수는 있지만 한국에 데이터 센터를 건설하고 그곳에서만 데이터를 보관하라는 뜻이었다. 즉 한국의 국경 밖으로 나가는 것은 허용하지 않으려 했다. 그러나 구글은 정부의 제안을 거절했으며 결국은 한국의 정밀 지도 데이터 반출을 포기하기에 이른다.

이 사건은 표면적으로는 안보 문제였지만 속을 들여다보면 경제 문제이기도 했다. 당시 네이버, 다음 같은 국내 플랫폼은 지도 앱 시장에서 구글맵과 경쟁 중이었다. 지금은 네이버지도, 카카오지도가 시장을 장악했지만 당시는 구글맵도 한국 지도 시장을 두고 경쟁하던 주자 중 하나였다. 이런 상황에서 한국의 플랫폼 입장에서는 구글에 정밀 지도가 넘어간다는 사실이 불편했다. 그래서 안보나 규제 불평등의 문제를 내세우며 지도 데이터의 반출에 반대 목소리를 높였다.(구글이 해외로 지도 데이터를 가져가면 국내의 규제를 받지 않고 더 자유롭게 영업할 수 있다는 논리였다.)

결과적으로 한국 정부의 지도 반출 불허 결정은 네이버, 카카오 등의 토종 플랫폼에 유리하게 작용했다. 구글이 한국의 정밀 지도를 확보하지 못해 고전하는 동안 토종 플랫폼인 네이버, 티맵, 카카오 등이 지도 앱 시장에서 자리를 잡았기 때문이다. 쉽게 말하면 한국은 데이터 주권을 행사한 셈이고 궁극적으로 토종 플랫폼의 성장이라는 결과를 낳았다. 이는 국경이 없을 것만 같던 데이터에도 분명 주권이라는 개념이 존재함을 보여 준다. 데이터 장벽을 쌓고 자국의 데이터를 지키면 토종 산업을 육성할 수 있음을 보여 준 사

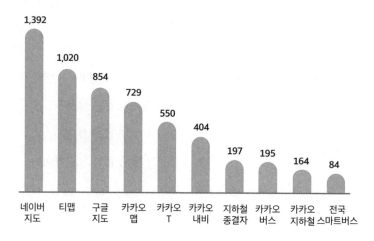

[5-4] 한국인이 가장 많이 사용하는 지도·내비게이션·대중교통 앱[1]

네이버 지도 1,392
티맵 1,020
구글 지도 854
카카오 맵 729
카카오 T 550
카카오 내비 404
지하철 종결자 197
카카오 버스 195
카카오 지하철 164
전국 스마트버스 84

출처: 와이즈앱

례다.

그래서 데이터 주권론은 디지털 시대에 새롭게 등장한 국내 산업 보호론이기도 하다. 지도 데이터의 반출을 막아 국내 지도 업체의 성장 기반을 만들어 낸 것처럼, 신생 IT 기업이 성장해서 경쟁력을 갖출 때까지 한시적으로 데이터 장벽을 치고 이들을 보호해 주는 것이 가능하다. 실제로 많은 국가에서 개인정보 보호, 국가 안보라는 표면적인 이유를 내세운 뒤 자국의 유치산업infant industry을 보호하는 전략으로 활용한다. 물론 이 주장은 외국 기업의 불합리한 차별을 금지하는 자유무역협정FTA과는 위배되므로 공개적으로는 하지 않는다.

데이터 장벽이 가져오는 득실

데이터 장벽이 가져오는 산업의 정책적 효과를 부정하는 사람들도 있다. 데이터 국경을 닫는 것은 장기적으로 산업 발전에 도움이 되지 않는다는 주장이다. 우버, 에어비엔비 같은 혁신적 기업은 구글맵을 기반으로 사업을 시작했다. 또 구글의 지도 데이터 덕분에 요식업체 등 많은 자영업자가 탄생할 수 있었다. 한편 구글맵이 제대로 작동하지 않으면 관광 산업 측면에서도 부정적이다. 한국을 찾는 외국 관광객은 모두 구글맵을 사용하지, 네이버 지도를 사용하지 않기 때문이다. 분명 데이터 국경을 닫음으로써 발생하는 비용도 존재한다.

데이터 현지화

데이터 반출 금지는 데이터 현지화Localization라는 모습으로도 나타난다. 데이터 현지화란 국내에서 생성된 데이터는 **물리적으로** 국내에만 두어야 한다는 방침을 말한다. 다시 말해 한국의 영토 내에 데이터를 보관·처리하는 데이터 센터를 짓고 이곳에만 자료를 저장하도록 한다. 그러면 한국에서 생성한 데이터는 물리적으로 영토 내에서만 머무르게 된다.

데이터 현지화는 정부 입장에서 행정력을 담보하기 위한 수단이다. 오늘날에는 모든 경제 행위가 데이터와 밀접히 연관되어 있다. 만약 어떤 기업에서 어떤 범죄가 일어나더라도, 데이터 센터가 국내에 존재한다면 정부가 행정력을 동원해 압수수색을 시행할 수 있다. 반대로 데이터 센터가 해외에 있다면 한국 정부가 자력만으로 공권력을 행사하기 어렵다. 따라서 대부분의 국가는 국가 안보의 이유나 행정력 행사라는 차원에서 데이터 현지화를 규범화한다.

개인정보 보호도 데이터 현지화를 주장하는 사람들이 내세우는 근거다. 페이스북처럼 오늘날 글로벌 플랫폼 기업은 막대한 개인정보를 수집한다. 과거에는 데이터의 수집과 흐름에 아무런 관심이 없었지만 데이터 주권론이 등장하면서 데이터는 그 나라 국민의 것이라는 생각이 등장하기 시작했다. 이에 따라 다양한 개인정보 보호 법규가 제정되었으며 이 법규는 개인정보가 국경을 넘지 못하도록 하거나, 국경을 넘을 때 특별한 동의를 받도록 제약하는 경우가 많다.

과세 문제taxation도 데이터 현지화의 이유다. 글로벌 IT 기업은 여러 나라에서 영업하며 수익을 올리지만 정작 아무 나라에도 세금(법인세)을 내지 않는 경우가 많다. 이들은 영업하는 국가에 아무런 사무소를 두지 않고 인터넷망을 통해 서비스만 왔다 갔다 할 뿐이다. 실체가 없다 보니 정부는 그 기업에 세금을 부과하기 어렵다. 그래서 각국 정부는 플랫폼 기업에 과세하기 위해 자국에 데이터

국가	현황	주요 내용
미국	캘리포니아소비자개인정보 보호법California Consumer Privacy Act, CDPA 시행	개인정보 수집은 소비자에게 공개된 바에 따라 합리적이고 필수적인 것에 한하며 데이터의 기밀성, 무결성, 접근성 보호를 위해 필요한 기술적, 물리적 보호 관행을 수립·유지해야 함
중국	중화인민공화국데이터 안전법中華人民共和國 數据安全法 제정	데이터 보안 및 개발, 데이터 보안 시스템, 데이터 보안·보호 의무, 정부 데이터의 보안·개방성·법적 책임 등 다양한 관점에서 데이터 보안·보호 의무 및 법적 책임을 규정함
일본	개인정보보호법Act on the Protection of Personal Information, APPI 개정	데이터 침해가 '개인의 권리와 이익을 해칠 가능성이 있는' 경우 지정된 시간 내에 관련 당국에 보고하고 영향을 받는 개인에게 적시에 알려야 함

출처: 한국데이터산업진흥원, 2021

센터를 두도록 유도한다. 데이터 센터라는 고정된 사업장이 존재하면 당국이 과세할 근거를 잡을 수 있기 때문이다.

이처럼 국경 없는 데이터의 시대는 서서히 막을 내리고 있다. 세계 각국은 데이터의 경제적 가치가 점점 커진다는 사실을 깨닫고 있으며 따라서 자국의 이해관계를 지키기 위해 데이터 주권을 강화하고 있다. 또 일국의 산업을 육성하고 보호하기 위한 정책적 목

데이터는 어떻게 세상을 지배하는가

적으로도 활용된다. 데이터 주권은 거대한 글로벌 플랫폼 기업들을 견제하고 자국의 토종 산업 생태계를 조성하기 위한 수단이 되어 가고 있다.

중국은 데이터 최강국의
자리에 오를까

가장 많은 데이터를 생산하는 나라

———

오늘날 데이터를 가장 많이 생산하는 나라는 중국이다.[2] 2019
년 인터내셔널 데이터 코퍼레이션International Data Corporation, IDC에 따르
면 중국은 2018년 한 해 동안 7.6제타바이트의 데이터를 생산했다.
그전까지 1위 자리를 지켰던 미국은 같은 해 6.9제타바이트를 기록
하며 데이터 최대 생산국의 지위를 중국에 내주었다.

중국이 데이터 생산에서 강력한 이유는 10억 명의 인터넷 사
용 인구 때문이다. 중국 인구가 만들어 내는 SNS 기록, 인터넷 방문
기록, CCTV 기록은 중국을 세계 최고의 데이터 생산국의 자리에

데이터는 어떻게 세상을 지배하는가

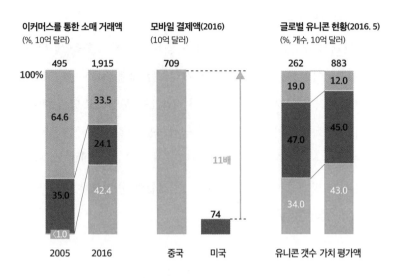

[5-6] 급성장하는 중국의 디지털 경제[3]

■ 중국　　■ 미국　　■ 그 외

이커머스를 통한 소매 거래액
(%, 10억 달러)

모바일 결제액(2016)
(10억 달러)

글로벌 유니콘 현황(2016. 5)
(%, 개수, 10억 달러)

올려놓았다. 게다가 전자 상거래나 디지털 결제도 미국을 압도한다. 중국의 전자 상거래 규모는 전 세계의 40%를 차지하며 초당 처리되는 거래량도 미국의 3배에 달한다. 알리페이AliPay 같은 모바일 결제를 이용하는 사람도 미국의 9배를 넘는다. 이처럼 수많은 인구가 만들어 내는 디지털 기록이 데이터가 되면서 중국은 가장 빠른 속도로 데이터를 생산하는 나라가 되었다.

　물론 데이터를 많이 생산한다고 능사는 아니다. 생산한 데이터를 하드디스크에 꽁꽁 숨겨 놓기만 하면 무슨 소용이겠는가. 데이터가 경제적으로 가치를 지니려면 생산된 데이터가 필요한 사람에게 제대로 이동해야 한다. 따라서 각자가 가진 데이터를 투명하게 꺼내 놓고 그 데이터를 필요로 하는 사람에게 전달해야 경제적 가치를 창출할 수 있다.

그래서 중국은 데이터의 전달과 공유 과정에도 힘을 써 왔다. 2014년 구이양시貴陽市에 빅데이터 거래소를 세계 최초로 설립한 이래 지금까지 80여 개가 넘는 데이터 거래소를 운영하고 있다. 이 데이터 거래소는 데이터의 수요자와 공급자를 연결하는 중개 플랫폼의 역할을 한다. 중국의 플랫폼 기업인 바이두, 알리바바, 텐센트 등이 가진 방대한 데이터를 서로 교환, 결합할 수 있도록 국가가 나서 거래소를 마련한 것이다.

중국의 치명적인 약점

데이터는 양Quantity만큼이나 다양성Quality, Diversity도 중요하다. 중복되는 데이터는 아무리 많이 생산해 봤자 새로운 가치를 창출하지 못한다. 따라서 데이터 생산에서 선진국이 되려면 많은 볼륨만큼이나 다양한 데이터를 만들어 내는 것이 필수적이다. 다양한 집단, 산업, 국가, 소비자로부터 데이터를 얻을 수 있어야 좋은 품질의 데이터가 만들어진다.

불행히도 다양성 측면에서 중국은 미국의 상대가 되지 못한다. 미국은 데이터의 다양성 측면에서 중국을 압도한다. 중국이 수집하는 데이터의 대부분은 자국 내에서 만들어지는 데 반해, 미국이 수

[5-7] 초당 국경을 넘는 데이터의 양[4]

**중국의 국경을 넘는 데이터 흐름은 2010년부터 2017년 사이에 17배로 증가했다.
그러나 아직 미국의 데이터 흐름에 비해서는 20% 수준에 불과하다.**

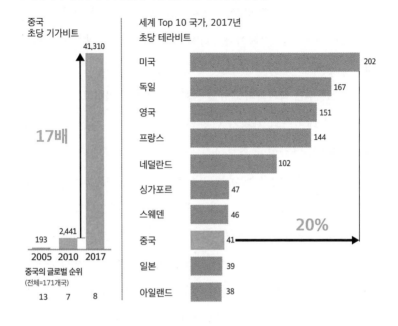

집하는 데이터는 미국에서만 수집되지 않는다. 구글, 유튜브, 페이스북 등이 수집하는 데이터의 뿌리는 전 세계다. 전 세계의 인터넷 사이트 방문자 순위만 봐도 구글, 유튜브, 페이스북은 세계 1, 2, 3위를 차지할 정도로 전 세계인이 몰려드는 플랫폼이다.

국경 간 데이터 이동량을 보면 미국이 얼마나 많은 데이터를 해외에서 수입하는지 알 수 있다. 2017년 기준 초당 200테라비트 Terabits의 데이터가 미국의 국경을 넘나들었다. 물론 이 흐름은 주로 구글, 유튜브, 페이스북 등의 플랫폼 기업이 만들어 낸다. 그러나 중국은 초당 40테라비트의 데이터만이 국경을 넘나든다. 미국에 비해서도 20%에 불과할 뿐만 아니라 싱가포르, 스웨덴 같은 소규모 국가에도 뒤처지는 기록이다. 그만큼 중국의 데이터 생산이 자국의 내수 시장에만 지나치게 편향되어 있음을 보여 준다.

중국은 주변 국가와의 교류를 강화해 약점을 극복하고자 노력한다. 중국 역시 데이터의 가치가 다양성에서 나온다는 사실을 알고 있다. 데이터의 다양성을 확보하기 위한 중국의 대표적 전략은 디지털 인프라의 수출이다. 중국은 아시아, 아프리카 등 개도국 지역을 중심으로 광케이블, 5G 네트워크 등의 디지털 인프라를 구축하는 사업에 참여 중이다. 최근에는 말레이시아의 스마트 시티 사업에도 진출했다. 이는 주변국을 디지털화하여 많은 데이터를 생산하는 국가로 탈바꿈시켜 주겠다는 전략이다. 그로 인한 파급효과로 중국도 다양한 원천의 데이터를 수집할 것이라는 계산이다. 이를 중국의 디지털 일대일로 전략이라 부른다. 중국이 시행하는 일종의 글로벌화 전략이다.

중국은 위안화를 보급하기 위해서도 필사의 노력을 기울인다. 특히 종이 형태의 화폐가 아니라 디지털 방식의 위안화인 중앙은행 디지털 화폐CBDC를 보급하는데 이 역시 데이터의 다양성 확보와 연관된다. 만약 디지털 위안화가 국제적으로 상용화되면 중국은 데이터 측면에서도 막대한 이득을 얻을 것이다. 디지털 위안화가 사용되는 과정에서 누가 어디에 돈을 지출했는지에 대한 방대한 데이터

데이터는 어떻게 세상을 지배하는가

가 생산되기 때문이다. 그래서 중국은 2020년 세계 최초로 디지털 화폐를 사용했으며 독자적인 위안화국제결제시스템CIPS을 만들기도 했다. 이 모든 시도는 데이터의 생산과 확보라는 글로벌 데이터 패권 경쟁과도 맥락을 함께한다.

데이터 스파이로 내몰린 디디추싱

중국은 이미 데이터를 미국과의 경쟁 도구로 사용하고 있다. 중국은 자신들의 강점과 약점을 이미 파악하고 있다. 자기네가 세계에서 가장 많은 데이터를 생산하는 국가라는 점을 잘 알고 있다. 따라서 자국의 데이터가 미국으로 흘러가는 것을 막겠다는 강력한 태도를 견지한다. 데이터의 생산량을 지렛대로 활용해 미국의 패권에 도전하겠다는 뜻이다.

그래서 생성된 데이터와 개인정보가 중국 밖으로 나가는 것은 사실상 불가능하다. 중국은 자국의 데이터 주권을 지키기 위해 이른바 데이터 3법이라는 법률을 제정해 데이터 안보의 토대를 만들었다. (1) 우선 네트워크안전법(2017년)은 중요 데이터를 중국 내에만 저장하도록 하는 데이터 현지화를 규정한다. (2) 데이터안전법(2021년)은 데이터 산업에 대한 외국의 차별 조치가 있을 때 중국이 대등하게 조치할 수 있음을 규정한다. (3) 개인정보보호법(2021년) 역시 데이터의 중국 내 저장을 의무화한다. 이로써 중국은 데이터의 국외 유출을 막고 자국의 데이터 산업과 AI 산업을 육성하는 인

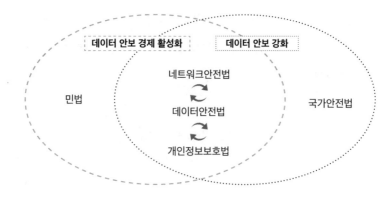

출처: 이상우, 〈중국의 딥페이크 규제와 데이터 안보〉, 《홍익법학》, 24권 1호, 2023

프라로 활용하고 있다.

중국에서는 클라우드 서비스 분야조차도 토종 기업이 대세다. 중국인은 데이터를 저장하고 분석하기 위해 해외 클라우드를 사용하지 않는다. 이는 전 세계적으로 아마존이나 MS가 클라우드 시장을 지배하는 현상과는 완전히 상반된다. 그 대신 알리바바, 화웨이, 텐센트 등 토종 기업이 중국 클라우드 시장의 80% 이상을 장악하고 있다. 사실상 데이터의 현지화를 강요하는 중국 정부의 정책 때문에 해외 기업도 중국에서 시장을 넓히는 데 어려움을 겪고 있다.

최근에는 중국이 데이터의 국외 유출에 얼마나 엄정하게 대응하는지를 보여 준 사건이 있었다. 바로 2021년 디디추싱Didi Chuxing의 미국 증시 상장 사건이다. 디디추싱은 중국의 우버에 해당하는 기

중국의 클라우드 인프라 서비스 지출(2021년 기준)

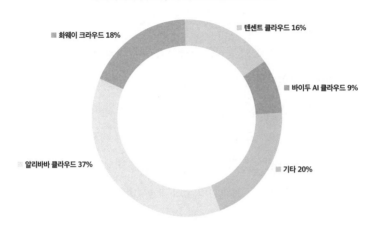

- 화웨이 크라우드 18%
- 텐센트 클라우드 16%
- 바이두 AI 클라우드 9%
- 기타 20%
- 알리바바 클라우드 37%

출처: 차이나 인터넷 워치China Internet Watch

업으로 2012년 설립된 이후 중국의 택시 시장을 장악하며 급격하게 성장했다. 그러나 사업 확장 과정에서 추가 자금이 필요해지자 디디추싱은 미국의 뉴욕증권거래소에 자사 주식을 상장하려 했다.

그러나 중국은 디디추싱의 자금 조달 계획을 달가워하지 않았다. 미국에 주식을 상장하려면 미국의 금융 당국과 투자자에게 디디추싱의 정보를 투명하게 공개하는 과정이 필요하기 때문이다. 디디추싱은 중국인의 개인정보 및 지도 데이터를 보유한 기업이었는데, 중국 정부는 이 데이터가 미국에 공개된다는 사실을 매우 불쾌하게 여겼다. 특히 당시는 미중 경제 전쟁이 한창이었으며 미국은 중국 기업을 겨냥해 정보 공개를 의무화하는 법규를 제정한 상태였다.

미국의 외국회사문책법 제정

미국은 중국 등 해외 기업을 견제하기 위해 다양한 법률을 제정했다. 외국회사문책법HFCAA이 대표적이다. 외국회사문책법은 미국에 상장된 외국 기업에 미국 회계 감사 기준을 따르도록 하고 3년 연속 감사 보고서를 제출하지 않으면 상장 폐지하도록 규정했다. 그동안 많은 중국 기업이 국가 안보를 내세워 감사 보고서를 제출하지 않았던 데 대한 미국의 대응책이었다.

디디추싱이 미국에 상장할 경우 미국 정부가 디디추싱의 데이터를 열람할 수도 있다는 가능성은 중국 정부에 심각한 위협으로 다가왔다. 그래서 중국은 디디추싱에 미국 증시에 상장하지 말 것을 여러 번 권고했다. 시진핑 주석도 이 문제에 관심이 많았다고 하니 중국이 얼마나 데이터의 공개에 민감했는지 알 수 있다.

그러나 디디추싱은 2021년 6월 뉴욕 증시에 상장을 강행한다. 중국 정부의 반대에도 불구하고 미국행을 결정한 것은 디디추싱의 심각한 자금난 때문이었다. 당시 다른 플랫폼처럼 디디추싱도 만성적인 적자를 안고 있었으며 최대 주주인 일본 소프트뱅크는 투자금 회수를 희망했다. 따라서 중국보다 더 많은 투자금을 유치할 수 있는 미국 시장에서 상장하기로 결정했을 것으로 추측된다.

중국 정부는 곧바로 디디추싱에 보복을 가했다. 상장하자마자 중국 정부는 디디추싱이 그동안 개인정보 보호 규정을 위반한 정황이 있다며 보복성 조사에 들어갔다. 디디추싱이 신규 사용자를 가입시키거나 앱을 다운로드 받는 것을 금지시켰다. 이는 디디추싱이 더 이상 중국 내에서 사업을 하지 못하게 막는 조처나 다름없었다. 이후 중국 정부는 개인정보 보호에 소홀했다는 결론을 내리고 디디추싱에 1.6조 원의 벌금을 부과했다. 전방위적으로 디디추싱을 괴롭힌 것이다.

디디추싱에 대한 행정 조치는 공산당이 집권하는 중국이기에 가능한 일이다. 한국을 포함한 대부분의 민주 국가에서는 정부가 특정 기업을 의도적으로 괴롭힌다는 것을 상상하기도 어렵다. 민주 국가에서는 정부의 행정 권력만큼이나 민간 기업의 방어권도 보장되기 때문이다. 그러나 디디추싱 사건은 일당독재의 정치 구조에만 그 탓을 돌리기는 어렵다. **중국 시민들도 디디추싱에 대한 반감을 표출하며 정부의 결정을 지지했기 때문이다.** 디디추싱은 데이터를 팔아먹는 조국의 배신자라는 여론이 형성된 것이다. 이 이야기는 중국인이 미국을 얼마나 집단적으로 경계하는지, 그리고 데이터의 해외 유출에 얼마나 반감을 가지는지 잘 보여 준다.

상장한 지 1년이 채 되지 않은 2022년 5월, 디디추싱은 미국 증시에서 상장 폐지를 자진해서 결정한다. 중국 정부의 압박을 견딜 수 없었기 때문이다. 상장 당시 디디추싱의 기업 가치는 약 80조 수준으로 거대했다. 이는 현대자동차와 기아자동차를 합친 규모다.

그러나 이 사건 이후 디디추싱은 10조 원이 되지 않는 작은 기업으로 전락해 버린다.

이 사건은 중국 정부가 자국의 데이터를 지키기 위한 싸움이었다. 미국 정부는 미중 분쟁에 맞서며 중국 기업의 투명성을 확보하기 위해 일련의 조치를 마련하던 상황이고 이 와중에 디디추싱이 미국 상장을 강행한 것이다. 데이터가 미국으로 넘어갈 수도 있겠다는 위협을 느끼자 중국은 디디추싱을 본보기로 응징해 버렸다. 아무리 큰 기업이라도 중국의 데이터 보안에 위협이 된다면 언제든 날릴 수 있음을 보여 준 것이다.

데이터 경제의 최전선에 선 국가

중국은 데이터 통제에서 미국보다 유리한 위치에 있다. 자유민주주의 국가인 미국은 국가가 전면에 나서 통제하지 않지만 권위주의적 정치 체제를 가진 중국은 국가 주도의 데이터 통제가 가능하기 때문이다. 따라서 중국은 경제적 차원이 아닌 안보, 군사적 목적 등 정책적 차원에서 미국에 비해 우위를 보인다.

중국이 데이터 분야에서 보여 주는 일사불란한 조직력은 정부 조직에서도 알 수 있다. 중국은 2023년 데이터 분야의 최고 규제 기관인 국가데이터국을 설립했다. 중국 전체의 데이터 통제 권한을 가진 정부 조직이다. 만약 한국에서 이런 정부 조직을 설립하려 했다면 많은 논란이 생겼을 것이다. 데이터를 한번에 통제하는 기관은 개인과 기업을 감시하는 빅브라더가 될 수도 있기 때문이다. 그러나 중국은 데이터를 국가적으로 지원하겠다는 점을 내세우고 데이터 총괄 조직을 출범시켰다.

중국은 데이터 규제를 마련하는 데도 앞장서고 있다. 2023년 세계 최초로 얼굴을 위변조하는 딥페이크 프로그램에 대한 규제를 마련했다. 그동안 딥페이크가 가짜 정보를 생산하고 개인의 신원을 도용하는 등 많은 사회적 문제를 일으켰음에도 미국과 유럽에서는 마땅한 규제를 도입하는 데 실패해 왔다. 표현의 자유를 저해한다는 우려에 가로막혔던 것이다. 그러나 공권력이 강한 중국에서는 딥페이크를 표현의 자유로 보호할 수 있는 범위를 벗어났다고 보았다. 범죄나 명예훼손에 악용될 위험이 있으니 규제를 통해 사용을 제한하겠다는 것이다.

이처럼 중국은 국가 주도의 일사불란한 데이터 관리 체계를 보여 준다. 국가적 전략을 총괄하는 정부 조직을 만들고 빅데이터 거래소를 출범시켰으며 국가가 나서서 데이터 산업을 보호한다. 또 데이터의 유출입을 엄정히 통제하고 국가의 방침에 불응하는 기업을 철저히 응징하는 모습도 보여 주었다. 중국의 전략이 모든 측면에서 우월하다고 할 수는 없지만, 데이터 경제로 전환하는 과정에서 민주 국가가 가지지 못한 강점을 뚜렷하게 지니고 있는 것은 사실이다.

미국은 추격을
따돌릴 수 있을까

미국의 디지털 무역 질서

일사불란함을 앞세우는 중국과 달리 미국은 데이터 자유주의의 옹호자다. 미국은 자국 내에서도 개인정보에 대한 보호 수준이 낮을 뿐만 아니라 국가 간에도 데이터가 자유롭게 흘러야 한다고 주장한다. 그래서 데이터와 플랫폼 기업에 대한 규제를 최소화하고 가급적이면 시장 질서에 맡기는 것이 바람직하다고 생각한다.

실제로 미국은 데이터와 개인정보에 대한 규제가 매우 느슨하다. 개인정보를 보호하는 국가 차원의 법안은 존재하지도 않는다.(2022년 연방개인정보보호법을 발의한 상태이기는 하다. 현재로서는

데이터는 어떻게 세상을 지배하는가

개별 법률에 따라 개인정보에 관한 규제가 존재하는 체계다. 아동, 건강, 금융 분야는 개인정보 보호에 대한 특칙이 존재한다. 그리고 캘리포니아 등 주 차원에서 개인정보보호법이 존재하는 경우도 있다.) 또 기업이 개인정보를 유출, 남용하더라도 정부가 내릴 수 있는 처벌도 없다. 대신 소비자와 기업 간의 민사소송에 의해 기업이 손해배상을 해줄 뿐이다. 최근 많은 국가가 법을 제정하고 개인정보에 대한 국가적 책임을 강조하는 트렌드를 감안하면, 미국이 데이터에 있어 얼마나 시장자유주의 입장을 취하는지 알 수 있다.

미국은 이 데이터 자유주의 사상을 다른 나라에 수출하는 데도 앞장선다. 데이터 자유주의라는 이념은 자유무역협정FTA의 형태로 수출된다. 미국은 다른 국가와 체결하는 FTA 조항에 데이터 자유주의를 명시하고 있는데 이미 20년 전부터 일어난 현상이다. 2003년 싱가포르와 체결한 FTA에 처음으로 전자 상거래 챕터를 만들고 데이터의 자유로운 이동을 규정했다. 그 뒤 한국, 호주, 콜롬비아 등 다수의 FTA에서 동일한 조항을 포함시켰으며 이를 통해 각국이 데이터를 가지고 무역장벽으로 악용(?)하지 못하도록 관리하고 있다.

미국은 매년 3월 《국별무역장벽보고서NTE》를 발표한다. 이는 어떤 나라가 미국의 무역 방침을 거스르는지 평가해 공개하는 일종의 경고장이다. 최근에는 보고서에서 데이터의 이전을 막는 국가를 언급하고 있다. 예컨대 미국이 가장 빈번하게 언급하는 사례는 각국이 데이터의 국외 유출을 막기 위해 자국에 서버 설치를 강요(데이터 현지화)하는 일이다.

국가	논의 현황
EU·미국	• 유럽데이터보호위원회EDPB, 미국을 포함한 데이터 적정성 협정을 체결하지 않은 제3국에 대한 데이터 전송 제한 지침 발표
EU·영국	• 유럽연합 집행위원회, 영국의 개인정보 보호 수준의 적정성 선언 • 개인 데이터 전송 체제의 자유화 허용
EU·한국	• 유럽연합 집행위원회, 한국의 개인정보 보호 수준의 적정성 선언 • EU 일반개인정보보호법GDPR에 따라 추가 보호 조치 없이 EU 및 유럽경제지역EEA에서 한국으로의 개인 데이터 전송 자유화 (개인 신용정보 제외) 허용
아세안	• 아세안 디지털 장관 회의, 국경 간 데이터 이동 모델 계약 조항 채택 • 자발적 성격의 규제로 국가 간 데이터 이동 시 법률적 효력 발생 명시

출처: 한국데이터산업진흥원, 2021

미국은 과거 상품 중심의 전통적인 FTA에서 벗어나, 디지털 상품과 데이터에 특화된 디지털 버전의 FTA도 체결하고 있다. 멕시코, 캐나다(USMCA)와는 물론이고 일본(USJDTA)과도 최근 디지털 FTA를 체결했다. 미국은 디지털 FTA에서 각국의 데이터 재량권을 축소하는 쪽으로 규범을 만들어 가고 있다. 과거에는 각국이 공공의 목적을 위해 데이터 주권을 주장할 여지를 남겨 두었으나 그 권한을 점점 배제하고 있다.(구체적으로 말하면 USMCA 및 USJDTA에는

데이터는 어떻게 세상을 지배하는가

컴퓨터 설비 위치 제한, 데이터 현지화와 관련해서 공공 정책 달성을 위해 정부가 할 수 있는 조치를 막고 있다.)

데이터 패권 경쟁

미국 입장에서는 중국의 추격이 무척 거슬릴 수밖에 없다. 미국도 중국이 데이터의 생산이나 강력한 규제 측면에서 우위임을 알고 있다. 절대적인 인구수 차이로 인해 데이터 생산량에서 중국을 넘볼 수 없으며 중국처럼 국가주의를 내세워 기업을 통제하기도 어렵다. 중국에서 페이스북, 구글 등 미국 기업들이 영업이라도 자유롭게 할 수 있으면 많은 데이터가 미국으로 넘어가겠지만 중국은 이마저도 막아 두었다.

그래서 미국도 중국으로 데이터를 유출하지 못하도록 막는 법안을 제정해 맞불을 놓는다. 최근 중국 기업이 미국 기업을 인수하는 사례가 많아지면서 데이터가 함께 넘어가는 경우도 빈번해졌다. 그래서 미국은 2018년 외국인투자검토현대화법FIRRMA을 제정한다. 이 법은 인수합병을 통해 미국의 데이터가 중국으로 넘어가도록 내버려 두지 않는다.

또 2019년에는 중국과 러시아 등 경쟁국으로는 미국 안보에 위협이 되는 데이터 이전을 제한하고자 했다. 2020년에는 중국 기업이 미국의 데이터를 몰래backdoor 가져간다고 주장하며 '클린 네트워크 이니셔티브'를 출범했다. 틱톡, 위챗, 화웨이, 텐센트 등 중국 기업을 미국에서 아예 퇴출시키겠다고 선언한 것이다. 이처럼 미국 역시 자국 내에서 중국 기업의 비즈니스와 데이터 획득을 강하게 규제한다.

미국이 중국을 저지하기 위한 대표적 전략은 중국을 악당으로 몰아가기이다. (실제로는 어떤지 명확한 증거는 없지만) 미국은 오랫동안 중국이 '데이터를 악용하는 나쁜 국가'라 주장해 왔다. 중국이 클린하지 않다는 프레임을 덮어씌운 것이다. 이 주장을 뒷받침하기 위해 미국은 모든 정황 증거를 들이댄다. 인권 문제 또는 공산당의 독재 문제를 거론하면서 중국이 신뢰할 수 없는 국가라는 프레임을 만들었다. 미국의 주장은 실제로 효과를 내고 있다. 중국이 정말로 정보를 빼 가는지에 대한 명확한 증거는 없지만 대부분 중국이 데이터를 몰래 수집할지도 모른다는 편견을 가지고 있다.

미국은 미중 경쟁에 동맹국을 동원하기도 하는데 최근 한국, 일본, 대만 등을 모아 반도체 동맹Chip 4을 맺었다. 데이터의 생산량 측면에서 중국을 막을 수 없으니 처리, 분석 측면에서 압박하겠다는 의도다. 실제로 중국의 아킬레스건은 반도체에 있다. 중국은 세계 최대의 반도체 제조국으로 알려져 있지만 10nm 이하의 미세 공정에는 손도 대지 못하는 나라이기도 하다. 그래서 중국을 효과적으로 견제하기 위해 미국은 동맹국을 모아 반도체 시장에서의 동맹 강화를 내세운 것이다.

놓지 않으려는 데이터 통제권

각국이 데이터 현지화를 요구하자 미국은 과거에는 겪지 않았던 문제에도 직면했다. 미국 정부의 행정 권한이 자국 기업에조차 미치지 못하는 문제가 생긴 것이다. 미국 기업들은 전 세계를 상대로 영업을 하고 있는데 각국에서 만들어진 데이터가 미국으로 오지 않기 때문에 발생하는 문제다.

2013년 미국 FBI는 마약 수사 과정에서 혐의를 입증할 결정적 증거가 용의자의 MS 이메일 계정에 있다는 사실을 알게 되었다. FBI는 자료 협조를 요청했으나 MS는 이 요청을 거절한다. 그 이유는 데이터가 미국이 아닌 아일랜드 서버에 저장되어 있었기 때문이다. 모든 국가가 데이터 현지화를 주장하는 상황에서, MS라고 해도 마음대로 아일랜드에 저장된 데이터를 미국으로 가져올 수는 없었다.

이 사건은 각국의 데이터 주권이 미국의 행정권을 위협하고 있음을 뜻한다. 그래서 최근 미국 의회는 소위 클라우드법CLOUD Act이라는 것을 제정한다. 이 법은 미국 기업이 해외에 데이터를 보관하더라도 수사기관에 이를 제공해야 할 의무가 있음을 규정한다. 미국도 자국의 안보를 위해서라면 국경을 넘어 해외에 있는 데이터까지도 확보하겠다는 의지를 밝힌 셈이다.

살펴본 바와 같이 미국이 데이터에 대해 가지고 있는 기본적인 입장은 자유시장주의다. 데이터 장벽을 없애고 자국의 플랫폼 기업이 자유롭게 데이터를 수집하는 상황을 꿈꾼다. 반면 자국의 데이터는 철저히 보호하려는 보호주의적 입장도 함께 고수한다. 게다가 다른 국가에 있는 데이터에 대한 접근 권한도 유지하기를 원한다. 국익을 위해서 언제든 데이터 통제권을 거머쥐기를 희망하는 것이다.

EU, 규제의 글로벌
스탠더드를 만들다

개인정보의 결정권은 개인에게

미국과 중국이 치열한 접전을 벌이는 가운데 데이터 전쟁의 또 다른 규칙을 들고 나온 국가(지역)가 있다. 바로 EU다. EU는 프라이버시 보호를 앞으로 펼쳐질 데이터 경제에서의 핵심 가치로 제시한다. 데이터의 자유로운 이동보다는 그 속에 포함된 프라이버시를 보호하고 정보 주체에게 개인정보에 대한 결정권을 주는 데 중점을 둔다. 이는 기업 간의 자유로운 경쟁을 촉진하기보다 규제를 가한다는 측면에서, 미국식 자유주의보다 중국의 보호주의 입장에 가깝다.

그러나 EU가 취한 세부적인 방법을 따져 보면 중국과는 다르

	조항	내용
1	제15조	정보 주체의 접근권
2	제16조	정보 주체의 정정권
3	제17조	정보 주체의 잊힐 권리
4	제18조	정보 주체의 처리 제한권
5	제20조	정보 주체의 개인정보 이동권
6	제21조	정보 주체의 반대권

다. EU는 데이터 통제의 권한을 데이터의 본래 주인인 각 개인에게 부여한다. 데이터를 이동시키거나 사용하려면 일일이 개인들의 동의를 받도록 규정한 것이다. 2018년부터 시행된 EU의 일반개인정보보호법GDPR은 개인정보를 둘러싼 개인(데이터의 주인)들의 권한을 명시하고 있다.

EU의 일반개인정보보호법은 데이터를 EU 역내에만 둘 것(데이터 현지화)을 명시적으로 규정하지는 않았다. 대신 개인정보를 해외로 이전할 때는 정보 주체인 개인의 동의를 받아야 한다고 규정한다. 이는 사실상 데이터 현지화 조치나 다름없다. 개인의 입장에서 자기 정보가 해외로 나간다는 사실은, 그 목적을 불문하고 거부감을 가질 가능성이 크기 때문이다. 즉 EU는 개인에게 정보 이동 결정권을 양도하지만 사실상 데이터 현지화에 상응하는 규제를 시행하고 있는 셈이다.

EU의 데이터 현지화 전략

EU가 데이터 현지화를 사실상 강제하는 또 하나의 수단은 적정성Adequacy 평가다. EU는 기업이 개인정보를 다른 국가로 이전하려면, 그 이전 대상 국가가 높은 수준의 개인정보 보호 체계를 갖추어야 한다고 규정한다. 그에 대한 평가를 EU가 하는데 이것이 적정성 평가다. 적정성을 인정받은 국가만이 EU의 개인정보를 처리할 수 있다. 쉽게 말해 안전성을 담보하지 못한 국가에는 데이터를 보내지 않겠다는 뜻으로 EU가 만든 일종의 데이터 장벽이다. 2023년 현재 한국을 포함한 14개국이 EU로부터 적정성을 인정받았다.

개인에게 자기 개인정보에 대한 처분권을 맡긴 EU식 방법은 일견 합리적으로 보인다. 미국처럼 완전히 시장에 맡기지도, 중국처럼 국가가 철저히 틀어막는 극단적 방식도 아니기 때문이다. 오히려 내 정보를 스스로 통제한다는 사실은 정의롭게 느껴지기도 한다. EU의 개인정보 보호 방식(사전동의opt-in 방식)이 가진 합리성 때문인지, 이 방식은 여러 나라에 글로벌 스탠더드처럼 번져 나갔다. 한국도 그중 하나다. 한국의 개인정보보호법도 EU의 방식처럼 개인의 사전동의를 받아야 개인정보를 활용할 수 있도록 만들어졌다.

정보를 통제한다는 것

우리는 하루에도 수많은 개인정보 제공 동의 버튼을 누른다. 인터넷 사이트에 가입할 때도 동의에 체크하며 방문할 때도 쿠키 수집에 동의 버튼을 누른다. 그러나 우리는 무엇에 동의하는지 과연 알고 있을까? 사실 이를 이해하기는 매우 어렵고 거의 불가능하다고 봐도 무방하다. 한국에서 스스로 무엇에 동의하고 SNS에 가입하는지 알고 있는 사람은 단언컨대 단 한 명도 없다. 심지어 변호사나 개인정보 보호 전문가도 비슷한 처지다.

이해하지도 못하는 동의 과정을 강제적으로 하는 이유는 개인정보호보법의 영향이다. EU와 한국의 개인정보보호법은 개인정보를 다른 사람에게 제공할 때 무조건 정보 주체의 사전동의를 받도록 규정한다. 따라서 인터넷 기업도 나의 동의를 미리 받아 두는 것이다. 그러나 대부분의 사람들은 개인정보를 얼마나 제공하는지 별 관심이 없으며 기계적으로 동의 버튼을 누를 뿐이다. 이는 우리의 잘못이 아니라 개인정보의 처리 과정이 이해하기 어려울 정도로 복잡해졌기 때문이다.

인터넷 사이트를 방문할 때마다 귀찮게 뜨는 쿠키 설정창도 EU가 만들어 낸 작품이다. EU의 일반개인정보보호법은 인터넷 사용 내역인 쿠키도 개인정보의 일종이라고 해석한다. 이에 따라 오늘날 모든 인터넷 사이트를 최초로 방문하면 이들은 쿠키 수집 여부를 사용자에게 물어본다. 그러나 대다수 사용자는 쿠키가 무엇인

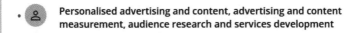

지 알지 못하며 왜 그들이 쿠키를 수집하는지에도 관심이 없다. 그러다 보니 그날 기분에 따라 수락Consent이나 불허Manage 버튼을 누른다. 이러한 동의가 무슨 의미가 있을까.

사전동의 제도는 기업도 불편하게 만든다. 오늘날 대부분의 서비스는 개인정보를 기반으로 제공되는 경우가 많다. 예컨대 카카오가 금융(카카오페이)과 지도(카카오맵) 서비스를 함께 제공하려면 개인정보를 계열사끼리 공유해야 한다. 즉 여러 서비스가 결합된 서비스를 이용하려면 '제3자 정보 제공 동의'를 눌러야 한다. 카카오와 협력하는 기업이 나의 개인정보를 함께 사용하도록 허락해 주는 과정이다.

그러나 기업 입장에서 애초에 모든 경우를 염두에 두고 사전동의를 받기란 불가능에 가깝다. 그래서 비즈니스 과정에서 개인정보를 공유해야 할 필요가 생기면 정보 주체에게 사전동의를 추가적으로 받는 방식을 택한다. 카카오톡에 이미 가입했는데 가끔씩 또 다른 동의를 하라고 이메일이나 문자메시지가 오는 경우가 있다. 이 과정은 플랫폼 기업이 나의 추가 동의를 받아 더 많은 기업에 나의 개인정보를 제공하겠다는 취지다. 그러나 때로는 개인들의 추가 동의를 일일이 받기가 어려운 경우도 존재해 기업의 사업 확장을 가로막는 요인이 되기도 한다.

사전동의 방식은 이미 글로벌 스탠더드가 되었지만 이 방식이 과연 최선인지 다시 한번 진지하게 고민해 볼 필요가 있다. 제도의 취지는 개인정보를 안전하게 관리하고 사용의 투명성을 높이기 위함이다. 하지만 현실은 실제 입법 취지와는 무관하게 형식적인 동의 절차로 전락해 버렸기 때문이다.

사전동의 제도만이 개인정보 보호라는 입법 취지를 달성하는 유일한 수단도 아니다. 기업이 개인의 사전동의 없이 자유롭게 개인정보를 사용하게 내버려 두는 사후책임opt-out 방식도 있다. 다만 그 기업이 개인정보를 오남용했을 때는 강력하게 징계할 수 있다.

개인에게 선택권을 주는 것이 아니라 개인정보를 관리하는 기업을 강하게 규제하는 방식이다. 이러한 사후책임 방식은 기업 입장에서 고객에게 일일이 동의받지 않아도 되므로 편리하다.

물론 사후책임 방식으로의 전환은 제도만 바꾼다고 되는 방식이 아니다. 사후책임 제도로 전환하려면 무엇보다도 개인정보 처리가 투명하게 이루어진다는 사회적 신뢰를 구축할 필요가 있다. 우리는 슈퍼마켓에서 일일이 물건 가격을 확인하지 않는다. 슈퍼마켓이 터무니없는 가격으로 상품을 팔지 않는다는 믿음이 있기 때문이다. 이것이 바로 사회적 신뢰다. 개인정보도 마찬가지다. 기업이 나의 개인정보를 함부로 활용하지 않는다는 믿음이 확산된다면 사전동의의 필요성도 점차 사라질 것이다.

사후책임 방식이 사전동의 방식에 비해 우월하다는 뜻은 아니다. 실제로 사후책임 방식을 택한 미국에서는 개인정보 오남용 사건이 종종 발생하기도 한다. 기업의 재량에 개인정보를 맡기다 보니 아무래도 보호에 소홀해지는 측면이 분명히 존재한다. 세상을 떠들썩하게 했던 개인정보 오남용 사건은 대부분 미국에서 일어났다. 대표적인 사건은 페이스북이 사용자의 개인정보를 영국의 연구기관으로 넘긴 사건이었다.

분명한 것은 사전동의 방식이 빅데이터의 속성과는 상충된다는 점이다. 앞서 말했듯 데이터는 파편화되어 있을 때보다 모여 있을 때 훨씬 더 큰 잠재력을 발휘한다. 즉 빅데이터의 본질은 결합에 있다. 결합을 통해 패턴을 파악하고 새로운 데이터를 만들어 혁신적 AI를 탄생시키기 때문이다. 따라서 엄격한 사전동의를 요구하는 방식은 반대 방식과 비교했을 때 데이터의 수집과 활용에 있어서 태생적인 한계를 지닐 수밖에 없다.

데이터는 어떻게 세상을 지배하는가

자유롭게 국경을 넘나드는 클라우드 데이터

동의 없이 국경을 넘는 데이터

동의 없이 해외로 나갈 수 있는 개인정보도 있다. 바로 클라우드 서비스를 사용할 때다. 클라우드 서비스는 필연적으로 데이터의 이동을 전제한다. 클라우드는 내 컴퓨터가 아니라 멀리 있는 데이터 센터에서 데이터를 처리하기 때문이다. 게다가 클라우드 서비스의 데이터 센터가 한국이 아닌 외국에 존재하는 경우도 빈번하다. 따라서 클라우드를 사용한다는 것은 나의 데이터가 국경을 넘어간다는 것을 전제한다.

만약 국경을 넘어가는 모든 데이터에 동의가 필요하다면 사실상 클라우드 서비스를 사용하기란 불가능하다. 실시간으로 국경을 넘나드는 데이터에 대해 일일이 동의할 수는 없는 노릇이다. 특히 기업에서는 클라우드 사용이 일반화되어 있는데 클라우드에 저장되는 데이터에 대해 모든 개인의 동의를 받도록 한다면 제대로 영업조차 할 수 없을 것이다. 그래서 한국의 개인정보보호법은 클라우드를 사용하는 경우에 사전동의라는 규제를 완화하고 있다. 클라우드 서비스는 영원히 데이터를 넘기는 것이 아니라 단순히 저장공간을 빌려 데이터만 처리하는 도구에 불과하기 때문이다. 따라서 클라우드라는 도구를 빌려 데이터를 처리하고 다시 가져오는 경우를 위탁entrust이라 칭하며 위탁한 데이터에 대해서는 개인의 사전동의를 면제한다.

외국 클라우드 이용이 금지된 데이터

단순 위탁이라 하더라도 외국 유출이 아예 금지된 데이터도 있다. 중요한 데이터일수록 그렇다. 대표적으로 재산과 관련된 데이터다. 금융기관이 취급하는 신용정보는 해외 반출이 원천적으로 금지된다. 신용정보란 돈을 빌리고 갚았던 기록, 재산 상황 등 경제적 상태와 관련한 정보를 일컫는다. 돈과 직결된 데이터가 해외로 나갈 수 없는 이유는 악용될 가능성이 훨씬 높기 때문이다.

그러나 이런 규제 때문에 금융기관은 오랫동안 답답한 상황을 겪어 왔다. 대부분의 기업이 일반적으로 클라우드를 이용해 데이터를 저장하고 분석하고 처리하지만, 신용정보를 다루는 금융기관은 클라우드의 사용 자체가 거의 막혀 있었다. 오랫동안 대부분의 클라우드 서비스의 데이터 센터는 국내가 아니라 해외에 존재했다. 그러다 보니 금융기관은 클라우드 서비스를 사용하지 못하는 것이나 다름없었다.

다행히도 2019년부터는 상황이 변했다. 한국의 경제 규모가 커지면서 글로벌 클라우드 사업자가 한국에도 데이터 센터를 짓기 시작한 것이다. 이에 따라 데이터가 국경을 넘지 않고서도 국내에서만 저장, 분석이 가능한 여건이 조성되었다. 이에 따라 지금은 금융기관도 클라우드에 신용정보를 저장하고 분석하는 영업을 할 수 있게 되었다.

금융 데이터와 클라우드

2019년 전자금융감독규정의 개정을 통해 금융 분야에서도 클라우드 사용이 허용된다. 다만 금융위원회는 금융회사가 클라우드 서비스를 사용할 수는 있지만 여전히 해외 서버의 사용은 금지하는 입장이다. 즉 안정성을 위해 국내에 데이터 센터를 둔 클라우드 서비스 사업자만 사용하라는 것이었다.

[5-13] 현재 한국의 클라우드 처리 관련 규정

		이전 방식		
		(국외)제공	(국외)제공	클라우드
대상 정보	개인정보	정보 주체 **동의**하에 가능 (개보법 제17조 ③)	**동의 없이** 가능 (개보법 제26조)	국내외 처리 가능
	개인 신용정보 (금융 데이터)	신용정보 주체 **동의**하에 가능 (신정법 제32조 ①)	**동의 없이** 가능 (신정법 제32조 ⑥ 제2호) 정보처리를 위한 위탁 가능 (정보처리업무위탁 규정 제4조 ①)	국외 처리 불가

데이터 주권과 소버린 클라우드

글로벌 클라우드 기업이 국내에 데이터 센터를 하나둘씩 건설한다는 사실은 그들이 데이터 주권이라는 개념을 존중하기 시작했다는 것을 뜻한다. 이는 2016년 구글이 지도 데이터 반출 요청 사건 때 보여 주었던 입장과는 사뭇 다르다. 당시 한국 정부는 한국에 데이터 센터를 건설하고 지도 데이터를 해외로 반출하지 않을 것을 구글에 요청한 적이 있었다. 그러나 당시만 해도 구글은 한국에 데이터 센터를 건설하자는 대안에 반대했다.

이제는 상황이 달라졌다. 각국이 데이터 현지화를 요구하기 시작하자 글로벌 클라우드 기업도 정책을 바꾸기 시작했다. 그들은

데이터는 어떻게 세상을 지배하는가

왜 세계 각국이 데이터 현지화를 요구하는지 이해하기 시작했으며 이제는 데이터 센터의 현지화가 보편적인 전략이 되었다. 전 세계에서 기업 활동을 해야 하는 글로벌 기업의 입장에서 현지 규제를 존중하는 것도 매우 중요한 과제이다.

최근에는 소버린 클라우드Sovereign Cloud라는 서비스가 트렌드로 떠오르고 있다. 세계 각국은 데이터 주권을 지키기 위해 클라우드 기업과 계약을 맺고 자국에 데이터 센터를 건설하고 있다. 이러한 클라우드 서비스는 보통 공공기관이 운영하는 경우가 많은데 이를 소버린 클라우드라 부른다. 소버린 클라우드는 자국에 데이터 서버가 존재하므로 외국의 개입을 받을 염려가 없다. 그래서 독일, 스페인, 프랑스 등 유럽 국가뿐만 아니라 태국, 사우디 등 아시아 국가도 소버린 클라우드 구축 논의가 한창이다.

데이터 센터가 각국에 건설되는 지금의 상황은 주권 국가와 글로벌 클라우드 기업이 일시적으로 합의를 이룬 지점이다. 현 상황을 영구적 균형이 아니라 일시적 합의라 표현한 것은 앞으로도 데이터 주권에 대한 개념이 언제든지 변할 수 있기 때문이다. 여전히 미국은 데이터의 자유로운 이동을 주장하고 있다. 미국의 데이터 자유주의가 얼마나 많은 국가로부터의 지지를 얻을지는 사전에 알기 어렵다. 다만 현재는 각국의 데이터 주권론이 미국의 세계화 전략에 성공적으로 제동을 건 상태로 보인다.

데이터 경제에서
세계 최강국은 어디일까

데이터국내총생산 개념의 등장

데이터로 국력을 평가하는 지표도 있다. 2019년《하버드비즈니스리뷰》에는 GDPGross Data Product(데이터국내총생산)라는 새로운 지표가 소개되었다. 흔히 경제력의 지표로 사용하는 국내총생산Gross Domestic Product, GDP과 명칭이 같아 헷갈리겠지만, 지금 소개하는 GDP의 가운데 글자 D는 데이터를 뜻한다. 국내총생산이 한 국가의 경제력을 측정한다면 데이터국내총생산은 한 국가의 데이터 생산량과 품질, 접근성 등을 측정한다.

데이터국내총생산을 기준으로 했을 때 세계 최강대국은 어디

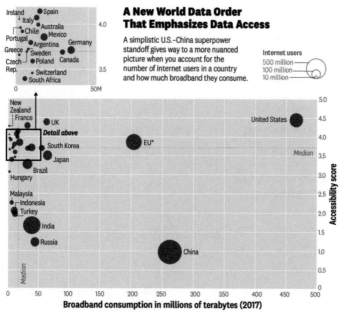

일까?《하버드비즈니스리뷰》는 세계 1위의 데이터 생산 국가로 미국을 꼽는다. 미국은 데이터의 생산량 측면에서 중국에 뒤지지 않는 수준이며 다양성 측면에서는 압도적인 선진국이다. 2위는 중국이다. 막대한 인구를 바탕으로 데이터 생산량에서 우위에 서 있다. 미국과 중국을 이은 3위는 EU이며 일본(3위), 영국(4위), 한국(5위)이 그 뒤를 잇는다.

데이터국내총생산은 아직 널리 받아들여지는 개념이 아니다.

	미국	중국
데이터 전문가 수	16,169천 명	9,815천 명
데이터 전문가가 고용에서 차지하는 비중	6.63%	1.27%
데이터 공급 회사 수	321,847	952,566
데이터 회사의 수입	239.958M 유로	31,651M 유로
후방 연계 효과	232,101M 유로	42,561M 유로
데이터 경제가 GDP에서 차지하는 비중	1.31%	0.84%

출처: "European Data Market Study 2021-2023", IDC, 2022

세계적으로 통용될 만큼 객관적인 수치로 뒷받침되는 지표가 아니기 때문이다. 이 지표가 객관성을 갖추기 어려운 이유 중의 하나는 데이터의 가치valuation 문제다. 데이터로 국력을 측정하려면 생성되는 데이터의 정확한 가치도 함께 측정되어야 한다. 불행하게도 아직 데이터 가격을 추정할 수 있는 객관적 방법은 존재하지 않는다. 그래서 《하버드비즈니스리뷰》도 데이터의 소비량만 측정할 뿐 실제 얼마나 값진 데이터를 생산했는지는 다루지 않고 있다.

지난 100년 동안 국내총생산은 국력을 측정하는 대표적 지표였다. 국내총생산은 1년 동안 한 국가에서 만들어진 모든 제품의 가치를 더해서 산출한다. 그러나 경제의 모든 것을 포괄하지 못한다. 특히 디지털 경제에서 일어나는 경제 행위를 전혀 포섭하지 못하는 문제점이 있다. 우리가 카카오톡이나 인스타그램을 사용하면서 느끼는 만족도와 편리함은 전통적 국내총생산에 반영되지 않는다. 또 카카오톡이 개인정보를 아무리 많이 수집해 쌓아 놓더라도 전통적인 국내총생산은 이를 측정하지 않는다.

데이터국내총생산은 전통적 국내총생산의 한계를 극복하기 위해 제시된 지표다. 만약 데이터의 생산과 활용을 발전 지표에 포함할 수 있다면 일국의 국력을 더 객관적이고 미래지향적으로 측정할 수 있을 것이다. 물론 아직 데이터국내총생산이라는 개념이 설득력을 얻으려면 많은 과제를 해결해야 하겠지만, 점점 낡은 개념이 되어 가는 국내총생산의 한계를 보완하기 위한 참신한 시도임에는 틀림없다.

데이터 격차가 부의 격차

세계에서 가장 부유한 지역은 어디일까? 10년 전만 해도 이 질문에 명확히 답하기가 어려웠다. 10년 전에는 세계 경제의 양대 축인 미국과 EU의 소득 수준이 거의 비슷했기 때문이다. 오히려 해에 따라 EU의 소득 수준이 미국보다 높을 때도 있었다. 그러나 지금은 완전히 상황이 달라졌다. **이제는 미국이 세계에서 가장 부유한 국가라고 명확히 말할 수 있다.** EU는 지난 10년간 뚜렷한 성장세를 기록하지 못했던 반면 미국은 플랫폼 기업을 앞세워 지난 10년 동안 꾸준히 경제가 성장해 왔다. 지금 미국의 1인당 국민소득은 7만 달러를

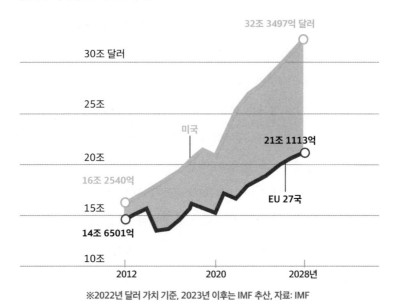

32조 3497억 달러

30조 달러

25조

미국

21조 1113억

20조

16조 2540억

15조

EU 27국

14조 6501억

10조

2012 2020 2028년

※2022년 달러 가치 기준, 2023년 이후는 IMF 추산, 자료: IMF

출처: 〈부자 미국, 가난한 유럽... 富 격차 갈수록 커지는 3가지 이유〉, 《조선일보》, 2023. 8. 13

넘어섰다. 이는 EU가 여전히 4만 달러 수준에 머물러 있는 것과는 대조된다.

두 지역의 경제력 격차를 가른 것은 바로 데이터다. 앞서 살펴본 데이터국내총생산 지표가 보여 주듯이 미국은 데이터의 생산과 소비에서 압도적인 1위 국가다. 미국은 플랫폼 경제를 주도하는 기업(MS, 애플, 엔비디아, 아마존, 메타, 테슬라, 알파벳)을 보유하고 있으며 이 기업들은 지난 10년간 전 세계의 데이터를 지배했다. 지금 상태가 유지된다면 EU와 미국의 경제력 격차는 더욱 커질 수밖에 없

미국　　　　　　　　　　　　　　　　　　　　　　　**21**개

애플(1위), MS(2), 알파벳(4), 아마존(5), 엔비디아(6), 메타(7), 버크셔해서웨이(8), 테슬라(9), 비자(10), 일라이릴리(11), 유나이티드헬스(13), JP모건(14), 존슨앤드존슨(15), 엑손 모빌(17), 월마트(18), 마스터카드(21), P&G(22), 브로드컴(23), 홈디포(26), 오라클(28), 셰브론(29)

유럽　　　　　　　　　　　　　　　　　　　　　　　**4**개

LVMH(16, 프랑스), 노보 노디스크(19, 덴마크), 네슬레(27, 스위스), ASML(30, 네덜란드)

아시아　　　　　　　　　　　　　　　　　　　　　　　**5**개

아람코(3, 사우디아라비아), TSMC(12, 대만), 텐센트(20, 중국), 삼성전자(24, 한국), 구이저우마오타이(25, 중국)

자료: 컴퍼니스마켓캡(일부 기업은 최근 순위가 변동됨)

출처: 〈부자 미국, 가난한 유럽… 富 격차 갈수록 커지는 3가지 이유〉, 《조선일보》, 2023. 8. 13

는 운명이다.

　미국과 EU의 경제력이 불과 10년 만에 현저하게 벌어졌다는 사실은 오늘날의 국가 경쟁력이 데이터에 의해 결정된다는 냉혹한 사실을 보여 준다. 좋은 싫든 우리는 데이터 경제의 일원이 되었으며 오늘날의 세계는 데이터를 가져가는 곳과 빼앗기는 곳으로 나뉘어졌다. 모두가 예외 없이 데이터 전쟁의 한가운데에 서 있는 것이

다. 데이터 장벽을 쌓기도 하며 자국에 유리한 데이터 산업 환경을 조성하기도 한다. 미국처럼 동맹국들을 이용하기도 하고 중국처럼 데이터를 지키기 위해 특정 기업에 강력한 제재를 가하기도 한다. 그 과정에서 부가 분배되는 것이다.

한국이 꿈꾸는 데이터 강국

우리나라가 어떤 산업을 진흥하기 위해 만들어 내는 정책은 정형화되어 있는 경우가 많다. 공무원인 나의 시각에서 볼 때 대부분의 산업 진흥 정책은 3종류로 구분된다. (1) 전담 기관의 출범이다. 가장 기본적으로 진흥 정책의 추진 동력을 가지고 전개되는 조직을 설립하는 일이다. (2) 인프라 조성이다. 한국은 빅데이터기본법, AI 기본법 등과 같은 기본법을 만드는 것을 좋아한다. 또 거래 플랫폼이나 데이터베이스를 조성하는 작업도 선호한다. (3) 마지막으로는 규제 개선이다. 인프라까지 만들어지면 정부는 기업의 영업을 방해하는 규제를 조사하고 낡은 법령을 개정하는 작업에 착수한다. 오늘날 대부분의 정부 부처가 내놓는 정책은 위와 같은 3가지 유형에 포섭된다.

데이터 경제 부분에서도 위와 같은 정책적 조치가 취해졌다. (1) 2021년 데이터산업기본법을 제정하여 데이터 정책을 전담하는 국가데이터정책위원회를 출범시켰다. (2) 양질의 데이터가 부족하다는 지적이 나오자 2020년에는 정부가 데이터 댐이라고 부르는

분류	담당 기구·조직	근거 법률
공공 데이터	국가데이터정책위원회, 행정안전부	공공데이터법, 데이터기반행정법
민간(산업) 데이터	국가데이터정책위원회, 과학기술정보통신부, 산업통상자원부, 특허청	데이터산업법, 지능정보화기본법, 산업디지털전환법, 부정경쟁방지법
개인정보 (개인 데이터)	개인정보보호위원회	개인정보보호법
금융 데이터	금융위원회	신용정보법
위치 정보 (위치 데이터)	방송통신위원회	위치정보법
통계·행정 자료 (공공 데이터)	통계청, 기획재정부	통계법

출처: 김원오, 〈데이터기본법 제정안에 관한 소고〉, 《산업재산권》, 제68호, 한국지식재산학회, 2021, 193쪽, 표5를 참조하여 수정

인프라를 만들어 공공 데이터를 한곳에 모았다. 그리고 민간 기업이 데이터를 사고팔 수 있는 장터(플랫폼)도 조성했다. 데이터의 거래 표준을 제정한 것은 물론이다. (3) 2022년 출범한 국가데이터정책위원회는 규제 개선 작업에 힘을 쏟고 있다. 기업으로부터 불필요한 규제를 건의받고 법령을 개선하는 작업이다. 이처럼 데이터 경제로의 전환을 조성하기 위한 정책은 통상적인 산업 진흥 정책의 흐름을 따르고 있다.

데이터 경제로의 전환에서 가장 중요한 작업은 이해관계의 조

율이기도 하다. 데이터 경제로의 전환은 필연적으로 데이터를 내놓는 쪽과 활용하는 쪽을 낳으며 이해가 상충하는 현상이 발생하기 때문이다. 의료 데이터를 수집해 의료 AI를 만드는 작업은 의료인의 반발을 야기한다. 법률 데이터로 법률 데이터베이스를 만들면 변호사가 반발할 수밖에 없다. 자동차 데이터를 모아 택시 앱(우버)을 만드는 작업도 택시 기사의 반발에 부딪혀 좌초되었다. 금융기관 데이터를 모아 오는 금융 마이데이터 산업도 은행, 보험사와 같은 기존 금융기관의 위상을 위협하고 있다.

데이터를 둘러싼 이해관계의 대립은 데이터 경제로의 전환을 지연시키는 커다란 원인이다. 데이터를 빼앗기는 쪽은 혁신을 거부할 수밖에 없으며, 데이터를 가져와서 활용하고자 하는 쪽은 실제 어떤 데이터가 있는지를 알 수 없어 새로운 아이디어를 떠올리기 어렵다. 기득권자가 자발적으로 혁신에 참여하지 않는 이상 데이터의 공유와 활용은 쉽지 않은 과제다. 따라서 이 과정에서 이해관계자의 반발을 최소화하고 자발적으로 데이터를 공유하고 혁신에 참여할 수 있는 인센티브를 제공하는 것이 우리가 다루어야 할 주요한 과제다.

기존 정책의 비효율을 줄이는 것도 중요한 과제다. 정부는 데이터 댐을 조성하고 데이터 거래소를 출범시켰다. 데이터 업로드 양과 거래 실적도 급격히 늘어났다. 그러나 얼마나 많은 기업이 데이터 플랫폼에서 혜택을 보며 실질적인 부가가치 창출로 이어지는지도 신중하게 평가할 필요가 있다. 해당 플랫폼이 목적성을 상실

데이터는 어떻게 세상을 지배하는가

하고 실적 채우기에만 몰두한다면 소위 말하는 데이터의 늪이 될 가능성이 높다. 혁신의 이득을 공유하고 정책의 비효율을 줄여 나가는 지혜가 필요하다.

6장

정보 거래

데이터도 사고팔 수 있을까

데이터 시장과 데이터 거래

데이터 거래의 중요성

데이터 경제가 더욱 발전하기 위한 가장 중요한 요인은 무엇일까? 주저 없이 데이터를 사고파는 거래 시장의 활성화를 꼽고 싶다. 데이터 거래는 소유권이나 사용권이 이전된다는 것 이상의 의미를 가진다. 데이터를 거래하다 보면 자연스레 가격이 형성되고, 데이터의 가격은 그동안 불가능했던 경제활동이 가능해지는 계기가 될 것이다.

데이터의 가격이 책정되면 좋은 데이터와 나쁜 데이터를 사람들이 대략적으로 구분할 수 있게 된다. 데이터 생산자도 더 좋은 품질의 데이터를 생산해 더 비싼 가격으로 팔기 위해 노력할 것이다. 따라서 데이터에 가격이 생긴다는 것은 양질의 데이터가 생산되고 소비되는 결정적 계기가 된다.

또 데이터에 기반한 투자나 대출이 가능해진다. 데이터 가격에 따라 판매 수입을 예상할 수 있으므로 데이터 생산 기업에 대한 투자가 이루어질 수 있다. 이러한 투자와 대출 행위는 결국 데이터 경제의 규모를 키우는 가장 직접적인 촉매제가 될 것이다.

그래서 경제학자들은 시장 가격에 커다란 의미를 부여한다. 가격은 단순한 숫자 이상의 의미를 가지기 때문이다. 경제적 관점에서 가격이란 그 상품의 모든 특징을 하나의 숫자로 축약한 데이터다. 그래서 경제학자는 가격을 발견discovery한다는 표현을 쓴다. 고고학자가 보물이나 유물을 발견하듯이 상품이 지닌 가장 핵심적인 특징을 찾아낸다는 의미다. 가격이 발견되어야 이를 매개로 상품을 거래할 수 있다. 나아가 대출, 투자, 인수합병 등 금융 행위가 뒷받침되며 궁극적으로는 그 산업도 비로소 성장할 수 있다.

한국의 데이터 거래량

한국도 오랫동안 데이터 거래를 정책적으로 장려해 왔다. 거래가 이루어지면 데이터의 가격도 발견될 가능성이 높아지기 때문이다. 그러나 데이터는 시장에서 쉽게 거래하기 어려운 특징을 지닌다. TV, 냉장고와 달리 무형의 상품이라 그 가치를 단번에 알기가 어렵기 때문이다.

구체적으로 살펴보면 데이터에는 표준적인 모양(형식)이 존재하지 않는다. 그래서 수요자가 원하는 데이터 모양과 시중에 판매되는 데이터 모양이 서로 다른 경우가 빈번하게 발생한다. 쉽게 말해 소비자가 필요한 데이터는 엑셀 파일인데 판매자의 데이터는 워드 파일인 것이다. 물론 이 데이터를 원하는 형식으로 재정리할 수도 있다. 그러나 양식을 통일하는 데도 비용이 들며, 이는 대량 거래를 어렵게 만드는 요인이 된다.

품질도 문제다. 구매자 입장에서는 데이터 품질을 사전에 알기 어렵다. 아직 한국 데이터 시장에는 미국의 액시엄Acxiom, 코어로직Corelogic 같은 대형 데이터 판매 회사가 존재하지 않는다. 그래서 데이터 품질을 확인할 만한 마땅한 길이 없다. 품질 확인이 불가능하다면 판매자를 보고 거래할 수밖에 없다. 예컨대 데이터 판매자가 공공기관, 대기업, 금융기관 등 믿을 만한 상대인지를 우선해서 보게 된다. 그래서 영세한 판매자는 제아무리 좋은 데이터를 가지고 있다 해도 데이터 거래 시장에 참여하는 것 자체가 불가능하다.

그래서 정부는 데이터 시장을 활성화하기 위해 '빅데이터 플랫폼'이라는 마켓 플레이스를 구축했다. 네이버쇼핑이나 당근마켓처럼 데이터를 사고파는 장터를 정부가 직접 만든 셈이다. 이 장터에는 누구나 접속할 수 있으며 원하는 데이터를 검색하고 다운받을 수 있다. 여기에는 공짜 데이터도 있고 유료 데이터도 판매한다.

한국의 데이터 거래 활성화 정책

시장이 성숙되지 않을 때 가장 흔히 사용하는 정책은 인증 제도다. 정부가 몇몇 데이터 공급 업체를 데이터 우수 기관으로 지정하고, 이 업체는 믿을 만하다는 신호를 시장에 보내는 정책이다. 마치 우수 공산품이나 서비스에 KS마크나 Q마크를 달아 주는 것과 마찬가지다. 한국의 초기 데이터 거래 정책도 그랬다. 빅데이터가 주목받기 시작한 2010년대 초반에 정부는 데이터 품질 인증 제도를 도입하고 거래 표준을 만들기 시작했다. 구체적으로 보면 정부가 데이터 우수 기관을 지정하거나 특정 기관에 장관상을 시상하는 방식이다. 또 데이터 양식을 통일하도록 거래 표준을 만드는 일도 병행했다. 2020년대에 들어서는 더 구체적인 정책이 등장했다. 데이터를 하나의 사이트에 모아 두자는 정책이었다. 이 정책의 이름이 '데이터 댐Data Dam'이다. 디지털 경제에서 가장 중요한 자원이 데이터라는 인식이 점차 확산되자, 물이 아니라 데이터를 가두어 놓고 사용하는 댐을 만들겠다는 취지였다.

빅데이터 플랫폼은 외형적으로도 소정의 성과를 거두었다. 2020년부터 플랫폼 구축 사업이 시작되었는데 불과 3년도 되지 않는 기간 동안 통신, 문화, 유통, 교통 등 분야별로 21개나 되는 플랫

데이터는 어떻게 세상을 지배하는가

운영 주체	데이터 거래소 사례	
공공	• 공공데이터포털(행정안전부/한국지능정보사회진흥원 운영, data.go.kr) • AI허브(과학기술정보통신부/한국지능정보사회진흥원 운영, aihub.or.kr) • 데이터스토어(과학기술정보통신부/한국데이터산업진흥원 운영, datastore.or.kr) • 금융데이터거래소(금융위원회/금융보안원 운영, findatamall.or.kr) 등 다양함	
민관 합동 (정부 지원 /민간 운영)	• 문화 빅데이터 플랫폼(주관:한국 문화정보원) • 통신 빅데이터 플랫폼(주관: 케 이티) • 유통 빅데이터 플랫폼(주관: 매 일방송) • 헬스케어 빅데이터 플랫폼(주 관: 국립암센터) • 교통 빅데이터 플랫폼(주관: 한 국교통연구원) • 환경 빅데이터 플랫폼(주관: 한 국수자원공사) • 금융 빅데이터 플랫폼(주관: 비 씨카드) • 중소기업 빅데이터 플랫폼(주 관: 더존비즈온)	• 지역경제 빅데이터 플랫폼(주관: 경기도청) • 산림 빅데이터 플랫폼(주관: 한 국임업진흥원) • 소방안전 빅데이터 플랫폼(주관: 소방청) • 스마트치안 빅데이터 플랫폼(주 관: 경찰대학 치안정책연구소) • 해양수산 빅데이터 플랫폼(주관: 한국해양수산개발원) • 농식품 빅데이터 플랫폼(주관: 한국농수산식품유통공사) • 라이프로그 빅데이터 플랫폼(주 관: 원주연세의료원) • 디지털산업혁신 빅데이터 플랫 폼(주관: 한국산업기술시험원)
민간	• SK C&C 데이터 큐레이션 플랫폼 AccuRator(아큐레이터)(skdt.co.kr/accurator) • KT 빅사이트(bigsight.kt.com) • 빅데이터 마트(bigdatamart.co.kr) 등 다양함	

출처: 국회입법조사처

폼이 만들어졌다. 플랫폼에는 6800여 종에 이르는 데이터가 업로드되었는데 단기간에 이룬 가시적인 성과라 할 수 있다. 아마도 일사불란함을 앞세우는 한국의 관제 행정Government-Led 문화만이 만들 수 있는 성과일지도 모른다.

데이터의 사용 실적 측면에서도 이 사업은 나름의 성과를 거두었다. 플랫폼을 통한 데이터 다운로드 건수가 누적 41만 건으로 결코 적은 양은 아니다. 물론 요즘 유튜브에 올라오는 인기 동영상 조회수가 100만 건을 훌쩍 뛰어넘는 일이 비일비재하니 대단치 않은 실적으로 보일 수도 있겠다. 그러나 단순한 클릭이 아니라 실제로 데이터를 다운로드받은 실적이 그만큼이라면 양적으로도 폄하하기 어려운 수준이다.

그러나 관 주도의 사업과 별개로 한국에서 데이터가 얼마나 활발하게 거래되는지는 여전히 의문이다. 데이터가 원하는 수요자에게 효율적으로 전달Matching되었다고 말하려면 시장을 통해 데이터 거래가 많아져야 한다. 공짜로 풀어놓은 데이터를 수십만 번 다운로드한다고 거래가 활성화되었다고 할 수는 없다. 시장에서 유상으로 거래되는 데이터를 제 가격에 구매한 사람이 많아져야 거래가 활발해졌다고 말할 수 있다.

불행히도 한국에서 이루어지는 데이터의 유상 거래 규모는 해외에 비해 턱없이 작다. 2022년을 기준으로 한국에서 거래된 데이터는 연간 1.77조 원이었다.[1] 한국 전체 데이터 산업 규모(25조 원)의 약 7% 정도에 불과하다. 이는 데이터 거래가 활발히 이루어지는 미국(500조 원, 2023년)에 비해서 0.3%에 달하는 초라한 규모다.[2]

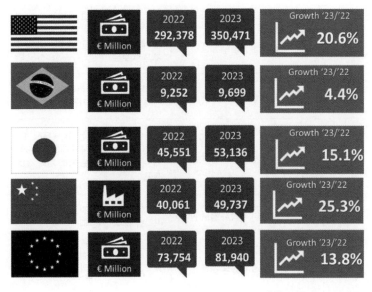

출처: EU Commission, IDC

　한국의 민간 데이터 거래량이 해외에 비해 턱없이 작다는 것은 기업이 데이터를 외부에서 사 오지 못한다는 것을 뜻한다. 그래서 한국은 기업 내부에서 수집되는 데이터에 의존할 수밖에 없다. 이는 미국 기업이 대다수의 데이터를 외부에서 조달하는 것과 상반된 현상이다. 미국에서는 데이터 판매가 돈이 되기 때문에 이미 데이터 브로커 기업이 활발하게 활동한다. 이들은 데이터를 단순히 수집하는 수준에 그치지 않고 수요자의 입맛에 맞춰 재가공하거나 다른 데이터와 결합해 공급하기도 한다.

　기업이 내부의 데이터만 사용한다는 사실은 데이터 경제 발전

기업명	주요 서비스	비고
Acxiom	맞춤형 광고 정보 제공	전 세계 9억 6500만 개 이상의 소비자 명부 보유
CoreLogic	맞춤형 광고 정보 제공	약 8억 건의 부동산 거래 정보, 약 1억 건의 담보 DB 자체 가공 및 분석
Verisk	맞춤형 광고 정보 제공	600만 개 이상의 상업용 부동산, 14억 건 이상의 보험 사기 데이터, 18억 개 이상 소비자 카드·저축 계좌 정보 제공
Qlik	통계 관련 시각화 정보 판매	35개국 주식 시세 정보 등 통계 정보 시각화 및 직접 판매
LexisNexis	맞춤형 광고 정보 제공	2억 8300만 개 이상 미국 소비자 프로필, 7700만 개의 비즈니스 명부 보유

출처: 강경훈 외, 〈데이터 거래의 이론과 실제 및 향후 정책과제〉,
한국금융학회·한국금융정보학회 공동 정책심포지엄, 2023

에 매우 부정적인 요인이다. 빅데이터 시대에 데이터의 가치는 다양한 이종 데이터 간의 결합에서 나오기 때문이다. 예컨대 식습관 데이터와 의료 데이터를 결합하면 식습관에 따른 질병 정보를 도출할 수 있다. 건강 데이터와 소비 데이터를 결합하면 소비 성향에 따른 건강 정보를 도출할 수도 있다.

한국처럼 데이터의 외부 조달 시장이 활성화되어 있지 않고 기업이 내부 조달에만 의존하는 현상은 기업들이 이종 데이터를 결합하고 새로운 서비스를 만들어 내는 데 불리하게 작용한다. 즉 데이터의 활발한 결합을 위해서도 다양한 이종의 데이터를 확보할 수 있는 데이터 거래 시장의 발전이 필요하다.

가격은 어떻게 결정될까

데이터 거래가 활발한 나라에서는 데이터의 시장 가격을 확인하기가 용이하다. 과거 판매 내역이나 최근의 유사한 거래 내역을 참조할 수도 있다. 마치 중고 물품을 구할 때 과거 거래된 유사품의 가격을 참고하듯이 데이터도 과거의 시장 가격을 참조하면 된다. 거래가 활발해질수록 데이터 판매자와 구매자가 서로 잘 알게 되는 경우도 많아진다. 반복되는 거래를 통해 서로가 가진 니즈에 대한 이해도가 높아지며 서로를 향한 신뢰도 두터워진다. 결과적으로 데이터의 가격을 결정하기도 훨씬 수월해진다.

그러나 데이터 거래가 활발하지 않은 국가에서는 어떻게 데이터 가격을 알아낼 수 있을까. 불행히도 아직 데이터 가격을 체계적으로 설명하는 완벽한 이론은 찾기 힘들다. 주식이나 채권처럼 가격을 설명하는 일반 이론general theory이 존재하지 않는다. 다만 데이터가 가진 특성에 근거해 가치를 추정하려는 다양한 시도는 이루어져 왔다. 아래에서는 현재 실무에서 사용하는 대표적 가격 결정 방법론을 간단히 소개한다.

출처: 《데이터 가격 책정 종합 안내서》, 한국데이터산업진흥원, 2020

회계학적 접근: 원가 기준의 데이터 가격 책정

회계학적으로 볼 때 데이터 가격은 이를 만들어 내는 데 소요한 생산원가로 결정된다. 데이터를 수집, 정리, 판매하기까지 소요한 원가를 모두 합산하고 거기에 이윤을 붙이는 방식이다. 그러나 이 방법은 데이터의 품질을 고려하지 못한다. 단순히 회계학적 생산원가만 따지다 보니 좋고 나쁜 데이터를 구분하지 못한다. 즉 같은 가격이라도 데이터의 품질은 제각각일 수 있다.

데이터적 접근: 품질 기준의 데이터 가격 책정

품질에 따라 가격을 책정할 수도 있다. 품질이 좋으면 더 높은 가격을 부과하는 방식이다. 그런데 품질을 측정하는 과정은 매우 주관적일 수밖에 없다. 물론 데이터의 양volume이 많거나, 최신frequency의 데이터거나, 데이터에 결함이 없다면completeness 높은 점수를 부여하는 등의 일반적인 방법론은 존재한다. 그러나 이 방법도 많은 문제를 지니고 있다. 결국 어떤 점수를 부여할지는 평가자의 주관에 따라 달라질 수밖에 없기 때문이다.

프라이버시적 접근: 프라이버시 침해 정도를 가격으로 책정

개인정보의 침해 정도를 데이터 가격으로 책정할 수도 있다. 예컨대 설문조사로 '얼마면 당신의 개인정보를 제공하시겠습니까?'라고 질문해 보자. 개인정보의 가치는 바로 그 응답들을 총합한 평균값으로 추정할 수 있다. 이 방법은 응답자들이 직접 자기 프라이버시의 가치를 평가하게 만든다는 장점을 가진다.

그러나 따지고 보면 이 방법도 완전히 합리적이지는 않다. 우선 사람들은 프라이버시의 가치를 일관되게 평가하지 않는다. 사람들은 동일한 개인정보를 내놓더라도 구글 같은 대기업에 제공할 경우는 침해 정도를 낮게 평가한다. 그러나 중소기업에 제공할 때는 나의 프라이버시가 더 많이 침해받는다고 생각하는 등 일관성이 잘 나타나지 않는다.

프라이버시의 가치는 상황에 따라서도 달라진다. 하버드대의 연구에 따르면 사람들은 개인정보의 가치로 평균 80달러(약 10만 원)를 책정했다.[3] 그러나 질문을 조금만 바꾸면 응답이 크게 달라졌다. '이미 유출된 개인정보를 회수하기 위해 얼마를 지불할 용의가 있느냐'라고 물어봤을 때는 5달러라고 답했다.

이 역시 사람들의 이중적인 태도를 보여 준다. 당장 개인정보

정보 유형	지불 의사 금액	수령 의사 금액
일반적 개인정보	$5/월	$80/월
신원정보(이름, 나이, 성별, 직업, 소득, 주소, 사진)	$5/월	$50/월
건강 정보 외 민감 정보(나이, 성별, 정치 성향, 종교, 성적 지향)	$5/월	$77.5월
건강 정보(나이, 성별, 개인 특징, 건강 상태)	$5/월	$100/월

출처: Winegar & Sustein, 2019

를 내놓아야 하는 상황에서는 매우 높은 가치를 부여하지만 이를 지키기 위한 비용 지출에는 인색한 것이다. 사람들은 개인정보의 가치에 대해 비합리적biased 태도를 지니며, 이 때문에 프라이버시의 침해 정도로 데이터의 가치를 측정하는 방법도 합리적이지 못하다.

경제학적 접근: 외부 효과의 존재

개인정보 공유는 나만의 문제가 아닌 경우가 많다.[4] 어떤 정보가 공개되면 간접적으로 그 정보와 연결된 사람들이 존재한다. 예컨대 어떤 회사가 평균 연봉 수준을 공개했다고 가정해 보자. 자신의 연봉을 밝히기 싫었던 직원의 입장에서는 평균 연봉 공개가 자신의 프라이버시를 침해한다고 생각할 것이다. 이는 개인정보의 공개에 일종의 외부 효과가 존재한다는 뜻이다. 다시 말해 어떤 정보를 공개하면 다른 사람이 피해를 볼 가능성이 있다. 외부 효과까지 고려한다면 개인정보의 가치를 정확하게 매기기가 더욱 어려워진다.

개인정보의 시장 가격

헐값으로 거래되는 개인정보

하버드대의 연구에서 사람들은 개인정보의 가치를 약 80달러로 평가했다. 그러나 실제 현실에서는 그보다도 훨씬 낮은 가격에 거래된다. 온라인에서는 개인정보를 판매하는 불법 판매자를 쉽게 찾을 수 있다. 이들은 개인의 이름, 주민번호, 전화번호, 아이디, 비밀번호 등을 판매하는데 가격은 건당 1~10원 내외에 불과하다. 나의 개인정보 가격이 10원이라는 사실은 매우 불쾌할 수밖에 없다. 아무리 이미 알려져 있고 별것 아닌 정보라 하더라도 자기 개인정보를 10원에 판매할 사람은 없을 것이다.

그러나 이 가격은 개인정보의 정확한 가치를 반영한다고 말하기 어렵다. 개인정보 암시장에서 개인정보가 헐값으로 거래되는 이유는 수없이 복제되었기 때문이다. 데이터는 무한히 복제해도 성질이 변하지 않는다. 판매상은 내 정보를 10원에 한 번만 판 것이 아니라 수천, 수만 명에게 판매했을 것이다.

따라서 데이터를 판매하는 사람도 구매하는 사람도 제값을 주고 개인정보를 거래할 필요가 없다. 이미 무한히 복제되었을 가능성을 염두에 두고 최대한 싼 가격으로 대량 거래한다. 한편 불법 유통되는 데이터는 정확성이 담보되지 않는다. 또 그 데이터가 최신 정보를 담고 있는지도 알 길이 없다. 이러한 점 때문에 불법으로 수집 판매되는 데이터는 공정 가치에 비해 현저히 낮은 가격으로 판매될 수밖에 없다.

기업의 활용 가치와 가격

반면 기업의 마케팅에 도움이 되는 개인정보는 매우 높은 가격에 거래된다. 예를 들어 당신이 최근에 자동차를 구입할 예정이라고 하자. 이 정보는 자동차 보험회사에 매우 매력적인 정보다. 보험회사는 당신에게 당장 전화를 걸어 고객으로 포섭할 수 있다. 이처럼 개인정보 중에서도 기업의 직접적 수익과 연결되는 정보는 비교적 비싼 가격에 거래된다.

홈플러스는 2011~2014년간 경품 행사를 열어 고객의 개인정보를 수집한 적이 있다. 겉으로는 경품 행사였지만 실제로는 보험 회사에 개인정보를 판매하기 위함이었다. 당시 홈플러스는 벤츠 등을 경품으로 내걸고 고객이 이름이나 전화번호 같은 개인정보를 써 내도록 했다. 이 개인정보는 1건당 약 2000원에 보험회사로 판매되었다.[5]

더 상세한 데이터가 담겨 있다면 훨씬 비싼 가격에도 거래된다. 금융회사 토스Toss는 영업 과정에서 소비자의 보험 가입 관련 개인정보를 수집했다. 토스는 이를 보험 설계사에게 판매했다. 이때 가격은 1건당 6만 9000원이었다. 가격이 높았던 이유는 보험 영업에 필요한 대부분의 정보가 포함되었기 때문이다. 이름, 연락처, 가입한 보험 상품, 보장 금액, 보험료 등 상세한 정보가 담겨 있었다고 한다.(토스는 고객의 정보 판매가 아니라 고객을 보험 설계사와 연결해 주는 대가로 수수료를 받았다고 해명했다. 그러나 연결이 주된 서비스라 하더라도 토스가 보험 설계사에게 제공한 서비스는 고객의 개인정보, 보험 가입 정보를 바탕으로 한다는 사실에는 변함이 없어 보인다.)

이 회사들은 개인정보 판매로 큰 수익을 얻었다. 홈플러스는 231억 원, 토스는 약 290억 원이었다. 앞서 나의 개인정보가 10원에 판매되던 상황과는 정반대다. 나의 개인정보가 헐값에 판매되는 것도 쓸쓸하지만, 이처럼 개인정보가 비싸게 팔렸다는 소식도 왠지 반갑지는 않다. 분명 개인정보의 주인은 나인데, 나와 무관한 다른 기업이 내 개인정보로 돈을 벌어 가고 있기 때문이다.

소비자는 위와 같은 개인정보의 판매로 눈에 띄는 손해를 입지는 않았다. 다만 나의 개인정보가 동의 없이 거래된다는 사실이 찝찝할 뿐이다. 이런 사실은 개인정보의 유통에 대한 법적 규제가 더욱 강화될 필요가 있음을 보여 준다. 아니면 대안으로 기업이 개인정보를 판매하고 얻은 수익을 개인과 공유하는 장치라도 마련해야 할 필요성도 보여 준다. 만약 오늘날 일상적 영업 활동에서 이루어지는 개인정보의 유통을 완전히 막기 어렵다면 합당한 보상을 지급하는 방식을 대안으로 생각해 봐야 한다.

법이 정한 가격

법이 정한 개인정보의 가치는 또 다르다. **개인정보 유출 사건이 터지면 법원은 피해자에게 배상 금액을 정해 주는데 이 금액은 통상 10만 원이다.** 예컨대 2014년 카드사에서 개인정보 1억 건을 유출한 사건에 대해 법원은 10만 원 배상을 판결했다. 2016년 인터파크가 개인정보를 유출한 사건도 10만 원 배상을 판시했다. 즉 최근의 판례가 정하는 개인정보의 가치는 통상 10만 원 전후다.

앞서 홈플러스가 보험사에 개인정보를 팔아넘긴 사건에서도 법원은 홈플러스에 10만 원을 배상하라고 판시했다. 홈플러스가 소위 꼼수를 사용했기 때문이다. 홈플러스는 경품 행사에서 1mm에 불과한 깨알 글씨로 제공한 개인정보가 판매될 수 있다고 적어 두었다. 이 깨알 글씨로 고객으로부터 판매 동의를 받았다고 주장했지만 법원은 이를 인정하지 않았다. 동의가 없는 개인정보의 제공이라 보았으며 따라서 피해 고객에게 개인정보권의 침해 대가로 배상을 판시한 것이다.

숙박 플랫폼 여기어때는 2017년 해킹을 당해 개인정보와 숙박 정보가 유출된 적이 있었다. 이 사건의 파장은 꽤 컸다. 민감 정보라 할 수 있는 숙박 업체를 이용한 사실이 유출되었다는 이유에서다. 이 사건에서 법원은 케이스에 따라 배상액을 달리했다. 숙박 정보만 유출된 피해자에게는 10만 원을, 개인정보와 숙박 정보가 모두 유출된 사용자에게는 20만 원을 배상하도록 했다. 법원도 유출된 개인정보의 정도에 따라 배상금을 조정하고 있는 것이다.

데이터가
데이터를 만난다면

결코 완벽하지 않은 데이터

오늘날 모든 데이터는 파편화된 상태로 존재한다. 그 누구도 모든 데이터를 가지고 있지 않다. 스마트워치는 건강 데이터만 보유한다. 쿠팡은 소비 데이터만 기록한다. 페이스북은 인맥 데이터만 보관한다. 넷플릭스는 영상 취향 데이터를 가지고 있다. 수많은 플랫폼 기업이 데이터를 수집하고 있지만 그 누구도 나에 대한 모든 측면을 종합적으로 기록하지는 못한다. 이는 왜 데이터의 결합이 중요한지를 말해 준다. 이종의 데이터를 결합하면 알지 못했던 새로운 사실을 만들어 낼 수 있기 때문이다.

데이터는 어떻게 세상을 지배하는가

만약 쿠팡이 가진 소비 데이터와 건강보험공단이 가진 의료 데이터가 결합한다면 새로운 사실이 드러날 수 있다. 소비와 진료 기록을 비교할 수 있기 때문이다. 탄산음료를 자주 구입하는 사람은 당뇨병에 취약하다거나 특정 암에 노출된다는 패턴을 발견할 수 있다. 즉 데이터의 결합은 새로운 정보를 만들어 낸다. 소비+의료 데이터를 통해 식습관과 질병 간의 과학적 상관관계를 도출할 수 있다.

데이터를 결합할 수 있는 사례는 무궁무진하다. 스마트워치의 건강 데이터와 의료 데이터가 결합하거나 수면 패턴과 소비 데이터가 결합될 수도 있다. 또 위치 정보와 소비 데이터가 결합될 수도 있고, 날씨와 소비가 결합될 수도 있다. 데이터 결합은 세상을 이해하는 새로운 시각을 제공한다. 오늘날의 데이터를 빅데이터라 부르는 이유이기도 하다. 빅데이터 시대에는 결합을 통해 데이터를 크게big 만들면 그 가치도 더욱 커진다.

그동안 데이터 결합은 결코 쉽지 않은 작업이었다. 데이터 결합에 따르는 부작용 때문이다. 결합은 데이터의 집중을 수반한다. 여러 기관이 분산 소유하고 있던 데이터가 하나의 기관으로 몰릴 수 있다. 여기에서 빅브라더의 문제가 등장한다. 특히 의료 데이터, 신용카드 사용 내역 같은 민감한 분야에서는 나를 감시하는 존재에 대한 우려가 더욱 커진다.

사생활 보호를 중시하는 일부 시민 단체는 그래서 데이터 결합에 매우 부정적이었다. 이들에게 프라이버시란 신성불가침한 것이라 정보 주체(개인) 이외에는 누구도 개인정보를 보유하면 안 된다고 보았다. 이들의 우려에도 일리는 있다. 데이터 결합으로 하나의 기관에 데이터가 집중될수록 해킹과 보안 사고로 입을 수 있는 피해도 더욱 커진다. 그래서 한국에서 데이터 결합이나 집중은 오랫동안 신중하게 다루어진 주제였다.

한국의 과거 법규도 데이터 결합에 비우호적이었다. (구)개인정보보호법은 데이터 결합을 위해서는 개인의 동의를 일일이 받도록 만들어 두었다. 동의 절차가 간단하진 않았는데 개인정보의 오남용 가능성을 차단하기 위함이었다. 동의서에는 제공하는 정보, 제공하는 목적, 제공받는 자 등이 구체적으로 명시되어야 하는데 이를 모두 동의받기란 거의 불가능했다.

가명 정보

———

세계적으로 빅데이터 경쟁이 가속화되면서 개인정보 보호가 능사는 아니라는 인식이 확산되었다. 최근 수년 동안 미국, 영국 등의 빅데이터 선진국은 데이터를 활용한 산업에서 두각을 나타냈다. 알파고를 만들거나 AI가 질병을 진단하는 기술을 선보이기 시작했다. AI 전성시대를 맞이해 한국도 개인정보 보호라는 낡은(?) 가치에만 사로잡혀 있을 수는 없었다.

한국은 2020년 가명 정보라는 개념을 도입한다. 개인정보 중에서 나를 알아볼 수 있는 이름, 나이, 전화번호 등의 항목을 지우고 가명 정보에 대해서는 동의 없이도 타인에게 이전할 수 있도록 데이터의 이전과 결합을 촉진하기 위해 다양한 선택지가 존재한다. (1) 가장 극단적으로는 개인정보보호법 자체를 폐지하는 방안이다. 쉽게 말하면 유럽식 법제에서 미국식 제도로 전환하는 것이다. 미국처럼 개인정보를 자유롭게 유통하도록 하되 그 보호는 시장에 맡기는 방식이다. (2) 아니면 현행 개인정보보호법은 그대로 유지하되 개인정보의 정의를 다시 내리는 방법도 있다. 개인정보를 재정의하여 보호가 필요한 정보 범위를 축소시킨다. 예컨대 예전에는 이름, 전화번호가 모두 개인정보였다면 이름만 개인정보라 정의할 수 있다. (3) 또 다른 선택지는 실명을 지우는 방법이다. 개인정보의 내용은 유지하되 누구에 관한 내용인지 알 수 없게 만드는 것이다. 가령 이름, 나이, 전화번호 등 개인을 알아볼 수 있는 항목을 암호화하는 방식이 그 사례가 될 수 있다. (4) 마지막으로는 데이터 이전의 목적에 따라 동의 여부를 달리할 수도 있다. 가령 내 개인정보를 상업적으로 사용하기보다 학술 연구나 공익 목적으로 사용한다면 프라이버시의 침해 가능성이 낮을 것이다. 최소한 스팸 문자나 전화는 방지할 수 있다. 따라서 비상업적 데이터 이전에 대해서는 개인의 사전동의를 면제하는 방식을 택할 수도 있다.

개인정보	가명 정보
홍길동(22세, 남)	***(20대, 남)
010-2345-6789	01* 일련 번호로 대체
경기도 성남시 분당구 분당1길 12	경기도 성남시 분당구
ghdrifedh365@naver.com	**@naver.com
데이터 사용량 12.7GB	데이터 사용량 12.7GB
통화 시간 124분 41초	통화 시간 124분 41초
사전에 구체적인 동의를 받은 범위 내에서 이용 가능	성명, 전화번호, 주민번호 등을 일련번호로 대체하여 비식별 처리

출처: 펜타시큐리티

허용했다. 특히 프라이버시의 침해 가능성이 낮은 통계 작성, 과학적 연구, 공익적 기록 보존 등을 위해 사용할 때는 동의 과정을 면제하는 정책적 고려를 하였다.

데이터 결합도 허용했는데 다만 결합 전문 기관(또는 데이터 전문 기관)을 통해서만 이루어지도록 허용했다. 데이터 결합은 데이터 집중 문제를 야기하는 만큼, 정부가 결합 업무를 전문으로 하는 기관을 지정한다. 데이터 집중은 곧 프라이버시의 유출 문제와 직결되므로 믿을 만한 기관에만 결합 업무를 맡겼다. 2023년 현재까지 지정된 가명 정보 결합 전문 기관은 23개이며 통계청, 국세청, 한국도로공사 등 정부와 공공 기관뿐만 아니라 삼성SDS, CJ, BC카드 등

데이터 결합으로 융합 신 서비스 개발
예) 카드사 결제 정보와 유통사 매출 정보 결합

자료: 금융위원회

출처: 〈데이터 전문기관 뭐길래… 카드사 집중하는 이유〉, 비즈워치, 2022. 6. 16

민간 기업도 포함되어 있다.

개인정보의 활용을 도모하고자 하는 제도 개선 사항은 3개(개인정보보호법, 정보통신망법, 신용정보법)의 법 개정을 통해 2020년에 이루어졌다. 데이터의 활용을 위해 새롭게 개정된 법들을 데이터 3법이라 통칭한다. 데이터 3법에는 가명 정보의 도입 이외에도 마이데이터 산업의 도입 근거를 마련하는 등 다양한 개정 사항을 담았다. 데이터 3법은 개인정보의 보호 일변도에서 활용으로 정책의 방향이 옮겨지기 시작했음을 보여 주는 상징적인 사례다.

데이터 결합 실무

———

　한국에서 데이터 결합이 가장 활발하게 이루어지는 영역은 금융 분야다. 금융업은 태생부터 데이터에 기반하고 있다. 모르는 사람에게 돈을 빌려줄 때 상대의 신용 데이터가 중요하기 때문이다. 그래서 모든 나라의 금융기관은 고객 데이터를 체계적으로 정리하며 심지어는 점수로도 만들어 둔다. 이를 신용 점수라 부르며 대출의 가부를 판단하거나 금리 수준을 결정하는 지표로 삼는다.

　데이터가 풍족한 만큼 결합도 활발하다.(한국의 금융 분야에서는 2023년 6월 기준 약 3년 동안 총 287번의 데이터 결합이 이루어졌다.) 대부분의 결합 사례는 신용 점수와 관련된다. 단독보다 여러 기관의 데이터를 합쳐 신용 점수를 매기면 훨씬 정확하게 평가할 수 있다. 그래서 신한은행과 하나은행은 자신들이 가지고 있는 데이터를 합쳐 정교한 신용 점수를 만들기도 한다. 신용 평가사도 은행의 데이터를 결합해 더욱 정교한 신용 점수를 만들어 낸다.

　금융과 비금융 간의 데이터 결합도 이루어진다. 어떤 사람이 통신사에 통신료를 연체 없이 잘 납부한다면 그 신용이 좋다는 뜻이다. 소비 데이터도 사용될 수 있다. 쿠팡에서 정기적으로 많은 제품을 구입한다는 사실은 그 사람이 충분히 돈을 갚을 여력이 있음을 보여 준다. 또 스마트스토어에 등록된 사업자의 매출이 높다면 이 사업자의 상환 능력이 충분함을 보여 주는 데이터가 될 수 있다. 이처럼 요즘에는 금융 데이터뿐만 아니라 통신, 유통, 소비 데이터

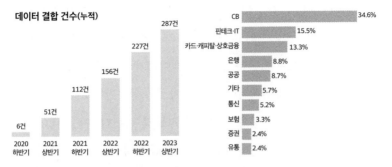

데이터 결합 건수(누적)

분야별 데이터 결합 현황							
금융 & 금융	금융 & 비금융						
132건 (46.0%)	155건 (54.0%)	공공	IT	통신	유통	기타	다중 결합
		38건 (13.2%)	36건 (12.5%)	26건 (9.1%)	11건 (3.8%)	9건 (3.1%)	35건 (12.2%)

출처: 금융위원회

도 신용 평가에 결합되는데, 이렇게 탄생한 신용 평가 방법을 대안 신용평가ACSS라고도 부른다.

　데이터를 결합하려면 데이터 거래가 필요하다. 데이터 결합을 원하는 기관이 다른 기관으로부터 데이터를 구입해야 하기 때문이다. 구입한 데이터는 (결합) 전문 기관을 통해 결합되고 최종 데이터가 수요 기관에 전달되는 구조다. 따라서 데이터 거래와 데이터 결합은 동전의 양면과 같다.

　데이터 거래 과정에서 주고받은 가격은 공개되는 경우가 드물다. 데이터를 얼마에 구입했는지는 당사자 간의 합의에 달린 영업 비밀이다. 다만 실무에서는 주로 수백만 명의 신용 데이터가 거래되는 경우가 많다. 그리고 이 데이터의 시장 가격은 1000만 원부터 수천만 원 정도에 이른다. 물론 그 데이터가 어떤 항목을 포함하느냐 그리고 얼마나 최신이냐에 따라 가격은 천차만별로 달라진다.

데이터 결합 과정은 1~2개월 정도가 걸린다. 사실 데이터를 결합하는 과정 그 자체는 (두 엑셀 파일을 합치듯) 아주 기계적이고 단순한 작업이다. **그러나 데이터를 결합하려면 특정 기관에서 외부로 데이터를 반출해야 하는데 이 과정이 길고 복잡한 경우가 많다.** 기관 내부에서 데이터 반출에 대한 승인을 받아야 하기 때문이다. 민감한 데이터인 경우 내부 승인과 컴플라이언스 과정에서 오랜 시간이 소요된다.

민감한 정보가 많을수록 내부 의사 결정은 장기화될 수밖에 없다. 예컨대 건강보험심사평가원의 의료 데이터는 아주 민감한 정보다. 국민의 건강 상태, 진료 내역이 모두 기록되어 있기 때문이다. 반출을 위해 내부 승인 과정도 길고 복잡할 수밖에 없다. 실제로 이렇게 민감한 정보를 외부로 반출하려면 법률을 검토하고 내부 결제를 얻는 데만 1년 이상이 걸리기도 한다. 게다가 의료 윤리는 데이터 결합과 상충되는 경우가 많다. 생명 윤리, 의료 윤리의 시각에서 데이터를 취급하는 의료기관IRB이 외부로 데이터를 공개하는 것은 결코 쉽지 않은 일이다.

데이터 결합 업무가 빈번하지 않다 보니 결합을 담당하는 실무자의 실수도 잦다. 상이한 두 데이터를 결합할 때는 보통 결합키를 사용한다. 쉽게 말하면 두 데이터를 가명假名으로 합치기 위해서 똑같은(약속된) 암호화 방식(결합키)을 사용하는 것이다. 그러나 두 기관이 결합키를 적용하는 과정에서도 실수가 종종 발생한다.

결합 전문 기관은 데이터 결합의 대가로 수수료를 받는다. 수수료 수입은 데이터 결합 1건당 수백만 원 정도다. 이 결합 수수료에 대해서 기관마다 생각이 다르다. 수수료를 부담하는 (결합 데이터의) 이용 기관은 금액이 비싸다고 불평한다. 엑셀 파일 2개를 하나로 합치는 데 수백만 원은 과하다는 주장이다. 반대로 전문 기관은 이 수수료가 너무 낮다고 생각한다. 데이터 결합을 위해 보안 인프라, IT 인프라에 막대한 투자를 했는데, 단순히 파일 2개를 1개로 만드는 행위로 생각하면 안 된다고 주장한다.

결합을 위한 과제

한국에서 데이터 결합은 활성화된 분야가 아니다. 그나마 금융 회사가 데이터 결합에 적극적으로 참여하지만 여전히 300여 건에 불과한 실정이다. 게다가 금융회사를 제외하면 제대로 된 데이터 결합의 사례를 찾기도 어려운 실정이다.

결합이 활성화되지 않은 이유는 다양하다. 앞서 말한 대로 복잡한 절차가 문제다. 한국 같은 환경에서 기업이 외부로 데이터를 공개(반출)한다는 것은 쉬운 결정이 아니다. 각종 내부 검토 절차와

위원회를 통과해야 비로소 가능하다. 이 과정에서 소요되는 시간과 비용은 원활한 데이터 결합 업무를 저해하기에 충분하다.

누가 어떤 데이터를 가지고 있는지 모른다는 것도 결합을 가로막는 요인이다. 아직 본격적으로 가동되는 데이터 판매 플랫폼이 없으니 데이터의 소재 파악에도 한계가 있다. 데이터 결합 시장에는 심각한 정보 비대칭 현상이 존재하므로 이를 해소하는 것이 우선 과제가 되어야 한다.

더 근본적인 원인은 데이터 결합으로 얻을 수 있는 수익이 불확실하다는 점이다. 오늘날 많은 기업이 데이터 경영을 외치지만 실제로 데이터를 통해 확실한 수익을 내는 기업은 소수에 불과하다. 한국 대기업 중 빅데이터를 도입한 기업은 18%에 불과하며 이들도 빅데이터로 어떤 비즈니스를 해야할지 갈피를 잡지 못하는 경우가 상당수다. 빅데이터가 트렌드라고 하니 관련 팀을 꾸렸지만 실제 수익 사업으로는 연결되지 못하는 것이다. 이는 한국에서 데이터 결합 수요가 태생적으로 미약할 수밖에 없음을 뜻한다.

더 깊은 곳에는 기득권자의 무관심이 있다. 그 누구도 자신의 생계를 위협할 수 있는 소중한 데이터는 내놓고 싶어 하지 않는다. 만약 의료 데이터를 내놓아 의료 AI를 만든다면 의사의 일자리를 위협할지도 모른다. 과연 의사들이 이 상황을 찬성할까? 통신, 에너지 등 모든 분야에서 마찬가지이다. 기득권자는 개인정보 보호라는 핑계를 내세워 자신이 지닌 데이터를 더욱 꽁꽁 싸매려는 움직임을 보이는 것이 일반적이다.

따라서 데이터 결합을 위해 우선적인 과제는 각 데이터 보유자의 인센티브를 조정하는 일이다. 데이터를 공유함으로써 얻는 이득이 데이터를 숨길 때 얻는 이득보다 커지도록 만들어야 한다. 예컨대 의료기관의 의료 데이터 공유를 이끌어 내려면 의료 AI의 개발 편익을 의료기관과 공유할 수 있어야 한다. 이들이 내놓은 데이터로 만든 AI가 당사자의 생계를 위협하는 상황이 벌어져서는 안 된다.

내 정보를
내가 관리하다

카카오페이와 신용 점수

당신의 신용 점수가 몇 점인지 확인해 본 적이 있는가? 신용 점수는 금융의 관점에서 나의 성실도를 나타내는 지표다. 은행에서 돈을 빌리거나 신용카드를 만들 때 금융기관은 신용 점수를 보고 대출 여부나 금리 수준을 결정한다. 예전에는 신용 등급을 확인하는 과정이 복잡해서 평가 회사의 홈페이지에서 본인 인증과 같은 절차를 거친 뒤 확인해야 했다. 그러나 이제는 클릭 몇 번이면 카카오페이 같은 앱에서 신용 점수를 쉽게 확인할 수 있다.

한국의 신용 점수는 1000점 만점으로 이루어지는데 주로 금융

회사에서 거래한 내역을 토대로 산정한다. 신용카드를 사용한 내역, 보험료를 제때 납부한 내역, 은행에서 돈을 빌리고 이자를 제때 갚은 내역 등에 의해 점수가 결정된다.

신용 점수를 군이 금융기관과의 거래 내역으로만 산정할 필요는 없다. 얼마나 성실한지를 증명하기 위해 다른 데이터를 활용할 수도 있다. 예컨대 세금을 제때 내거나 매월 통신 요금이 밀리지 않는다면 비교적 성실한 사람임을 증빙할 수 있다.

오늘날에는 비금융 분야의 데이터도 신용 점수에 반영한다. 물론 여전히 금융기관과의 거래 내역이 절대적인 비중을 차지한다. 신용 평가 기관에 따라 다르지만 비금융 데이터의 비중은 보통 10%도 되지 않으며 단순히 가점 요인 정도로 취급한다. 그러나 비금융 데이터는 개인의 신용을 평가할 때 참고할 수 있는 훌륭한 보완 데이터다.

신용 점수가 높으면 대출 금리는 낮아지므로 사람들은 신용 점수를 올리기 위해 많은 노력을 한다. 그런데 손쉽게 신용 점수를 높이는 방법이 있다. 바로 카카오페이나 뱅크샐러드 앱에서 '나의 신용 점수 올리기' 버튼을 누르는 것이다. 이 버튼을 누르면 5분도 되지 않는 짧은 시간에 신용 점수 몇십 점을 올려 준다. 대단한 점수 차이는 아니지만 기분을 좋게 만들기에는 충분하다.

이 버튼이 신용 점수를 올리는 비결은 바로 데이터의 결합에 있다. 요청하지 않으면 기본적인 신용 점수에는 세상의 모든 데이터가 반영되지 않는다. 오로지 금융기관이 보낸 데이터로만 기본 신용 점수가 산정된다. 그러나 이 버튼을 누르면 그동안 세금이나 건강보험료를 납부한 실적이 신용 평가 기관으로 보내진다. 만약 그동안 성실하게 세금을 납부했다면 신용 점수도 올라간다.

개인의 자산 정보도 신용 평가 회사로 전달된다. 만약 보유한 자산 규모가 크다면 이 데이터도 신용 점수에 유리하게 작용한다. 당연히 자산이 많을수록 앞으로 빚을 지더라도 성실하게 채무를 상환할 가능성이 높기 때문이다. 한편 카카오페이 같은 마이데이터 회사는 자산의 데이터를 취합하는 과정에서 고객에게 필요한 금융 상품을 추천하는 비즈니스도 한다. 단순한 데이터 전달만이 아니라 그 과정에서 상품을 중개, 판매하는 것이다.

신용 점수 올리기는 일상에서 데이터 결합의 혜택을 손쉽게 느낄 수 있는 사례다. 또 여러 기관에 흩어진 자산 정보가 하나의 기관으로 집중되면서 자산 관리라는 새로운 서비스를 제공할 수 있는 여건도 조성된다.

후진적인 의료 데이터

흩어진 데이터를 하나로 모아 주는 비즈니스를 마이데이터 MyData 사업이라 부른다. 마이데이터는 이름 그대로 나의 데이터를 한곳에 모아 관리한다는 개념에서 출발한다. 앞서 말한 대로 우리는 데이터가 어디에 흩어져 있는지를 알기 어려운 시대에 살고 있다. 심지어 어느 은행, 어느 보험회사에 내 계좌가 있는지도 헷갈릴

때가 많다. 이러한 상황을 해결해 주기 위해 마이데이터 서비스가 등장한다.

　마이데이터 서비스는 데이터가 흩어져 있는 분야라면 어디든 적용할 수 있다. 데이터가 파편화된 대표적 분야는 의료 산업이다. 의료 데이터가 민감하다는 이유로 데이터의 이동이나 공유가 엄격히 금지되어 있기 때문이다. 그래서 오늘날 의료 소비자는 다양한 불편함을 감수해야 하는 불합리한 상황에 처해 있다.

　예컨대 특정 병원에서 진단받은 결과는 다른 병원으로 공유되지 않는다. 따라서 만약 병원을 옮기면 의사는 다시 처음부터 진단받기를 요구한다. 혹은 이전 병원에서 찍었던 엑스레이나 CT 사진을 내가 직접 받아서 제출해야 한다. 데이터의 공유가 전혀 이루어지지 않는 것이다. 그래서 매번 병원을 방문할 때마다 중복 검진을 받아야 하고 매번 알레르기 상태나 복용 중인 약을 의사에게 알려주어야 하는 우스꽝스러운 상황이 벌어진다.

　이 모든 불편함은 데이터가 공유되지 않아서 발생하는 일이다. 그리고 중복 검사 같은 불필요한 행위는 의료 비용을 높이는 원인이기도 하다. **의료 분야에서 데이터 공유는 아직 매우 후진적인 단계이며 그 피해는 고스란히 환자가 지고 있다.**

　따라서 의료 분야에서는 마이데이터 서비스의 도입이 한창 논의 중이다. 흩어진 데이터를 한곳에 모아 관리한다면 개인 입장에서는 많은 불편함이 사라진다. 다른 병원의 검사 기록이 자동으로 공유되면 중복 검사도 줄어들 것이다. 환자 입장에서는 다른 병원

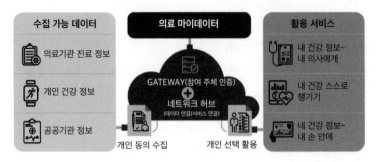

출처: 보건복지부

으로의 이동 가능성이 높아지며 불필요한 과잉 의료 행위도 줄어들 수 있다.

개인의 건강 상태에 맞춘 헬스케어 서비스도 등장할 것이다. 건강 정보를 모으면 건강 상태를 더욱 종합적으로 진단할 수 있다. 이 정보는 다른 기관으로 제공되어 맞춤형 헬스케어 서비스에 사용된다. 그러면 개인의 체질에 맞는 건강 보조 식품이 등장하는 것이다. 보험회사도 의료 분야 마이데이터 산업의 주된 수요자다. 건강한 사람의 생명보험료는 할인될 것이며 체질적으로 취약한 부분만 보장하는 보험을 들 수도 있다.

마이데이터는 의료 산업을 한층 발전시키는 계기를 제공할 것이다. 영국의 딥마인드가 의료 진단 서비스를 출시할 수 있었던 이유도 수많은 의료 데이터의 확보에 있었다. 한국도 삼성서울병원이나 서울아산병원 같은 초대형 의료 기관 내에 막대한 양의 개인 의료 정보가 가득 쌓여 있다. 그렇지만 파편화된 생산과 관리로 활용성이 극히 낮은 상태에 머물러 있다. 이를 마이데이터로 활용, 결합할 수 있다면 제약, 의료 기기 산업 발전의 큰 추진력이 될 것이다.

마이데이터 산업의 미래

마이데이터 서비스가 지향하는 가치의 중심에는 소비자가 있다. 나와 관련한 모든 데이터가 하나로 합쳐지기 때문이다. 나는 하나의 앱에서 모든 정보를 관리할 수 있다. 현재 금융 분야에서는 이미 60개가 넘는 마이데이터 기업이 활동 중이다. 카카오페이에서 내 금융 자산 정보가 한번에 조회 가능한 것도 카카오페이가 마이데이터 기업이기 때문이다.

소비자에게 다양한 편익을 제공함에도 마이데이터 서비스에 적대감을 가지는 사람도 많다. 대표적인 집단은 데이터를 내놓아야 하는 사람들이다. 예컨대 은행 입장에서 자기 데이터를 모두 카카오페이에 제공하면, 고객은 은행을 방문하지 않고 모두 카카오페이로 찾아갈 것이다. 즉 마이데이터 산업의 도입은 필연적으로 경제적 이해관계의 변화를 초래한다. 손해를 보는 사람이 있고 이득을 보는 사람도 생긴다.

따라서 마이데이터 산업을 우리 경제에 정착시키려면 기득권 집단(데이터 제공자)과의 이해관계 조율이 가장 선결되어야 할 문제다. 조율은 다양한 방법으로 이루어질 수 있다. 가장 손쉬운 방법은

스크래핑 방식	API 방식
• 정해진 데이터 수집 방식 없음 • 데이터 수집 경쟁 & 고객 확보 경쟁 • 차등 데이터, 차등 서비스 • 규모의 경제, 네트워크 효과 강함 • 쏠림 현상 발생 가능 • 게이트키퍼 기업의 등장 가능	• 규격화된 방식, 동일한 데이터 수집 • 고객 확보 경쟁 • 동일 데이터, 유사한 서비스 • 규모의 경제, 네트워크 효과 약함 • 쏠림 현상 발생 불가능 • 국가 주도적 산업 생태계 조성

데이터 제공자가 제공하는 데이터의 종류를 스스로 정하도록 허용하는 것이다. 이 방법이 가능해지면 데이터 제공자도 적당한 선에서 데이터를 주고 타협할 여지가 생긴다.

데이터 제공자가 어떤 데이터를 줄 것인지를 정하는 방식은 API라는 규약을 통해 이루어진다. 데이터 제공자는 API라는 약속을 마이데이터 서비스업자와 맺고 사전에 정해진 데이터만 제공한다. 이 방법은 정해진 데이터만 제공하므로 안정적이면서 개인정보 보호에도 유리하다. 또 기득권자인 데이터 제공자가 자신의 입지를 지킬 수 있는 방법이기도 하다. 어떤 정보를 내줄지를 사전에 약속하기 때문이다.

정반대의 방법도 있다. 마이데이터 기업이 자신이 원하는 데이터를 마음껏 긁어 오도록 만드는 방법이다. 마이데이터 사업자는 고객의 동의를 받고 고객 아이디로 대신 특정 기관에 로그인해 데이터를 긁어 올 수 있다. 예컨대 내가 카카오페이에 아이디와 비밀

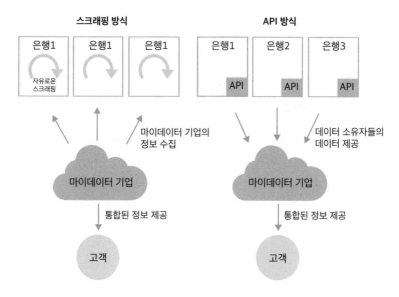

번호를 공유하면, 카카오페이는 나의 신한은행 계좌에서 모든 정보를 긁어 온다. 이런 방식을 스크래핑 또는 크롤링이라 부른다.

스크래핑 방식은 마이데이터 기업이 마음껏 데이터를 긁어 오기 때문에 마이데이터 산업에서 무한 경쟁이 이루어진다. 어떤 데이터를 긁어 와서 어떻게 활용하느냐가 모두 마이데이터 기업의 역량에 달려 있다. 반대로 API 방식에서는 약속한 정보만이 오고 가는 일종의 약속 대련이 이루어진다. API 방식하에서는 혁신 경쟁보다는 규제 준수 경쟁이 이루어질 가능성이 높다. 마이데이터 기업은 안정적인 영업 환경에서 나눠 먹기식 경쟁을 할 가능성이 커진다.

한국은 금융 분야의 마이데이터 산업에서 안정적인 API 방식을 택했다. 민감한 정보를 다루는 금융 산업에서 혁신보다는 안정을 선택한 것이다. 그러나 API 방식으로는 대단한 혁신을 기대하기 어렵다. 모든 기업이 금융회사로부터 동일한 데이터를 제공받으며 동일한 서비스를 양산하기 때문이다. 또 API를 통해 제공되는 정보도 정부의 통제를 받는다. 그러다 보니 API 방식하에서는 마이데이터 계의 구글이 탄생하기는 매우 어렵다. 모두가 고만고만한 기업이 될 가능성이 높은 것이다.

7장

새로운 성공

데이터가 바꾸는 성공의 법칙

데이터 시대의
유망 직업

데이터 산업이 바꿀 미래

———

　예전에 컴맹이라는 말이 유행한 적이 있다. 1990년대 초 컴퓨터를 모르는 사람을 일컫는 신조어였다. 당시 컴맹 탈출은 사회적으로 큰 트렌드였다. 물론 이제는 아무도 컴맹이라는 말을 사용하지 않는다. 컴퓨터를 생활에서 빼놓을 수 없는 세상이 되었기 때문이다.

　앞으로는 데맹 또는 데알못(데이터를 알지 못하는 사람)이라는 말이 생길지 모른다. 컴퓨터가 그랬듯 데이터도 우리 삶의 일상적인 도구로 자리 잡을 가능성이 매우 크다. 이제 데이터는 전문가만의 도구가 아니라 일반인도 이해하고 활용해야 할 분야가 되어 가

(단위: 명)

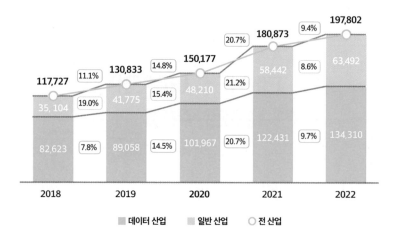

출처:《2023 데이터 산업 백서》, 한국데이터산업진흥원

고 있다. 데이터를 다루지 못하면 업무가 불가능해지고 직장에서 차별받는 상황이 올지도 모른다.

한국에서 데이터 분야에 종사하는 사람도 급격히 늘고 있다. 2022년 기준 약 19.7만 명이며 매해 10~20%씩 성장 중이다. 한국 사회의 대부분 영역에서 일자리가 감소downsizing하고 있는 현실을 감안하면 데이터 분야가 얼마나 높은 성장을 보이는지 짐작할 수 있다. 이는 데이터가 IT 기업 같은 특별한 분야에만 사용되는 것이 아니라 금융, 제조, 유통, 서비스 등 전 산업에서 데이터를 필요로 하고 있기 때문이다.

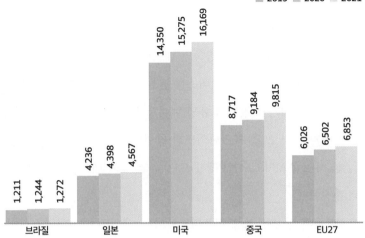

출처: "European Data Market Study 2021-2023", IDC, 2022

데이터 분야에서 일자리가 많아지는 현상은 비단 한국만의 현상이 아니다. 세계 주요 국가에서는 모두 데이터 부문에서 일자리가 생겨나고 있다. 미국의 데이터 산업 종사자 수도 매년 6%씩 성장 중(1616만 명)이다. 중국도 미국보다 빠르게(7%, 981만 명) 성장하고 있다.[1] 이처럼 데이터 분야의 급성장과 새로운 일자리의 창출은 세계적인 트렌드다. 당신이 미래에 새로운 직업을 가진다면 그 직업은 데이터와 관련이 있을 가능성이 높다.

AI를 개발하는 사이언티스트

데이터 분야에서 가장 눈에 띄는 직업은 데이터 사이언티스트Data Scientist다. 단순하게 말하면 데이터를 활용해 AI를 개발하거나 데이터에서 의미 있는 서비스를 만들어 내는 사람이다. 지난 10년간 AI의 시대가 열리면서 유명 데이터 사이언티스트들은 세계적인 스타가 되기도 했다. 딥마인드의 창립자인 데미스 하사비스Demis Hassabis나 오픈AI의 CEO인 샘 올트먼Sam Altman이 데이터 사이언티스트 출신이다.

이들의 전공은 보통 컴퓨터공학이다. 데이터 사이언티스트 업무를 수행하려면 파이썬Python이나 R 같은 프로그래밍 기술을 기본 소양으로 갖춰야 한다. 데이터베이스에 대한 이해도 당연히 필요해서 보통 SQL언어 등으로 데이터베이스도 능숙하게 다룬다. 이에 더해 통계학과 수학 지식도 매우 중요하다. AI 모델은 단순한 프로그래밍 기술만 구사해서는 발전시키기 어렵다. 새로운 알고리즘을 만들기 위해서는 숫자와 통계치의 의미를 해석할 수 있는 능력이 핵심이다.

세계적으로 유명한 데이터 사이언티스트는 극소수다. 그래서 이들을 확보하려는 빅테크 기업 간의 경쟁도 치열하다. 구글은 2014년 AI 회사인 딥마인드를 통째로 인수했는데 인수 가격은 약 5억 달러였다. 당시로서는 무명 기업에 불과했던 딥마인드에 과도한 금액을 투자했다는 평도 많았다. 그러나 전문가들은 이를 AI 인재 확보 비용이라고 해석했다. 딥러닝 전문가는 당시 세계적으로 50명 정도만 활동하던 상황이었고 그중 10명 이상이 딥마인드에 근무하고 있었다.[2]

네이버도 AI 인재 영입을 위해 회사를 통째로 인수한 적이 있다. 클로바Clova라는 자체 AI를 개발하기 위해서였다. 네이버는 데이터 사이언티스트를 확보하려고 제록스Xerox사의 AI 연구소를 2017년 인수한다. 이 연구소에는 80명 정도의 AI 전문 인력이 근무 중이었고 이미지 인식 분야에 강점을 가지고 있었다. 복사기 회사였던 제록스는 이미지 인식 분야에 많은 투자를 해왔기 때문이다. 지금 이 조직은 네이버랩스 유럽Naver Labs Europe이라는 이름으로 운영되고 있다.

그러나 데이터 사이언티스트가 고평가된 직종이라는 주장도 만만찮다. 그동안 수많은 AI를 개발했지만 실제 성공한 AI는 극소수에 불과해서다. 또 개발한 AI의 품질 차이는 데이터에서 생겨나지, 알고리즘 자체로는 차이를 내기가 어렵다는 주장도 존재한다. 그러다 보니 이 직종에서 인정받는 사람도 많지 않은 것이 현실이다. 이런 이유로《포브스》는 2029년까지 데이터 사이언스라는 직종이 사라지리라 예측하기도 했다.[3]

데이터를 흐르게 만드는 엔지니어

데이터 엔지니어Data engineer라는 직업도 있다. 이들은 데이터가 다니는 길을 만들고 창고를 짓는다. 이들이 닦아 놓은 길을 따라 데이터가 흐르며 데이터 사이언티스트 같은 수요자에게 흘러들어 간다. 데이터 사이언티스트가 요리(AI)를 만드는 요리사라면, 데이터 엔지니어는 재료(데이터)를 손질하고 정리하는 전문가이다.

빅데이터 시대는 데이터 엔지니어가 열었다고 말해도 과언이 아니다. 빅데이터 처리란 대량volume의 데이터를 신속하게velocity 처리하는 작업을 말한다. 오늘날처럼 빅데이터가 실시간으로 막힘없이 흐르는 결실은 데이터 엔지니어가 이룬 쾌거다.

일상적으로 사용하는 대부분의 서비스도 이들의 손에서 탄생했다. 카카오내비는 동시에 수십만 명의 스마트폰에서 실시간으로 교통정보를 주고받는다. 수많은 사용자와 교통 데이터를 주고받아야 최적의 길 안내가 가능하다. 실시간으로 수십만 건씩 쏟아지는 데이터를 받아 오고 즉각적으로 처리한 후 막힘없이 되돌려 주는 과정이 원활하게 이루어지는 것은 카카오 데이터 엔지니어들의 노력 덕분이다.[4]

데이터의 양이 점점 커지는 것도 데이터 엔지니어가 필요한 이유다. 그전까진 데이터를 필요로 하는 사람이 알아서 데이터를 구하면 되었다. 그러나 점점 데이터의 볼륨이 커지면서 데이터를 구해 오는 역할pipeline을 전담하는 엔지니어의 역할도 커졌다. 대량의 데이터를 구해 오고Extract, 요리하기 쉽도록 손질Transform해서 창고에 저장Load하는 작업 그 자체가 데이터 활용 과정에서 점점 중요해지고 있다.

문과는
살아남을 수 있을까

빅데이터와 일자리

데이터 시대에 각광받는 직업을 보면 문과 출신은 위기감을 느낄 수밖에 없다. 데이터 시대에 중요하다는 지식은 컴퓨터공학, 수학, 통계학 등 문과에서 배우는 과목과는 거리가 멀다. 특히 인문학도는 더 큰 위기감을 느낄 수 있다. AI가 웬만한 번역가보다 더 통번역을 잘하고 전문 작가 못지않게 글을 쓰는 시대이기 때문이다.

사람들은 인간의 일자리가 AI에 의해 대체되는 상황을 우려한다. 우려의 이면에는 AI가 인간보다 능력 면에서 우월하다는 전제가 깔려 있다. AI의 판단력이 인간보다 정확할 뿐만 아니라 빠르기도 하다. 이처럼 빅데이터와 AI가 인간의 능력을 뛰어넘는 분야가 계속 생겨나자 데이터에 대한 전문성이 없는 문과 출신자들이 위기감을 느끼는 것은 당연한 일이다.

그러나 감히 예단하자면 빅데이터와 AI는 인간의 일자리를 결코 대체하지 못한다. 빅데이터와 AI는 인간이 일하는 형태를 바꿀 수는 있지만 인간을 근본적으로 대체하지는 못할 것이다. **나는 빅데이터 시대가 심화될수록 오히려 문과 출신을 비롯해 인간에게 유리한 일자리가 대거 만들어지리라 예상한다.** 빅데이터와 AI가 엄청난 발전을 보이고 있음에도 인간의 일자리(특히 문과의 일자리)를 위협하지 못하는 이유는 다음 두 가지다.

첫째는 인간이 사고하는 방식 때문이다. 인간은 어떠한 상황에서도 그 원인을 찾고 싶어 한다. 인간은 납득할 만한 설명이 제공되지 않으면 어떤 결론도 받아들이지 않는다. 이는 우리가 아이를 가르칠 때도 마찬가지다. 우리는 항상 스토리를 활용해 원인과 결과를 제시한다. 가령 '빨간불에 길을 건너면 위험하니까 그러지 마'라든가 '이번 학기에는 열심히 공부하지 않았기 때문에 성적이 잘 안 나온 거야'라는 식이다. 이처럼 인간은 모든 상황에서 원인을 찾고 싶어 한다. 설령 틀린 원인이라도 말이다.

그러나 오늘날의 빅데이터와 AI는 인간에게 원인을 제시하거나 그럴듯한 이야기를 지어내지는 못한다. AI는 결론을 내는 데는 탁월하다. 그러나 그 결론에 이르게 된 그럴듯한 이야기를 만들어내는 기능은 없다.

만약 어떤 AI에 비즈니스 의사 결정을 맡겼다고 가정해 보자. AI는 자신이 학습한 데이터를 토대로 '2024년에는 섬유 산업에 투자하는 것이 가장 유망합니다'라는 결론을 내린다. 그러나 AI는 '왜 그렇게 생각하느냐'에 대한 답은 가지고 있지 않다. 굳이 AI에 대답을 시킨다면 '과거의 데이터를 분석해 보니 그렇습니다' 정도의 답이 전부다.

AI가 왜Why라는 단순한 질문에 제대로 대답하지 못하는 이유는 빅데이터와 상관관계에 기반하고 있기 때문이다. 빅데이터 기술은 데이터 사이의 숨겨진 패턴correlation(상관관계)을 찾아내는 도구일 뿐 원인과 결과causality(인과관계)를 찾아내는 장치가 아니다. 즉 빅데이터는 결론What은 내지만 왜Why 그런 결론에 도달했는지에 대한 그럴듯한 스토리는 제시하지 못한다.

이 점이 빅데이터가 인간을 대체하기 어려운 이유다. 인간은 '결론이 났으니까 그에 따르자'라고 단순하게 행동하는 동물이 아니다. 그 결론에 도달한 이유를 알고 싶어 한다. 여기에서 인간만의 고유한 역할이 생겨난다. 설령 의사 결정은 데이터가 하더라도 왜 그런 결론이 나왔는지에 대한 그럴듯한 이유를 지어내는 것은 인간의 역할이다. AI가 내린 결론을 검토하고 그 결론이 옳아 보인다면 '사람들이 패션에 관심이 높아졌기 때문에 섬유 산업에 투자해야 합니다'라는 스토리를 만드는 것이다.

(틀리더라도) 이야기를 지어내는 일은 여전히 인간의 일자리로 남아 있을 것이다. 그래서 AI는 인간을 완전히 대체하지 못한다. 그

럴듯한 이야기를 지어내는 일은 문과의 전문 영역이기도 하다. 그래서 나는 빅데이터 시대에도 문과의 역할이 사라지지 않을 것이라 믿는다.

두 번째 이유는 인간은 중대한 결정일수록 기계와 소통하기 싫어해서다. 보통의 사람이라면 어느 누구도 '당신은 대장암에 걸렸고 1개월 내에 죽습니다'라는 진단을 컴퓨터로부터 듣고 싶어 하지 않는다. 설령 진단을 받더라도 의사에게 듣고 싶은 것이 인간의 본성이다. 마찬가지로 어느 누구도 엔터키를 누르는 순간 컴퓨터로부터 '당신은 징역 12년입니다'라는 답변을 받기는 싫을 것이다. 이는 AI가 인간보다 판단력이 열등해서가 아니다. 인간은 중요한 일일수록 그 의사 결정을 인간과 상의하고 싶어 한다.

위의 이야기는 빅데이터와 AI의 시대에도 인간의 역할이 존재할 수밖에 없는 근본적인 이유다. 아무리 기술이 발전하더라도 인간을 위한 일자리는 여전히 존재할 것이다. 그럴듯한 이야기를 지어내고 사람들과 소통을 담당하는 문과 출신의 역할이 빅데이터 사회에서 더욱 커질 것이라 믿는다.

문과가 살아남는 방법

데이터 시대가 도래했지만 기업들과 사회에서는 여전히 문과에 대해 많은 역할을 기대하고 있다.

우선 기업 내부에서의 대표적 역할은 기업의 고유한 활동과 데이터 전문가를 연결하는 일이다. 데이터 기술만 알고 있는 전문가는 기업 활동에 대한 이해가 낮을 수밖에 없다. 마케팅, 고객 응대, 인사관리 등 기업 경영에 대한 이해 없이 데이터 전문가도 일하기는 어렵다. 따라서 데이터 전문가가 각 부서의 일을 이해할 수 있도록 돕고 이들과 소통하는 역할은 문과의 몫이다.

새로운 제도를 만들고 이를 운영하는 것도 문과의 역할이다. 데이터 시대에는 새로운 법과 제도가 필요하다. 프라이버시, 개인 정보 보호, 저작권, 데이터 거래 등 많은 제도가 새롭게 정비되거나 생겨날 것이다. 새로운 규칙을 만들고 그 규칙에 따라 조직을 운영하는 것도 문과의 몫이다.

글을 쓰는 작가도 데이터 시대에는 작업 능률이 높아졌다. 글을 쓸 때 가장 어려운 과정은 백지에서 초안을 만드는 일이다. 그러나 생성형 AI가 등장하면서 이제 백지에서 시작할 필요가 많이 줄어들었다. 물론 아직 생성형 AI가 사람만큼 좋은 글이나 음악을 만들지는 못하지만 아이디어를 얻고 초안을 작성하는 단계에서는 훌륭한 보조자로서의 역할을 수행할 수 있다.(나 역시 글을 쓸 때 챗GPT의 도움을 간간이 얻고 있는데 아이디어를 구상하는 데 효율성을 높여준다.)

문과는 데이터 공급자로서 역할도 수행할 것이다. AI가 발전하려면 새로운 텍스트와 데이터가 필요하다. 기존에 존재하지 않던 완전히 새로운 데이터를 창조하는 일은 인간만의 고유한 영역으로 남아 있다. AI의 발전도 이런 데이터 공급자가 있어야 가능하다. 법률, 경제, 사회 등 다양한 분야에서 AI가 출현, 발전하기 위해서는 그 분야 전문가의 데이터 공급이 반드시 필요하다.

물론 문과도 데이터에 대한 기본적인 소양은 쌓아 두는 것이 필요하다. 문과가 파이썬을 능숙하게 사용하고 SQL을 이해하는 것을 기대하기는 어렵다. 그러나 데이터 시대에 사용되는 주요 용어의 개념 정도는 알아 둘 필요가 있다. 위와 같은 프로그래밍 언어가 왜 필요하고 어떤 원리로 작동하는지의 대강을 공부해야 한다. 또 데이터와 AI의 최신 트렌드에 대해서도 살펴봐야 한다. 어차피 최신 트렌드는 전공자도 정확히 알기가 어렵다. 최신 트렌드를 먼저 배우고 공부하는 사람이 곧 전문가가 된다.

이처럼 데이터와 AI의 시대에도 문과의 역할은 여전할 것이다. 특히 자신의 전공과 강점에 기반하되 그것을 데이터 시대에 알맞게 변형하고 응용하는 역량이 중요하다.

데이터가 바꾼
성공의 법칙

직장이 성공을 보장하지 않는 시대

우리는 남들의 성공에 매우 민감하다. 누가 성공했다고 하면 일단 부러운 마음부터 든다. 그래서 남들의 성공 비결을 알아내고 그 비결을 따라 하고 싶어 한다. 서점에는 자기개발서가 항상 베스트셀러의 상위권에 있고 유튜브에도 성공과 재테크에 대한 주제가 인기다. 남들의 성공 방식을 모방하는 데도 관심이 많다. 누가 코인으로 돈을 벌었다고 하면 너도나도 코인 투자에 뛰어들고, 갭투자로 돈을 벌었다고 하면 부동산 갭투자가 전국적인 유행이 된다.

일반적으로 말하는 성공의 공식이 있다. 오랫동안 가장 잘 알려진 공식은 좋은 직장에 들어가 안정적으로 승진하는 것이었다. 그래서 졸업과 동시에 모두 좋은 직장에 들어가기 위해 경쟁했다. 대기업 취업 경쟁률은 수십 대 1에서 수백 대 1에 달하며 공무원 시험도 엄청난 경쟁률을 보인다. 우리 인생에서 흔히 알려진 성공의 첫 번째 관문은 좋은 직장이라는 좁은 문을 통과하는 것이었다.

직장에 들어가면 또 다른 성공의 공식이 있다. 바로 성공한 선배를 따라 하는 것이다. 보통의 직장에는 잘나가는 사람이 주로 거쳐 간 보직 경로가 있다. 그래서 잘나가는 선배를 롤모델role model로 삼아 그 길을 따라 걷는다. 에이스가 거쳐 간 보직을 따라가거나 그 사람의 업무를 따라 맡기도 한다. 선배가 닦아 놓은 길을 묵묵히 따라가기만 하면 그 길의 끝에는 성공이 기다리고 있었다. 지금도 많은 직장인이 여전히 그 길을 걸어가고 있다.

그러나 앞으로도 그 길의 끝에 똑같은 성공이 있으리라 기대하기는 어려워졌다. 사회가 구조적으로 변화하고 있기 때문이다. 오늘날 한국은 전반적으로 성장이 정체되거나 수축하는 사회로 변하고 있다. 과거에는 더 많은 기회가 생겨나는 사회였지만 앞으로는 기회가 점차 줄어드는 사회가 되었다. 그래서 지금 선배들이 걸어간 길을 똑같이 따라간다고 해서 10년 뒤, 20년 뒤에 똑같은 보상이 주어지리라 생각한다면 어리석은 일이다. 앞으로 젊은 직원에게 주어지는 보상이 줄어드는 현상은 성장이 정체되어 있는 오래된 조직에서 더욱 심하게 나타날 것이다.

동시에 오늘날 우리가 쉽게 관찰하는 현상은 성공의 루트route

가 다양해졌다는 것이다. 과거에는 상상도 하지 못했던 방식으로 성공하는 사람이 여기저기 나타난다. 유튜브로 유명인이 되거나, 웹소설을 연재해 유명 작가가 되거나, 스타트업을 차려 새로운 시장을 개척한 사람의 이야기가 쉽게 들려온다. 이들은 과거의 성공 방식으로는 설명되지 않는 부류다. 좋은 직장에 들어가 한 우물만 파는 루트가 아니라 자신의 재능을 빨리 발견하고 네트워크를 통해 확산시킨 사람들이다.

이제 더 이상 대기업, 방송사, 유명 출판사가 성공을 결정짓는 유일한 관문이 아니다. 셀럽이 되기 위해 방송사 PD의 눈에 들고, 유명 작가가 되기 위해 언론사 신춘문예에 당선되어야 하던 시절은 과거에나 통용되던 성공 스토리에 불과하다. 이제 네트워크가 등장하면서 전통적인 게이트키퍼는 무너지고 있으며 재능을 입증할 수 있는 새로운 관문gate이 다양하게 등장했다.

1980~1990년대에만 해도 〈뽀뽀뽀〉나 〈TV 유치원〉 같은 프로그램이 인기였다. 그러나 지금 〈TV 유치원〉의 시청률은 고작 0.1%에 불과하다. 반면 유튜브에서 아이들 장난감을 가지고 노는 채널인 보람튜브의 구독자는 3000만 명이 넘는다. 보람튜브가 벌어들이는 수입만 해도 한 달에 수십억 원이며 이 수입으로 빌딩을 샀다는 소문도 전해진다. 이 이야기는 사회의 권력이 이동했음을 보여준다. 많은 사람들이 몸담고 있는 전통적인 조직은 힘을 잃고 있으며 네트워크의 파워는 점점 커져 가고 있다.

성공의 경로가 다양해졌다는 사실은 이미 대부분의 직장인도 알고 있다. 최근 직장인 사이에서 부캐나 N잡러라는 단어가 유행하는 이유도 이러한 시대 상황 때문이다. 직장인으로서만 살아가는 것이 아니라 블로거, 강사 등 다른 정체성을 동시에 가지는 일이다. 물론 꼭 경제적, 사회적인 성공을 위해서만 새로운 정체성(부업)을 가지지는 않는다. 새로운 분야에 도전함으로써 기회를 얻고 자신의 가능성을 타진해 보려는 사람도 많다.

부캐에서 얻는 성취감도 한몫한다. 오늘날 많은 직장인이 성취감의 결핍에 시달린다. 이는 결코 자신의 능력 부족 때문이 아니라 직장이 가진 구조적 문제 때문이다. 직장은 태생적으로 상명하복으로 움직이는 구조이기에 자율성을 발휘하고 성취감을 느끼기는 쉽지 않다. 게다가 직장이 줄 수 있는 보상은 구조적으로 축소되고 있다. 여기에서 나오는 불만족이 사람들을 부캐로 이끈다. 부캐에서 만큼은 자율적으로 활동할 수 있으니 에너지를 얻어 가는 경우도 많다. 성취감과 에너지는 부캐가 유행하는 원동력이다.

예전에 비해 부업을 가지기 쉬운 환경도 다양한 일에 도전하는 이유다. 요즘에는 개인의 재능을 일거리로 연결해 주는 플랫폼을 찾아보기 쉽다. 크몽, 숨고 등의 전문 인력 플랫폼은 재능을 가진 사람을 수요자와 연결해 준다. 수요자만 있다면 연결의 분야도 가리지 않는다. 댄스에서부터 어학, 수학, PPT 작성, 글쓰기, 그림 그리기 등 모든 재능은 상품이 되어 시장에서 거래된다. 게다가 나의 재능이 주는 만족감이 별점으로 기록되니 내가 가진 부캐도 연속성을 가지고 살아갈 수 있다.

소소한 재능을 활용한다면

부업이 성공으로 이어진 사례는 쉽게 찾아볼 수 있다. (우리가 미덕으로 여겨 온) 한 우물만 파서 성공한 경우도 있지만 널리 알려진 위대한 성공 스토리는 대부분 부업에서 나왔다. 많은 기업가가 처음부터 그 업에 투신한 게 아니라 본업을 가진 채 양다리를 걸치는 방법을 사용해 왔다. 그러다 부업에서 성공 가능성이 확인되면 본업을 버리고 본격적으로 그 업에 뛰어든다.

빌 게이츠는 하버드까지 중퇴하며 MS를 창업했다고 알려져 있다. 사실 빌 게이츠는 대학교를 중퇴하지 않고 휴학한 상태로 최대한 버텼다. 휴학생 신분으로 MS를 설립하고 운영한 것이다. 그러다 MS의 매출이 발생하고 성공 가능성이 확인되자 하버드를 중퇴하고 MS에 올인했다. 중퇴도 실은 더 이상 휴학 연장이 되지 않을 만큼 오랫동안 휴학했기 때문이었다.

페이스북 창업자 저커버그 역시 하버드에서 공부했지만 재미로 만든 페이스북이 대성공을 거둔 경우다. 페이스북은 2004년 2월에 만들어졌다. 그해에 하버드 학생의 절반이 페이스북에 가입했으며 투자도 받았다. 성공을 예감한 저커버그는 그 뒤 중퇴를 결심한다. 단순히 취미 활동으로 시작한 일이 커져 버렸고 성공이 눈앞에 보이자 본업인 학생을 그만두었다.

나이키 창업자인 필 나이트도 원래는 회계사 출신이다. 그는 유명 회계 법인인 프라이스워터하우스에서 전업으로 일했다. 당시

필 나이트는 나이키의 전신인 블루리본스포츠BRS를 창업한 상태였지만 회계사가 본업이었기에 주말에나 잠깐 회사를 돌보는 수준이었다. 신발 회사를 차리고도 돈벌이가 되지 않자 계속 회계사로 일하며 자기가 번 돈을 회사에 투자했다. 꾸준히 가능성을 살펴보며 양다리를 걸쳐 놓은 셈이었다.

한국에서도 부업이 본업이 된 사람을 쉽게 찾아볼 수 있다. (구체적인 이름은 언급하지 않겠지만) 서점에는 부캐로 성공하는 비법을 소개하는 자기개발서가 넘쳐난다. 또는 N잡러가 되는 방법을 소개하는 책도 다수다. 온라인 쇼핑몰이 등장하면서 누구나 사업을 시작할 수 있고, 뉴미디어가 등장하면서 누구나 인플루언서가 되기 쉬워진 환경 때문이다.

이 이야기를 하면 사람들은 자연스레 어떤 부업을 가져야 하는지 질문한다. 안타깝지만 이에 대한 정답은 스스로 찾아야 한다. 자신이 강점을 가진 일이라면 무엇이든 가능하다. 본업에서 파생된 일일 수도 있고 취미일 수도 있다. 사실 무슨 일에 도전해 보는지는 중요한 문제가 아니다. 앞서도 이야기했지만 핵심은 전통적인 게이트키퍼가 무너지고 새로운 문지기가 생겨나고 있다는 점이다.

무엇보다 자기 강점을 개인적인 성과로만 남겨 두지 말고 대중에게 인정받을 수 있도록 노력해야 한다. 많은 사람들은 자신의 성과를 취미 수준으로만 남겨 둔다. 영어를 잘하면 친구에게 '얘는 영어를 잘하는 애야'라는 인정을 받는 수준에서 그친다. 골프를 잘치면 '얘는 싱글 치는 애야'라는 수준에 머문다. 자신의 재능을 동네 골목대장 수준에서 썩혀 두는 셈이다. 다시 강조하지만 자신의 성과를 어떤 방식으로든 대중에게 소개하고 인정받는 과정과 노력이 필요하다.

'나 정도 영어 하는 사람 많지, 나만큼 골프 치는 사람 많은데 뭘'이라 생각한다면 오산이다. 여기서 말하는 대중으로부터의 인정이란 반드시 유튜버가 되거나 블로거가 되라는 소리가 아니다. 영어 강사 자격증을 따거나 골프 프로 자격증에 도전하는 것이다. 커피를 잘 내린다면 바리스타 자격증에 도전해야 한다. 나의 강점을 취미로 남기지 말고 계속 공식화하고 기록되는 성과로 전환하는 작업이 필요하다.

게다가 TV나 유튜브에 출연하는 전문가의 수준은 생각보다 높지 않다. 오늘날은 서적과 미디어를 통해 전문성을 쌓기 쉬운 시대다. 관심과 재능이 있다면 오늘부터라도 노력해서 전문가 못지않은 수준에 이를 수 있다. 기존 경력과 결합해 새로운 분야에 도전한다면 기존 전문가를 뛰어넘는 새로운 장르를 개척할 수도 있다.

전문가라고 해서 항상 사업화에 성공하는 것도 아니다. 오히려 비전문가, 아마추어가 만든 상품(콘텐츠)이 성공을 거두는 경우도 많다. 경제학 전공자인 유시민 작가는 세계사 책을 써서 작가로 데뷔했고 최근에는 전공과 전혀 무관한 과학 책까지 집필했다. 또 개그맨도 골프 유튜브를 운영하며 인기를 끌고 있으니 전문성 부족을 탓할 수만은 없다.

데이터 푸어는 실패하는 시대

페이팔의 창립자인 피터 틸P. Thiel은 실패하는 가장 큰 이유는 '제품이 아니라 그 제품을 확산시키지 못해서poor sales rather than bad product'라고 이야기했다. 마찬가지로 사람들이 현 상태에 계속 머무르는 이유는 재능이 없어서가 아니라 재능을 대중에게 확산시키는 방법을 모르기 때문이다.

예전에는 그 방법이 입소문, 즉 구전word of mouth을 통해 확산시키는 것이 전부였다. 직장 내에서도 구전에 의존한다. 나의 능력은 공식화되어 서류로 남는 것이 아니라 선배, 동료, 후배의 비공식적 인정認定을 통해 확산되었다. 그러나 입소문은 한계가 있다. 예전 성공의 공식이 직장이라는 제한된 공간 내에서만 적용된 이유다.

이제는 입소문이 아니라 네트워크와 데이터를 활용하는 전략이 필요하다. 네트워크는 역량의 확산 범위를 무한대로 넓혀 준다. 성과를 기록한 데이터(별점이든 조회수든)는 당신의 실력에 대한 신뢰성을 부여한다. 자기 상품에 대해 데이터를 누적시키는 방법을 모르는 데이터 푸어Data Poor는 성공하기가 어려운 세상이 되었다. 속도가 늦더라도 누구나 나의 성과Track Record를 알 수 있도록 만드는 것이 필요해진 세상이다.

따라서 재능을 인정받고 그 재능이 데이터로 쌓여 가는 도구를 찾는 것은 매우 중요한 일이다. 혼자서 일하는 게 아니라 그 일을 사람들에게 평가받고 평가를 기록하는 플랫폼을 이용해야 한다.

어떤 플랫폼이 적합한지는 자신이 가진 상품에 따라 다르다. 숨고나 크몽일 수도 있고, 브런치나 유튜브일 수도 있다. 아니면 와디즈wadiz이거나 구직 플랫폼인 링크드인일 수도 있다. 이 모든 플랫폼은 상품(재능)을 대중에게 소개하여 평가받도록 하고 그 피드백을 주는 좋은 도구이자 훌륭한 프로모터promoter가 된다.

즉시 평가되는 아이디어

나의 상품(재능)이 시장에서 먹힐지 빠르게 알 수 있을까? 아니면 확산 가능성이 어떤지 미리 알 수 있을까? 완전히(!) 가능하다. 오늘날은 아이디어에 대한 검증이 즉각적으로 만들어지는 시대다. 좋은 아이디어를 시장에 던지면 사람들은 곧바로 좋아요 버튼을 누르고, 나쁜 아이디어를 던지면 혹평과 조롱이 쏟아진다.

과거에는 아이디어를 검증하려면 실제로 사업을 벌이는 수밖에 없었다. 시장조사를 통해 대략적으로 감을 잡아 볼 수는 있지만 실제의 성패는 실행을 통해서만 알 수 있었다. 그러다 보니 아이디어가 시장에서 통할지 여부는 순전히 나의 감에 달린 문제였다. 예전부터 기업인의 투자 결정을 야성적 충동 또는 동물적 감각이라 부른 이유다. 그만큼 새로운 일이 성공할지 여부는 합리적으로 설명하기 어려웠다.

지금은 상황이 달라져서 미리 시장의 평가를 받을 수 있는 시대다. 가장 쉽게는 아이디어를 커뮤니티에 올려 사람들의 댓글을 통해 얻는 반응이다. 크라우드 펀딩crowd funding이라는 플랫폼도 생겼다. 아이디어(제안서)만 올리면 투자자가 평가하고 펀딩을 하는 사이트다. 와디즈가 대표적이다. 와디즈에는 수많은 투자자가 아이디어를 검증 중이다. 좋은 아이디어가 제시되면 사람들이 펀딩을 하고 그 펀딩으로 사업을 시작할 수 있다. 초기에 제작하는 상품에 대해서는 사전 구매 예약까지 받을 수 있으니 재고 걱정 없이 바로 사업에 착수할 수 있다.

넷플릭스도 아이디어를 스스로 결정하지 않는다. 오히려 새로운 아이디어를 시장에서 검증받는 방식을 사용한다. 넷플릭스는 새로운 콘텐츠를 출시할 때마다 여러 포스터를 디자인한다. 그러나 어떤 포스터가 시장에서 가장 먹힐지는 사전에 알기 어렵다. 그래서 넷플릭스는 포스터 A안과 B안을 모두 시장에 내놓는다. 일정 기간이 지나 시청자의 반응이 더 좋았던 포스터를 최종안으로 선택한다. 이렇게 기업의 의사 결정을 데이터에 물어보는 방식을 A/B 테스트라고 부른다.

이는 기업이 빠른 실패를 선호한다는 뜻이기도 하다. 이제 기업은 시장에 아이디어를 물어보고 반응이 좋지 않으면 빠르게 손절cutting the loss할 수 있다. 예전에는 실패가 두려움의 대상일 수밖에 없었다. 그러나 이제는 빠른 실패를 통해 시장의 트렌드를 읽어 가고 있다.

빠른 피드백은 애자일agile 조직이라는 말을 유행시켰다. 애자일은 신속하다는 뜻이다. 하나의 거대한 프로젝트에 집중하는 것이

출처: 넷플릭스 테크 블로그

아니라 여러 가지 사업을 시범 삼아 벌이고 간을 본다. 그중 가장 반응이 좋은 사업에 집중하는 전략이다. 린스타트업lean startup이라는 말도 유행이다. 린lean은 날씬하다는 뜻이다. 처음부터 원대한 계획을 가지고 시작하는 것이 아니라, 조그마한 일을 이것저것 벌이면서 간을 보는 것이 성공의 지름길이라는 뜻이다.

애자일 조직, 린스타트업의 유행은 개인의 성공 측면에서도 많은 것을 시사한다. 바로 실패의 비용이 낮아진 세계에서는 이것저것 일을 많이 벌여야 성공으로 이어질 확률도 높아진다. 이를 다른 말로 표현하면 행운을 찾아가는 행위라 할 수 있다. **성공이 확률luck에 의해 결정된다면 시도가 많아질수록 확률은 올라갈 수밖에 없다.**

본능을 극복하기

인간은 모두 공포심을 가지고 있다. 그 공포심은 항상 과하게 발현된다. 만약 초등학생 딸과 갑자기 연락이 닿지 않는 상황을 가정해 보자. 평소에는 항상 전화를 잘 받던 아이가 오늘은 연락이 두절되었다. 그러면 당신의 마음은 불안감에 휩싸일 수밖에 없다. 심지어 머릿속에는 뉴스에 등장하던 온갖 흉악 범죄가 스쳐 지나가기도 한다. 물론 극단적인 상황이 일어날 가능성은 거의 없다는 사실을 알고 있다. 그럼에도 아이와의 연락 두절은 당신을 심각한 불안감에 빠뜨리고는 한다.

이 불확실성에 대한 공포심은 우리를 과잉 걱정하게 만들어 조심스럽게 한다. 특히 잘 알지 못하는 상황에서는 이 본능이 툭 튀어나오곤 한다. 그래서 해 보지 않은 새로운 일을 꺼려 한다. 새로 운동을 시작하거나 새로 글을 쓰는 것도 싫어한다. 막상 해 보고 나면 별것 아닌데 그 일을 하기 전에는 온갖 걱정부터 시작한다.

자신의 재능을 확산시키는 일도 마찬가지다. 시작하기 전에는 위험해 보이고 시작하기도 싫다. 그래서 스스로를 합리화하기 시작한다. 과연 해낼 수 있을까라는 의문부터, 나는 끈기가 없는 사람이라고 생각하며 현 상황을 합리화한다. 또는 이미 비슷한 상품은 시장에 많이 나와 있다고 하며 합리화하기도 한다. 그러나 이 생각이 바로 인류 진화의 산물인 과잉 공포심이다. 이 공포심을 어떻게 극복하고 첫걸음을 내딛느냐가 차이를 만든다.

데이터 기업
투자 시대

주식 이외의 재테크 방법

———

미리 말해 두지만 나는 주식 투자와는 거리가 먼 사람이다. 내가 경험한 주식 투자란 주식시장 공부를 위해 소액으로 투자한 것이 전부다. 게다가 금융 규제를 담당하는 정부 부처에서 근무하면서 나는 주식 투자가 법적으로 금지되어 있다. 그래서 오랫동안 주식 투자 그 자체에 큰 관심이 없었다.

그러나 나 같은 사람에게도 주식 투자 못지않게 훌륭한 재테크 수단이 있다. 바로 ETF(상장지수펀드)다. ETF는 여러 기업의 주식을 하나의 증권으로 묶어 놓은 펀드로 보통의 주식과 비슷하다. 그래서 주식시장에서 내가 원하는 가격에 원하는 만큼 자유롭게 펀드를 사고팔 수 있다. 최근에는 카카오페이 같은 모바일앱에서도 거래가 가능하니 매우 간편한 투자 수단이라 할 수 있다.

ETF의 가장 큰 장점은 특정 기업을 고를 필요가 없다는 것이다. 주식 투자를 할 때 가장 궁금해하는 점은 바로 어떤 주식을 사야 하느냐다. 그러나 ETF에 투자하면 이 고민이 해결된다. ETF는 모든 주식에 조금씩 분산해서 투자하기 때문에 종목을 고민할 필요가 없다. 그래서 나처럼 주식 투자에는 관심이 없지만 수익을 얻고 싶어 하는 사람에게는 매우 적합하다. 나는 큰 공부 없이 투자를 시작하고 싶어 하는 사람에게는 ETF를 권한다.

ETF는 특정 기업이 아니라 테마별로 여러 종류가 존재한다. 가령 글로벌 플랫폼 기업을 위주로 투자하는 ETF가 있다. 애플, MS, 페이스북, 구글, 아마존, 엔비디아 등이 해당한다. 이들 기업에 투자하는 대표적인 ETF는 인베스코Invesco 사가 운영하는 QQQ다. QQQ는 나스닥 100 기업에 투자하는데 대부분 위와 같은 플랫폼 기업과 테크 기업으로 이루어져 있다. 따라서 플랫폼 기업에 투자하고 싶지만 어느 종목을 골라야 할지 모르겠다면 나스닥 100 기업에 투자하는 QQQ가 좋은 대안이다.

QQQ보다 수익률을 3배 높게 설정한 TQQQ라는 상품도 있다. 이는 미국의 ETF지만 이미 국내 투자자에게도 인기가 많다. TQQQ의 인기 비결은 높은 수익률이다. 나스닥 100 기업의 지수가 1% 오르면 3%의 수익을 얻는 구조다. 따라서 시장 전체에 투자하면

출처: 구글

서 높은 수익률을 얻고 싶어 하는 공격적인 투자자에게 적합하다.

다만 TQQQ는 손실도 3배이기 때문에 위험 분산 전략이 필요하다. 무턱대고 남들을 따라 투자하면 손실을 볼 가능성이 높다. 위험을 분산하는 최고의 방법은 분산해서 매수하는 방법이다. 나 역시 TQQQ를 4~5회 정도에 걸쳐 분산 매수하고 목표 수익이 달성되면 일시에 매도한다. 만약 플랫폼 기업과 데이터가 가진 잠재력에 관심이 있다면 TQQQ는 좋은 투자 수단이라고 생각한다.

다시 말하지만 이 책은 주식 투자나 ETF 투자를 권하는 책은 아니다. 오히려 2022년 이후로 TQQQ 투자에 뛰어든 사람들은 큰 손해를 보았을 가능성이 높다. 2022년은 미국의 금리가 오르며 주식시장이 약세를 보인 시기였기 때문이다.(그러나 앞선 2020년, 2021년은 세계 경제가 코로나 국면에서 탈출하면서 TQQQ의 수익률이 매우 높았다.) 게다가 3배로 손해를 보는 구조니 막심한 손해를 입었을 것이다.

다행히 2023년에는 미국의 금리 인상 기조가 수그러들며 주식시장은 안정을 찾기 시작했다. 2024년에도 당분간 주식시장은 상승 국면을 이어갈 가능성이 있지만 언제까지 장이 좋을지는 예측하기 어렵다. 상승장 뒤에는 항상 급격한 조정장이 뒤따르는 것이 주식시장의 본질이기 때문이다. 따라서 미국의 플랫폼 기업에 투자하는 ETF가 있다는 점 정도만 알아 두고 투자에는 신중을 기할 필요가 있다.

숨어 있는 데이터 인프라 기업

데이터를 활용하는 기업이라고 하면 보통 플랫폼 기업을 먼저 떠올린다. 구글, 아마존, 페이스북 같은 기업이다. AI 회사도 데이터와 떼어 놓을 수 없는 기업이다. 챗GPT도 인터넷에 존재하는 방대한 데이터를 모아서 개발되었다. 딥마인드, 오픈AI 같은 AI 개발 회사는 데이터를 수집하고 이를 통해 알고리즘을 학습pre-training시킨다.

그러나 대중에게는 알려지지 않은 유명한 데이터 관련 기업도 많다. 바로 데이터 인프라를 담당하는 기업이다. 이들은 소비자가 이용하는 서비스를 직접 공급하는B2C 기업은 아니지만, 기업이 데이터를 저장, 분석, 활용할 수 있도록 돕는B2B 기업이다. 이하에서는 이러한 데이터 인프라 기업을 간단히 소개한다. 다양한 기업들을 살펴보면서 데이터 산업에서 무슨 일이 일어나는지 이해해 보자.

스노우플레이크

스노우플레이크는 투자의 귀재인 워런 버핏이 투자한 기업으로 잘 알려져 있다. 워런 버핏은 IT 기업 같은 성장주에 잘 투자하지 않는 편이다. 그의 투자 원칙 중 하나는 자신이 잘 이해하는 기업에 투자하는 것이기 때문이다. 그러나 IT 기업에 보수적인 워런 버핏이 이례적으로 투자한 기업 중 하나가 바로 스노우플레이크다. 스노우플레이크는 2020년 미국에서 상장했는데 이 상장으로 워런 버핏은 200%의 수익률(약 1조 5000억 원)을 기록했다고 알려졌다.

스노우플레이크는 데이터 솔루션 기업이다. 쉽게 말해 기업이 데이터를 수집, 처리하는 과정을 도와준다. 오늘날 기업이 데이터를 수집하고 처리하는 과정은 매우 복잡해졌다. 다양한 데이터 언어를 알아야 하며 데이터를 저장하고 불러오고 분석하는 과정도 복잡하다. 스노우플레이크는 이 과정을 쉽게 만드는 기업이다. 자체 플랫폼(Data Warehouse, Data Lake)을 통해 데이터 전문가가 아니더라도 모든 사원이 데이터를 쉽게 다룰 수 있도록 돕는다.

스노우플레이크는 클라우드 서비스 기반이다. 오늘날 많은 기업이 빅데이터를 다루기 위해 클라우드 서버에 데이터를 저장하고 분석한다. 그러나 클라우드 서비스 대형 3사인 아마존, MS, 구글은 서로 호환되지 않는 솔루션을 제공한다. 반면 스노우플레이크의 솔루션은 3사의 클라우드 서비스에서 모두 사용이 가능하다. 즉 매우 높은 호환성을 제공한다.

쉬운 데이터 사용을 내세우는 스노우플레이크는 급성장 중인 회사이기도 하다. 2023년 현재 아직 재무적으로는 적자를 내고 있지만 그 성장 속도는 매우 빠르다. 2021년도에는 스노우플레이크를 사용하는 회사가 4000여 개에 불과했으나 2년 만에 2배로 증가했다. 덩달아 매출도 연 50% 가까이 성장하여 2023년 현재 6억 달러에 달한다.

데이터브릭스

같은 데이터 솔루션 기업으로 스노우플레이크와 경쟁하고 있지만 조금은 다른 영역에 초점을 맞춘 회사도 있다. 바로 미국의 데이터브릭스다. 데이터브릭스는 고성능 데이터 처리 및 머신러닝 작업에 솔루션의 초점을 맞춘다. 대규모 데이터를 정리하고 이를 AI

와 결합하는 서비스가 주요 상품이다.

데이터브릭스가 사람들의 관심을 받는 이유는 데이터 레이크 하우스Data Lakehouse라는 패러다임의 선구자이기 때문이다. 전통적으로 데이터를 보관하는 방법은 2가지가 있었다. 하나는 숫자같이 정형화된 데이터를 표로 정리하는 데이터 웨어하우스Data Warehouse 방식이다. 다른 하나는 이미지처럼 체계적인 분류가 어려운 데이터를 자유롭게 저장하는 데이터 레이크Data Lake 방식이다. 두 가지 데이터 관리 방식은 장단점이 있으나 데이터브릭스가 내세우는 데이터 레이크하우스는 두 구조를 통합한다. 즉 데이터를 구조화할 수 있도록 돕는 동시에 다양한 데이터를 보관할 수 있는 기술을 추구한다.

에퀴닉스

데이터를 처리하는 물리적 공간이 바로 데이터 센터다. 기업이 데이터를 저장하고 처리하는 장치를 집결시켜 놓은 곳이다. 네이버, 카카오도 서비스를 제공하기 위해서는 데이터 센터가 필요하다. 네이버는 2013년 춘천에 데이터 센터를 지어 운영 중이며 최근에는 두 번째 데이터 센터를 세종시에 건설했다. 카카오는 판교의 SK로부터 임차해서 운영하고 있었으나 2022년 판교 데이터 센터에 불이 나면서 자체적인 준비를 했다. 카카오는 2023년 안산에 자체 데이터 센터를 준공했다.

　데이터 센터를 짓는 데는 많은 전문 설비가 필요하다. 대규모 서버의 열을 식히기 위해 냉각 시설이 필요하고 정전이 발생하더라도 전력이 끊기지 않도록 하는 자체 발전 장비도 필요하다. 게다가 이왕이면 기온이 서늘하고 전기 요금이 싼 지역을 선택하는 사업 수완도 필요하다. 즉 데이터 센터는 쉽게 짓는 건물이 아니라 고도의 전문성을 요하는 시설이다.

　그래서 IT 기업의 데이터 센터를 전문적으로 건설하고 임대해 주는 기업이 생겨났다. 이 산업의 1위 기업이 바로 미국의 에퀴닉스다. 에퀴닉스는 전 세계 30개 국가에 약 244개의 데이터 센터를 운영한다. 상암동에도 에퀴닉스가 지은 데이터 센터가 있는데 국내에서 인터넷 서비스를 제공하는 기업에 임대하고 있다.

　에퀴닉스의 고객사는 유수의 IT 기업들이다. 아마존, 구글, 오라클, IBM, 넷플릭스, 나스닥, AT&T, 유플러스, 네이버 등 우리가 아는 대부분의 기업이 에퀴닉스의 데이터 센터에 세 들어 있다. 세계적인 대기업이 오랫동안 에퀴닉스의 데이터 센터를 사용한다는 사실은 이 기업이 얼마나 안정적인 서비스를 제공하는지를 짐작케 한다. 에퀴닉스처럼 데이터 센터를 짓고 임대해 주는 방식을 코로케이션co-location이라고 한다. 마치 부동산 사업자가 쇼핑몰에 푸드코트를 짓고, 소상공인이 공동으로 입점하는 것과 유사한 비즈니스 모델이다.

따라서 에퀴닉스는 데이터 비즈니스를 영위하는 IT 기업이기도 하지만 부동산을 임대하는 부동산 기업이기도 하다. 부동산을 매입해 데이터 센터를 짓고 이를 기업에 임대해서 수익을 창출한다.

에퀴닉스의 경쟁사로는 미국의 디지털리얼티Digital Realty라는 회사가 있다. 디지털리얼티도 에퀴닉스 못지않게 큰 기업이다. 현재 26개 국가에 290개의 데이터 센터를 보유하며 마찬가지로 코로케이션 방식을 사용한다. 다만 에퀴닉스는 직접 장비를 설치 관리하는 반면, 디지털리얼티는 장비의 설치 관리를 임차인에게 맡기는 방식이다. 두 회사의 시가 총액을 비교하면 에퀴닉스(750억 달러)가 디지털리얼티(400억 달러)보다 훨씬 높게 형성되어 있다.

트레저데이터

트레저데이터는 2011년 미국에서 창업했으며 2021년에는 유니콘이 된 회사다. 트레저데이터는 비전펀드를 운영하는 손정의 회장이 애착을 가지고 투자한 회사로도 알려져 있다. 이 회사는 반도체 회사인 ARM에 인수되기도 했지만 그 뒤 비전펀드가 ARM에 투자하면서 다시 독립 회사로 분사했다.

트레저데이터의 핵심 비즈니스는 흩어진 고객 데이터를 모으는 일이다. 오늘날처럼 데이터의 생성이 다변화된 환경에서는 데이터를 모으는 기술이 가치를 발한다. 어떤 고객은 인터넷으로 상담을 받고, 매장을 방문해 상품을 확인하고, 실제 주문은 전화로 할 수도 있다. 이때 3가지 채널에 발생한 고객의 데이터를 하나로 모아야 고객 입장에서는 관리받고 있다는 경험을 할 수 있다. 기업 입장에서도 파편화된 데이터를 하나로 묶기만 해도 의미 있는 인사이트를 얻을 수 있다.

트레저데이터는 흩어진 고객의 데이터를 묶는 솔루션을 CDP_{Customer Data Platform}(고객 데이터 플랫폼)라고 부른다. CDP는 디지털과 결합되는 마케팅 분야에서 주목받을 수밖에 없다. 고객의 행동을 다각도에서 측정하고 이를 모으면 간편하게 새로운 가치를 얻을 수 있기 때문이다. 또 이종 데이터의 결합을 통해 새로운 인사이트를 얻기도 쉽다.

데이터를 모은다는 직관적인 개념 때문에 이미 많은 대기업도 트레저데이터의 고객이다. 한국에서는 LG와 롯데렌털이 트레저데이터를 고객 관리의 솔루션으로 선택했으며 스바루, 소니, AB인베브, 야마하, 캐논 등도 이를 사용한다. 많은 대기업이 선택했다는 것은 그만큼 서비스의 효과가 신속하다는 증거이기도 하다.

8장

미래의 향방

데이터 시대가 우리에게 던지는 과제

데이터 역량을 높이는 데이터 거버넌스

테스코의 실패

한국에 이마트가 있다면 영국에는 테스코TESCO가 있다. 슈퍼마켓 회사지만 테스코는 데이터 분석 분야에서 선구적인 존재다. 테스코는 1919년 영국에서 설립되어 100년이 넘은 기업인데 오랫동안 글로벌화에는 성공하지 못했다. 비단 테스코만의 문제는 아니다. 각 나라의 소비자는 선호하는 상품이 독특하기 때문에 유통 기업이 다른 나라에서도 성과를 내기란 쉽지 않다. 그래서 보통은 각나라가 로컬 슈퍼마켓 브랜드를 가지고 있기 마련이다.

그러나 테스코는 2000년대에 들어서 모든 나라에 적용되는 성공의 공식을 알아낸다. 바로 가격이라는 데이터였다. 어디에서든 소비자가 가격에 민감하게 반응하는 상품들이 있다는 것을 알아냈다. 예컨대 같은 생필품이더라도 옷이나 내구재는 가격 민감도가 높다. 구매 시기를 늦출 수 있기 때문이다. 테스코는 이런 민감 상품을 위주로 가격 인하 정책을 펼쳤다. 그 결과 소비자는 테스코가 싸다고 인식하기 시작했다. 이처럼 테스코는 가격 데이터 분석 기법을 통해 월마트, 까르푸와 함께 글로벌 3대 유통 기업으로 자리매김한다.

그런데 테스코는 데이터로 망한 기업으로도 유명하다. 기업 규모가 커지면서 테스코의 데이터 분석은 점점 산으로 가기 시작했다. 테스코는 자신들이 만든 성공의 공식에 따라 데이터 분석을 계속했다. 그러나 점점 돈이 되는 데이터보다 분석하기 쉬운 데이터에만 매달렸다. 인터넷 시대가 오면서 소비자의 행동에 대한 이해가 필요했지만 여전히 가격 분석에만 매진했다. 결국 테스코의 데이터 집착은 경영난으로 이어진다. 데이터로 성공한 기업이 데이터에 집착하다 파국을 맞았다.

테스코의 경험은 뚜렷한 목적 없이 관성처럼 데이터를 분석하는 기업의 위험성을 말해 준다. 이 이야기는 머나먼 남의 나라 이야기가 아니다. 한국에서도 많은 기업이 유행처럼 데이터에 뛰어들고 있다. 그들이 데이터를 수집하는 이유는 분명하지 않다. 일단 데이터가 쌓이면 그제야 데이터의 활용 방안을 고민하는 일도 비일비재하다.

데이터는 어떻게 세상을 지배하는가

그래서 데이터 늪Data Swamp이라는 말도 생겼다. 이는 회사 데이터베이스에 의미 없는 데이터만 쌓여 있는 현상을 일컫는다. 본래 회사의 데이터베이스는 데이터가 체계적으로 정리되어 있거나(데이터 웨어하우스), 다양한 데이터가 융합되는 공간(데이터 레이크)이어야 한다. 그러나 앞뒤 없이 수집하다 보니 데이터가 누락되고 중첩되는 경우가 허다하다.

한국 기업을 대상으로 디지털화에 대한 설문조사를 하면 대부분 가장 큰 걸림돌로 항상 쓸 만한 데이터의 부족을 꼽는다. 과연 실제 쓸 만한 데이터가 부족한지는 기업 스스로 돌아볼 필요가 있다. 데이터가 부족한 기업은 애초부터 데이터를 수집하기 위한 전략과 조직을 갖추지 못하고 있을 가능성이 크기 때문이다. 그래서 오늘날 많은 전문가들은 데이터 부족 그 자체보다 기업이 데이터를 수집, 관리할 수 있는 역량을 갖추라고 주문한다. 이것이 바로 데이터 거버넌스Data Governance라는 개념이다.

데이터 거버넌스의 중요성

대부분의 조직에서는 데이터를 모으기가 쉽지 않다. 이는 데이터를 모으는 작업이 가진 성격 때문이다. 일반적으로 데이터를 모으는 작업은 빛이 나는 일이 아니다. 오히려 잡일에 가깝다. 실무자 입장에서는 매우 귀찮고, 관리자는 평소에 크게 신경을 쓰지도 않는 일이다. **처음 기획 단계에서나 그럴듯한 기획서를 만들지, 데이터를**

[8-1] 데이터 거버넌스의 개념도

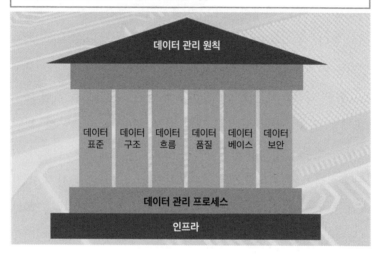

데이터 거버넌스란 무엇인가?

데이터의 가용성, 유용성, 통합성, 보안성을 관리하기 위한 정책, 지침, 표준, 전략 및 방향을 수립하는 관리 체계 및 프로세스를 지칭

데이터 관리 원칙

| 데이터 표준 | 데이터 구조 | 데이터 흐름 | 데이터 품질 | 데이터 베이스 | 데이터 보안 |

데이터 관리 프로세스

인프라

출처: 한국데이터베이스진흥원

모으는 실무 작업은 내팽개치는 경우가 허다하다. 그래서 애초 계획과 달리 실무에서 매너리즘에 빠지거나 뒤죽박죽의 대혼란 상태로 흘러갈 가능성이 크다.

실무에 관심을 두지 않아도 알아서 좋은 데이터가 쌓이게 만들려면 초기 기획 단계부터 세밀한 계획이 필요하다. 실무자 입장에서 잡일로 느껴지지 않게 각자가 자기 직무의 가치를 이해하도록 만들어야 한다. 그래서 데이터 활용을 꿈꾸는 조직이라면 모든 직원이 그 회사의 데이터 전략에 대한 높은 이해를 가져야 한다. 나아가 자신의 역할과 책임도 명확히 인지하도록 만들어야 한다.

이렇게 조직이 데이터를 수집, 활용하기 위한 구조를 짜는 일을 데이터 거버넌스라고 부른다. 이를 구성하는 요소는 조직마다 다양하다. 그러나 일반적으로는 데이터를 어떤 포맷(표준화)에 따라 수집할지, 어떤 구조로 쌓을지, 데이터가 어디에서 어디로 흘러가는지를 정의해야 한다. 또 데이터 보안 유지와 법규(개인정보 보호 등)에 저촉되지 않는 데이터 수집 행위 등도 데이터 거버넌스가 다루어야 할 주제다.

데이터 거버넌스에 정해진 답은 없지만 전문가들은 참고가 될 만한 모범 답안을 제시한다. 바로 각 직원이 데이터에 대한 책임과 권한을 가지도록 만드는 것이다. 좋은 데이터란 무엇이며 이 데이터가 향후 어떻게 활용되는지 실무자를 이해시키는 작업이다. 또 데이터 관리를 잘했을 때 어떤 보상이 주어지는지도 중요한 요소다. 이 문제가 기업 내부에서 명확하게 정해져야, 직원은 데이터 수집이라는 잡일에서 비로소 가치를 발견한다.

쓸 만한 데이터가 부족하다는 불만을 해결하기 위해 무조건 기업 외부로 눈을 돌리는 것은 올바른 접근법이 아닐지 모른다. 외부로 눈을 돌리기 이전에 기업 내부의 데이터 거버넌스부터 점검해 볼 필요가 있다. 데이터를 모을 능력이 있음에도, 또는 이미 쓸 만한 데이터를 모았음에도, 데이터 거버넌스의 부재로 인해 데이터가 버려지고 낭비되는 현상을 겪고 있을지도 모르기 때문이다.

데이터 기술은
어디로 나아갈까

데이터의 생산 속도가 처리 속도를 넘어서는 시대다. 2022년 한 해 동안 전 세계에서 생성된 데이터는 94제타바이트$_{ZB}$다. 페이스북에서는 매일 15만 개의 메시지, 인스타그램에서는 매일 34만 개의 스토리, 구글에서는 하루 85억 건의 검색이 이루어진다. 인터넷 사용 인구의 모든 활동이 데이터로 남는 셈이다. 이에 따라 오늘날 데이터 기술에서 최대 관심사는 쏟아지는 데이터를 어떻게 신속하게 처리할 것인가다. 방대한 데이터 중에서 가치 있는 데이터를 쉽게 검색하고 분석할 수 있는 기술을 만들어야 한다.

동시에 기업 내부에서도 데이터의 활용 전략이 바뀌고 있다. 과거에는 데이터가 IT 전문가의 전유물이었다. 데이터를 이해하는

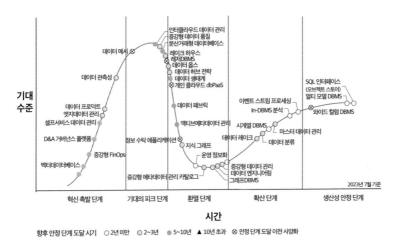

출처: "Gartner Hype Cycle for Data Management 2023", Gartner, 2023

사람도 적었으며 활용할 필요성도 낮았다. 그러나 오늘날에는 모든 조직이 데이터 생산자가 되어 가고 있다. 이제 데이터는 특정 부서만이 아니라 재무팀, 마케팅팀, 인사팀 등 모든 조직에서 생산될 가능성이 크다. 즉 모든 조직이 데이터를 중심으로 유기적으로 연결될 필요가 생겼다.

데이터를 활용하려는 수요도 확산 중이다. 이제 데이터는 전문가만의 영역이 아니다. 컴퓨터가 전문가의 도구가 아니듯 점점 모두가 데이터를 다뤄야 하는 환경으로 진화할 가능성이 크다. 이에 따라 초보자도 데이터베이스에 쉽게 접근하고 데이터를 분석, 활용할 수 있는 쉬운 도구의 보급이 중요해졌다. 이러한 방향으로 데이터 기술은 진화를 하고 있다.

데이터 레이크하우스

데이터 레이크하우스Data LakeHouse는 새롭게 주목받는 솔루션으로 기업이 사용하는 데이터 창고를 일원화하기 위한 기술이다. 오늘날 기업은 데이터 종류에 따라 일반적으로 2개의 데이터 창고를 사용한다. 기업은 숫자처럼 정형화된 데이터는 데이터 웨어하우스에 쌓아 두며 글, 그림 같은 데이터는 데이터 레이크에 저장한다.

데이터 창고가 2개로 나누어지면 데이터를 처리하는 기술도 달라진다. 데이터 사용자에게는 큰 불편함을 줄 수밖에 없다. 마치 업무를 할 때 숫자는 엑셀MS Excel을, 글자는 워드MS Word를 이용하는 상황이다. 두 프로그램은 물리적으로 분리되어 있으니 숫자와 글자가 결합된 작업은 불편할 수밖에 없다. 파일 형식이 달라 읽기도 어려울 뿐만 아니라 프로그램에서 지원하는 기능도 다르기 때문이다.

데이터 관리에서도 똑같은 문제가 나타난다. 숫자는 데이터 웨어하우스에서, 글자는 데이터 레이크에서 관리하다 보니 효율이 떨어질 수밖에 없다. 숫자 데이터와 글자 데이터는 저장 형식도 다르고 용도도 다르다. 당연히 분석 방법도 다르고 서로 호환되지도 않는다. 만약 엑셀과 워드 두 프로그램의 기능과 형식을 모두 갖춘 프로그램이 나온다면 얼마나 좋겠는가. 데이터 관리 분야에서도 똑같은 불편을 겪고 있는 상황이었다.

이런 어려움은 데이터 레이크하우스라는 개념을 탄생시켰다. 웨어하우스와 레이크를 통합하려는 시도다. 데이터 레이크하우스는 다양한 데이터를 저장하고 처리하지만 숫자처럼 정형화된 방식을 지향한다. 데이터 레이크하우스 아키텍쳐는 데이터 레이크 계층 위에 데이터 웨어하우스 역할을 하는 계층을 통합하는 방식이다. 데이터 레이크하우스는 몇몇 기업을 중심으로 보급 중이며 이 방식은 기업 내부의 비효율을 제거하고 수년 내에 상용화될 것으로 기대된다.

데이터 패브릭

데이터의 종류와 생성 경로가 다양해지면서 저장 공간도 분산되기 시작했다. 이전에는 생산된 데이터가 한 공간으로 모였지만 이제는 저장소도 물리적으로 분산되는 경우가 많아졌다. 예전에는 컴퓨터 A의 디스크에만 저장했는데 이제는 데이터 발생 경로에 따라 컴퓨터 A, B, C에 나누어 저장하게 되었다.

데이터가 분산 저장되면서 이를 빨리 찾기 위한 기술이 필요해졌다. 하드디스크 하나에 존재하는 파일은 쉽게 찾을 수 있지만 여러 하드디스크에 쪼개져 있을 때는 쉽지 않다. 그래서 데이터에 주소를 붙이기 시작했다. 원하는 데이터가 컴퓨터 A에 있는지 컴퓨터 B에 있는지를 카탈로그화하는 작업이다. 원하는 데이터에 대해 주소를 붙여 놓으면 향후 데이터를 사용하고 싶을 때 쉽게 찾을 수 있다.

또 여러 저장 공간에서 검색어를 동시에 적용하는 기술도 등장했다. 데이터가 여러 컴퓨터(저장 공간)에 분산되어 있더라도 이를 하나로 묶어 주는 기술이다. 여러 컴퓨터를 묶어 하나의 가상 컴퓨터를 만든다는 개념에서 가상화 기술이라 부른다. 만약 가상의 컴퓨터 하나가 만들어지면 흩어진 데이터를 찾는 작업은 더욱 쉬워진다. 검색어 하나로 많은 데이터를 검색할 수 있기 때문이다.

이처럼 다양한 데이터를 알기 쉽게 정리하고 하나의 컴퓨터처럼 묶어 주는 기술을 데이터 패브릭Data Fablic이라고 한다. 말 그대로 잘 짜진 섬유Fablic처럼 데이터를 촘촘하게 관리한다는 뜻이다. 데이터 패브릭은 서로 다른 기술과 디바이스로 취합된 데이터의 위치를 식별한다. 물론 이를 구현할 수 있는 기술적 방법은 다양하다. 그래서 데이터 패브릭은 특정 기술이라기보다 분산된 데이터를 더 빠르게 처리하기 위한 설계 원칙에 가깝다.

데이터 민주화와 데이터 메시

데이터는 IT 부서만의 전유물이 아니다. 이제는 모든 직원이 데이터를 필요로 한다. 데이터 전문가가 아니지만 데이터를 활용해 의사 결정을 해야 하는 경우가 많아졌다. 부서 간 데이터 교류의 필요도 커졌다. 재무팀에서 인사팀 데이터를 요구하거나 마케팅팀이

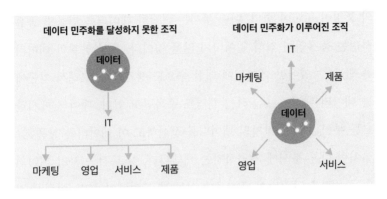

재무팀 데이터를 요구하는 경우가 잦아졌다. 빅데이터 시대에는 데이터가 한 부서에만 갇혀 있을Data Silo 필요가 없다.

그래서 데이터의 민주화가 하나의 트렌드로 떠오른다. 데이터를 전문가의 영역으로만 두지 말고 모든 부서가 자유롭게 가져다 쓰는 환경을 만들자는 것이다. 이를 위해서 누구나 데이터를 쉽게 처리할 수 있는 도구가 보급되어야 하며 다른 부서의 데이터도 개방할 필요가 있다.

모두를 위한 데이터를 주장하는 사람들은 데이터 플랫폼이 중심인 새로운 조직 구조를 제시한다. 누구나 데이터를 공유하고 자유롭게 퍼갈 수 있는 데이터 플랫폼을 만들자는 주장이다. 당연히 모든 부서는 이 데이터 플랫폼에 쉽게 접근할 수 있어야 한다. 이렇게 데이터를 중심으로 조직을 만든다면 데이터 조직을 허브에 두고 현업 부서가 모여 있는 바퀴 모양Hub-and-Spoke의 형태를 띨 것이다.

데이터를 다른 부서와 자유롭게 공유하려면 만들어 낸 데이터의 품질이 좋아야 한다. 어떤 부서든 허접한 데이터를 만들면 공유하려는 움직임이 전혀 일어나지 않을 것이다. 우선 양질의 데이터를 만들 수 있어야 데이터에 대한 수요도 생겨난다. 그래서 최근에는 데이터 메시Data Mesh라는 개념도 주목받고 있다. 데이터 메시란 모든 부서domain가 각자의 데이터를 생산하고 이 데이터를 상품product처럼 다른 부서에 제공하자는 개념이다. 각 부서는 자기 데이터의 소유권을 가지면서 품질을 높이는 데 기여해야 한다. 이렇게 전 부서가 책임감을 갖고 데이터를 관리하자는 새로운 패러다임이 데이터 메시다. 그물망Mesh처럼 촘촘하게 관리하자는 의미다.

엣지 컴퓨팅

———

이미 데이터는 빛의 속도로 처리되지만 앞으로 속도 경쟁은 더 빨라질 것이다. 데이터 처리 속도를 증가시키는 방법 중 하나로 처리 방식 자체를 바꾸자는 아이디어가 제시되었다. 바로 엣지 컴퓨팅이라는 개념이다.

오늘날 데이터 처리 방식은 중앙 집중식이다. 스마트폰에서 생성, 수집된 데이터는 데이터 센터로 보내진다. 데이터 센터가 컴퓨팅 파워를 바탕으로 데이터를 처리하고 그 결과는 다시 스마트폰엣지 디바이스으로 돌아간다. 예컨대 카카오내비가 실시간 교통정보를 스마트폰에서 수집하면, 카카오의 데이터 센터가 처리한 뒤 사용자의 스마트폰으로 돌려보내는 방식이다.

중앙 집중식은 네트워크의 영향을 많이 받는 구조다. 네트워크가 빠르면 처리 속도가 문제 되지 않지만 데이터 전송속도가 느리면 서비스 지연이 나타날 가능성이 높다. 추석이나 크리스마스 같은 피크 타임에는 종종 내비게이션 접속이 어려워지는 경우가 많다. 이러한 지연은 모두 중앙 집중화된 데이터 처리 방식 때문에 나타나는 현상이다.

그래서 중앙으로 데이터를 보내지 않고 처리하는 엣지 컴퓨팅 개념이 등장했다. 연산 자체를 물리적으로 분산시키는 것이다. 이를 위해 중앙에 큰 센터를 두지 않고 작은 데이터 센터를 만들어 여러 곳에 배치한다. 이 구조에서는 사용자와 가까운 데이터 센터로 데이터가 흘러들어 가고 그곳에서 데이터를 처리한다. 이렇게 연산 과정을 물리적으로 분산시키는 방식을 엣지 컴퓨팅이라고 한다. 엣지 컴퓨팅의 장점은 명확하다. 데이터를 주고받는 시간은 단축되며 네트워크 상태에 따라 서비스 품질이 저하될 가능성도 줄어든다. 실시간으로 데이터를 처리할 수 있는 가능성이 커지는 것이다.

데이터 프로세싱 유닛의 등장

이제까지 폭증하는 데이터를 처리하기 위해 속도 경쟁이 이루어졌다. 반도체 기업은 자신이 생산하는 CPU, GPU의 속도를 높여 데이터를 더 빠르게 처리했다. 그러나 엣지 컴퓨팅이라는 개념의 등장은 이제 속도가 아니라 분산 능력으로 데이터를 더 빠르게 처리할 수 있음을 시사한다.

엔비디아, 인텔, AMD 등 세계적 반도체 회사도 데이터를 효과적으로 분산시키는 차세대 반도체의 개발에 전력을 다한다. 바로 데이터 프로세싱 유닛Data Processing Unit, DPU이다. 기존의 CPU, GPU 같은 유닛은 연산computing을 빠르게 수행하기 위한 목적으로 만들어졌다. 반면 DPU는 사거리에 서 있는 교통경찰 같은 역할을 수행한다. 들어오는 데이터를 가장 최적의 처리장치(CPU, GPU)로 보내는 역할이다. 똑똑한 경찰이 사거리에 서 있을수록 교통은 막힘없이 원활하게 흘러갈 것이다.

DPU는 기존에 CPU가 하던 일 중 데이터의 배분 및 보안과 관련한 업무를 넘겨받았다. 데이터 센터에서 CPU는 데이터와 관련한 작업을 모두 처리했다. 하지만 주고받는 데이터의 양이 방대해지고 사이버 공격이 정교해지면서 CPU에서 구동되던 일부 기능이 DPU로 넘어간 것이다. 만약 앞으로 DPU의 정체성이 명확해진다면 DPU 시장에서도 치열한 경쟁이 일어날지 모른다.

반도체 기업은 자체적으로 개발한 DPU를 내놓았다. 엔비디아는 2020년 DPU 개발 로드맵을 공개했으며 이후 블루필드라는 이름의 상품을 시장에 출시했다. AMD는 2022년 반도체 기업인 펜산도Pensando를 인수했는데 DPU의 일종인 프로그래밍이 가능한 칩에 특화된 기업이다. AMD는 향후 기글리오Giglio라는 코드명의 DPU를 출시할 것이라 발표했다.

데이터가
사회에 남긴 숙제

데이터는 자본일까? 노동일까?

플랫폼 기업이 수집한 데이터는 누구의 것일까? 플랫폼 기업은 데이터가 자신들이 노력해서 모은 결과물이기에 소유권도 자기에게 있다고 믿는다. 소비자는 단지 인터넷에 많은 방문 흔적을 남겼으며 이들이 흘리고 간 데이터 부스러기들을 주웠을 뿐이다. 그래서 플랫폼 기업은 데이터가 기업의 자본Data as a Capital, 즉 본래부터 기업의 소유라 생각한다.

이들은 데이터가 지금처럼 무상으로 공급되는 것이 합리적이라 생각한다. 사람들의 프라이버시를 침해하지 않는 범위 내에서

[8-4] 데이터는 자본일까 노동일까

	데이터는 자본이다 Data as Capital	데이터는 노동이다 Data as Labor
데이터 소유권	기업	개인
데이터 공급의 유인	기업 혁신	일상 활동
노동의 미래	노동의 종말(기본소득 지급)	데이터 노동(데이터 소득)
노동의 자긍심	일에서 찾으면 안 됨	디지털 존엄(데이터 소득)

건강 데이터를 수집하고 댓글로 소비자의 취향을 파악하고 별점으로 경쟁력이 없는 상품을 걸러 내는 과정이 필요하다고 믿는다. 데이터를 모아 소비자에게 더 큰 혜택으로 돌려주는데 왜 데이터를 수집하는 데 대가를 지불해야 하는지 이해하지 못한다.

정반대의 주장도 존재한다. 데이터는 사람들이 만든 결과물이며 따라서 소비자의 소유라는 주장이다. 이 관점에 따르면 플랫폼 기업은 데이터의 원 소유주인 개인에게 대가를 지불해야 한다. 소비자는 자기 시간을 투입해 댓글을 작성하고 좋아요를 눌렀기 때문이다. 데이터는 기업의 자본이 아니라 소비자들이 신경 써서 만든 노동의 결과물Data as a labor이다.

이 관점에 따르면 오늘날 모든 사람은 데이터 노동자다. 네이버쇼핑에 구매 후기를 남기지 않았더라도 인터넷 접속 기록, 신문기사를 클릭했던 흔적이 플랫폼 기업에 넘어가고 있기 때문이다. 그렇게 만들어진 데이터가 시장을 이해하고 수익을 창출하는 데 활용된다. 좋든 싫든 당신의 데이터가 플랫폼 기업의 이윤 창출에 기여하고 있다.

데이터가 노동이라면

데이터 소유권이 생산한 사람에게 있다는 관점은 아직 다수의 지지를 받지 못한다. 오늘날은 데이터가 무료로 제공된다는 믿음이 더 보편적이다. 기업은 자유롭게 데이터를 수집하며 그에 대해 별다른 대가를 제공하지 않는다. 그러나 비록 널리 받아들여지지는 못하지만 만약 '데이터 생산=노동'이라는 개념을 인정하면 사회의 많은 것들이 달라진다.

대표적으로 '일자리란 무엇인가?'에 대한 문제다. 만약 데이터가 노동이라면 우리는 지금 새로운 형태의 노동을 하고 있다. SNS와 유튜브를 하고 댓글을 다는 행위가 놀이가 아니라 새로운 일이었던 셈이다. 오늘날 일자리가 부족하다는 주장도 잘못되었다. 그동안 일자리라는 개념을 너무 좁게 정의했기 때문에 생긴 일이다. 사람들은 댓글(데이터)을 생산하는 새로운 직업을 가지고 있었던 셈이다.

또 다른 문제는 데이터의 가치 측정valuation이다. 데이터가 노동이라면 플랫폼 기업은 데이터 생산자에게 소정의 보상을 해야 한다. 그런데 얼마의 보상해야 정당할까. 이는 데이터 노동자가 만들어 낸 데이터의 가치에 달려 있다. 또 데이터가 기업의 이윤 창출에 얼마나 기여했는지에 따라 결정된다. 그러나 아직 데이터의 가치를 설명하기 위해 사회적으로 인정되는 방법은 존재하지 않는다. 따라서 생산된 데이터가 얼마이며 그 제공자에게 얼마를 지급해야 하는지의 문제도 남아 있다.

데이터 생산자끼리 협동조합을 만드는 경우도 있다. 2013년 텍사스에서는 농부들이 데이터 협동조합Grower Information Service Cooperative, GISC이라는 단체를 만들었다. 기업형 농업회사가 트랙터에 센서를 달아 농부의 데이터를 수집해 왔기 때문이다. 농부들은 어느 순간부터 무상으로 데이터를 제공하지 않는다. 협동조합을 만들어 농가 스스로 데이터를 관리하며 만약 기업이 데이터에 액세스하려면 수수료를 지불하도록 만들었다. 이들은 데이터가 생산자의 소유라는 주장을 현실화시켰다.

데이터 세금Data Tax도 하나의 방법이다. 기업이 사용한 데이터에 비례해 세금을 부과하는 것이다. 플랫폼 기업이 사용자의 데이터를 무상으로 취득해서 막대한 이윤을 창출했으니 데이터 사용에도 세금을 부과하는 논리는 정당화된다. 그 세수를 국민을 위한 공익사업에 사용하면 데이터 노동자는 간접적으로 데이터 창출에 대한 대가를 보상받는다. 세금은 꼭 현금으로 납부할 필요가 없다. 기업은 자신이 가진 데이터로 세금을 낼 수도 있다. 즉 수집한 데이터를 기업이 독점적으로 보유하는 것이 아니라 중소기업과의 상생, 공공연구 등을 위해 개방하는 방식이다.

데이터가 무엇이냐에 대한 논쟁은 단순한 경제적 문제가 아니다. 사회의 기본 질서를 재정립한다는 측면에서 오히려 철학적 문제에 가깝다. 또 경제적 수익의 재배분을 야기한다는 점에서 정치적 문제이기도 하다. 어떤 관점이건 앞으로 사회가 진보하면서 이 철학적 문제에 대해서도 치열한 논쟁이 이루어지리라 믿는다.

데이터로부터의 자유

데이터는 자유의 개념도 바꾸어 놓는다. 오늘날 사람들이 받아들이는 자유란 누군가의 간섭을 받지 않고 행동할 권리다. 무엇으로부터의 자유인가는 사람마다 다르다. 누군가는 보수적인 사회 질서로부터의 자유를 희망하고, 다른 누군가는 나를 괴롭히는 직장에서부터의 자유를 희망한다. 또는 복잡한 인간관계로부터의 자유를 원하는 사람도 있다.

그러나 앞으로 점점 중요해질 자유는 데이터 독재로부터의 자유다. 데이터는 벌써 우리의 자유를 침해하고 있다. 데이터는 내가 어떻게 행동할지를 예측하고 나의 행동에 통제를 가한다. 심지어 없던 욕구도 만들어 낸다. 사람들은 보고 싶은 영상을 보는 것이 아니라 추천받은 영상을 본다. 알고리즘이 추천한 영상을 보며 세상을 이해하고 웃고 떠들며 살아간다. 데이터 위에서 편안함을 누리고 있지만 우리의 자유의지도 동시에 사라지고 있다.

데이터의 기억력이 영원하다는 점도 자유를 위협한다. 우리가 남긴 통화 내역, 위치 정보, 송금 내역은 영원히 남아 보관되고 있다. 언제든 필요할 때 과거 행적을 들추어 내어 나의 사생활을 공격하는 것이 가능해졌다. 잊어버리고 싶은 기억도 데이터 때문에 지워지지가 않는다. 내가 남긴 데이터는 언제든 나를 공격할 태세를 갖추고 있다.

또 다른 문제는 데이터가 사람들의 계급을 분류하고 점수도 매길 것이라는 사실이다. 이미 금융 분야처럼 데이터가 축적된 분야에서는 사람들의 점수를 매기는 관행이 자리를 잡고 있다. 이제 점수를 매기는 작업은 데이터가 만들어지는 모든 분야로 확산될 것이다. 점수에 대한 수요만 있다면 내가 몇 등급에 해당하는지를 평가하고 수요자에게 제공하는 작업이 가능해진다.

앞으로는 데이터라는 촘촘한 그물망에서 어떻게 벗어날지가 인간의 새로운 기본권으로 부상할 것이다. 데이터로부터 간섭받지 않을 자유다. 데이터로부터 잊힐 권리, 데이터로부터 해방될 권리 등이다. 물론 완전히 데이터를 거부하는 극단적 상황은 불가능하겠지만, 데이터에서 벗어난 삶을 살고 데이터에 의한 평가를 거부하는 반反데이터주의자들의 움직임이 등장할 것이라 생각한다.

데이터는 어떻게 세상을 지배하는가

데이터를
어떻게 규제할까

데이터의 적정 수준

일본에는 리쿠나비rikunabi라는 구직 플랫폼이 있다. 구직 사이트에서 1~2위를 다툴 정도로 큰 플랫폼이다. 리쿠나비는 당연히 취준생의 개인정보도 자세히 알고 있다. 사용자가 어느 업종에 관심이 많으며 어떤 회사에 얼마나 오래 다녔는지 파악하고 있다. 구직 플랫폼으로서 자연스러운 범위의 개인정보 수집이다.

그러나 리쿠나비는 이 정보를 조합해 취준생의 중도 퇴사율이라는 데이터를 만들었다. 중도 퇴사율이란 취준생이 합격 통지를 받은 뒤 (다른 기업의 중복 합격 등으로) 중도에 퇴사할 확률을 말한다. 이 자료는 기업에게 연간 5000만 원 정도에 팔려 나갔다. 아마 기업들은 중도 퇴사율이 높은 취준생은 뽑지 않았을 가능성이 높다. 합격 통지를 주어도 입사를 중도 포기하는 사람을 뽑을 필요가 없기 때문이다. 게다가 중도 퇴사율 산정은 취준생의 동의를 받지 않고 이루어졌다.

리쿠나비가 판매한 데이터는 일본 사회에서 큰 문제가 되었다. 취준생은 리쿠나비에 개인정보를 제공했지만 이를 가공해 자신에게 불리한 데이터를 만드리라고는 생각하지 않았을 것이다. 그러나 리쿠나비는 사용자의 믿음를 저버리고 취준생을 평가하는 새로운 데이터를 만들어 냈다. 그러면서 자신들이 새롭게 만들어 낸 데이터이므로 개인정보에 해당하지 않는다고 주장했다. 이 사건은 개인정보의 범위가 어디까지인지, 또 기업은 제공받은 개인정보를 어디까지 활용할 수 있는지를 고민하게 만든다.

페이스북도 회원의 개인정보를 오남용한 적이 있다. 페이스북은 동의 없이 회원을 대상으로 데이터를 모으는 실험을 했다. 한 집단에는 긍정적 뉴스를, 다른 집단에는 부정적 뉴스를 고의로 노출시킨 뒤, 이들이 정치적으로 어떻게 변화하는지를 살펴봤다. 뿐만 아니라 회원의 개인정보를 불법으로 수집하고 특정 정당인과 연구소에 제공한 적도 있었다.

이 사례는 데이터의 집중에는 적정 수준이 있음을 보여 준다. 무작정 데이터를 많이 수집하거나 반대로 무조건 데이터를 보호하는 것도 능사는 아니다. 앞으로 우리는 어디까지가 데이터 보호의

데이터는 어떻게 세상을 지배하는가

적정 수준인지를 논의해 나가야 한다. 혁신을 막지 않으면서 비용도 최소화할 수 있는 최적점을 찾아가는 일이다.

오늘과 내일의 경계에서

새로운 것, 알지 못하는 것을 가로막는 제도를 만들기는 쉽다. 인류의 역사는 미지의 영역으로 길을 개척해 온 역사지만, 동시에 알지 못하는 새로운 것들을 규제해 온 역사이기도 하다.

독일의 구텐베르크가 15세기에 금속 인쇄술을 처음 개발하면서 정보가 대량으로 생산되기 시작했다. 많은 책들이 인쇄되고 (당시로서는) 대량의 정보가 유통되었다. 지금에야 구텐베르크의 인쇄술을 정보혁명이라 평가하지만, 당시의 기득권자들은 새로 등장한 인쇄술에 '검열과 통제'를 가할 생각부터 했다. 인쇄술이 어떠한 변화를 가져올지는 불투명한 반면, 자신들의 기득권이 위협받는 상황이 벌어졌기 때문이다. 이후 18세기가 되어서야 국가의 검열권에 대항한 언론의 자유가 보장되기 시작했다.

데이터에 대한 규제도 마찬가지다. 지금은 혁신과 통제의 갈림길에 서 있다. 이 갈림길에서 민주국가들이 도입하기 쉬운 것은 통제다. 혁신의 편익은 불확실하지만, 통제가 보호할 수 있는 이익은 명확하기 때문이다. EU의 개인정보 사전동의 제도가 세계적 표준으로 자리잡은 것도 그런 이유다. 약자라 여겨지는 개인에게 통제권을 주고, 강자라 여겨지는 기업의 데이터 사용을 제한하는 것이

보다 정의롭게 여겨진다.

그러나 거대한 변화를 앞두고 어떤 제도를 채택하느냐는 향후 엄청난 결과의 차이를 낳기도 한다. 한번 정착된 제도는 좀처럼 변하지 않기 때문이다. 사람들도 현재의 제도에 익숙해지기 때문에, 이후 아무리 좋은 제도가 등장하더라도 사회를 변화시키기에 한계를 가진다. 그리고 정착된 제도는 영구적 표준으로 자리잡는 경우도 다반사다.

대표적 사례가 신용카드다. 신용카드는 전 세계 결제망을 장악한 결제 시장의 황제다. 그러나 신용카드가 기술적으로 가장 우수한 결제 수단은 아니다. 무엇보다 카드 회사가 약 1~2%씩 떼 가는 수수료가 비싸다. 또 앱만 켜면 되는 모바일 시대에 실물 카드를 가지고 다니는 것도 번거롭다.

그래서 신용카드보다 기술적으로 우수한 결제 수단이 생겨났다. 바로 카카오페이 같은 간편 결제다. 스마트폰과 QR코드를 사용하므로 간편할 뿐만 아니라 수수료도 저렴하다. 그러나 간편 결제는 기득권자인 신용카드를 이기지 못했다. 오히려 신용카드사는 간편 결제의 장점을 흡수하며 굳건하게 결제 시장을 지키고 있다. 이 이야기는 이미 자리 잡은 기득권자들은 웬만한 기술 혁신에 무너지지 않는다는 것을 보여 준다.

우리는 오늘과 내일의 경계에 있다. 데이터 경제가 태동하고 제도가 정착되는 초기에 적절한 보호와 활용의 가운데 지점을 찾아가는 것은 향후 우리의 미래를 좌우하는 분기점이 될 것이다.

데이터는 어떻게 세상을 지배하는가

미래는 이미 와 있기도 하다. 다만 모두에게 공정하게 분배되어 있지 않을 뿐이다. 데이터도 마찬가지다. 데이터는 이미 폭발적으로 성장하고 있으며 사회의 많은 부분을 바꾸어 놓았다. 다만 그 혜택이 국가별, 기업별, 개인별로 차이가 날 뿐이다. 따라서 이 거대한 변화의 과정에서 데이터가 만들어 내는 혜택이 모든 사람에게 공평하게 분배되는 사회를 만들어 가는 것이 중요하다. 특정 집단의 이익이 아니라 사회 구성원 전체가 데이터의 편익을 향유하는 좋은 사회를 만드는 일이다.

데이터는 잠들지 않는다

독자에게 이 책이 쉽게 읽혔기를 바란다. 나도 문장을 짧게 쓰려 노력했고 전문용어도 최대한 자제했다. 어려운 개념은 정확성을 포기하더라도 독자가 쉽게 이해하도록 논리를 전개했다. 그럼에도 어려운 부분이 있다면 그것은 작가의 역량 부족 때문이다.

이 책은 2021년에 쓴 《플랫폼 경제와 공짜 점심》(미디어숲)의 후속작이다. 플랫폼과 데이터는 서로 떼어 놓고 생각하기 어려운 주제다. 3년 전 플랫폼 경제에 관한 책을 쓸 때 데이터 이야기를 많이 담고 싶었지만 당시는 그런 사정이 못되었다. 그래서 3년이 지난 지금에서야 이 책을 출간하게 되었다. 만약 이 책을 읽고 플랫폼 경제에도 관심이 생겼다면 졸저(拙著)를 참고해도 좋을 것이다.

데이터는 방대한 주제이며 기술적인 문제인 동시에 정치경제적, 사회문화적 문제기도 하다. 이 책은 주로 경제적 관점에서 접근

했으나 데이터라는 주제를 다각도로 이해하기에는 부족함이 있었으리라 생각한다.

그럼에도 데이터는 모두가 알아야 하는 주제이기도 하다. 데이터는 잠들지 않는다. 우리는 아침에 눈을 뜨는 순간부터 심지어 잠자는 동안에도 데이터를 생성하며, 그 데이터는 국경을 건너가고 있다. 데이터가 어떻게 수집되고 어디로 흘러가는지 이해해야 오늘날 사회의 흐름을 읽을 수 있다. 또 AI와 반도체 산업과도 전후방으로 연결되므로 오늘날의 경제를 이해하는 데 데이터는 필수적인 주제다. 이 책이 위와 같은 문제에 대해 독자의 식견을 넓히는 데 조금이라도 기여했기를 바란다.

책에 담지 못했지만 애착이 가는 주제는 데이터와 인간관계에 대한 이야기다. 사랑 같은 감정의 영역에 데이터가 들어올 공간은 크지 않아 보인다. 어쩌면 데이터가 영원히 장악하지 못하는 공간일지도 모르겠다. 그러나 데이터가 사람 간의 관계를 이어 주는 촉매 역할을 하고 있음은 분명하다. 요즘에는 소개팅 자리에서 인스타그램의 검색 버튼을 눌러 서로의 알고리즘을 확인하기도 한다. 거기에는 최근 관심사가 모두 담겨 있기 때문이다. 성공적으로 데이트 코스를 짜기 위해서도 데이터에 의존한다. 사람을 이어 주는 소개팅 어플은 회원의 조건과 이상형에 대한 데이터를 상세하게 수집한다. 이미 데이터는 사람을 사귀는 영역에도 알게 모르게 들어와 있다.

데이터의 정확성을 높이기 위한 플랫폼 기업의 노력도 다루지 못한 주제다. 소비자가 매긴 별점은 어떤 상품을 평가하는 객관적 지표처럼 보인다. 그러나 별점은 결코 객관적이지 않다. 대다수는 별점을 줄 때 관성적으로 5점을 주거나 다른 사람의 평가에 영향을 받기도 한다. 별점은 여러 가지 불합리성이 섞여 있는 숫자일 뿐, 결코 객관적인 평가치가 되지 못한다. 그래서 플랫폼 기업은 어떻게 별점을 정확한 지표로 만들어 갈지에 대해서도 고민한다.

데이터가 더 궁금한 독자들은 다른 서적을 참고해 깊이 있는 공부를 해도 좋다. 요즘은 많은 지식이 유튜브에서 유통된다. 그러나 영상도 좋은 매체이지만 텍스트를 대체하기는 어렵다고 생각한다. 텍스트는 가장 정제된 지식을, 가장 압축적으로 담고 있기 때문이다. 그래서 나는 아직도 독서를 선호한다. 영상에 비해 많은 집중력을 요하는 것은 사실이지만, 텍스트는 독자의 시간을 가장 단축시켜 주는 매체다.

독자의 지적도 환영한다. 만약 이 책에서 정확하지 않은 부분이 있거나 새롭게 공유하고 싶은 생각이 있다면 망설이지 말고 이메일이나 DM을 주시기 바란다. 책을 읽어 주신 독자와 소통한다는 것은 작가로서도 큰 영광이다. 긴 글을 읽어 주신 독자 여러분께 감사드리며 아무쪼록 이 책이 데이터 경제에 대한 좋은 입문서가 되었기를 바란다.

이 책은 공무로 오스트리아에 머무는 동안 쓰여졌다. 외국에서 책을 쓴다는 것은 결코 쉽지 않은 일이다. 한국에서는 사람을 만나고 아이디어를 얻는 과정이 어렵지 않지만, 먼 이국에서는 상황이 그렇지 못했다. 집필은 외로움과의 싸움이었고 그 기간도 예상보다 길었다.

긴 집필 기간 동안 많이 조언해 준 사랑하는 아내이자 동반자 윤아에게 감사의 뜻을 전한다. 아내는 가끔씩 차가워지기도 했지만 원고를 세심하게 검토해 주었다. 주말에도 남편 몫까지 육아를 도맡았다. 이 책의 절반은 아내가 썼다고 해도 과언이 아니다. 더불어 늘 시간을 쪼개어 가며 시사 소식과 가르침을 전해 주시는 장인어른께 감사드린다.

데이터에 대해 관심을 갖도록 연구 과제를 제시해 주신 동국

대학교 강경훈 교수님께도 감사드린다. 교수님께서는 데이터 연구에 대해 아낌없이 지도해 주셨다. 그리고 공정거래 분야에 대해 전문적으로 조언해 주신 법무법인 율촌 박양진 변호사님, 화상통화로 데이터 거래 실무에 대해 설명해 주신 한국신용정보원 조근상 팀장님께도 감사드린다. 원고에 대한 아이디어와 집필 방향을 제시해 주신 최재혁 님께도 감사드린다. 데이터 실무를 자세히 설명해 주신 삼정KPMG의 유옥상 님께도 감사드린다.

마지막으로 출간 기회를 주신 도서출판 부키와 정희용 이사님께도 감사드린다. 이 책이 출간될 수 있었던 것은 모두 정희용 이사님 덕택이다. 또 원고에 대해 아낌없이 지도해 주셨고, 독자의 사랑을 받을 수 있는 방향으로 원고를 이끌어 주셨다. 부족한 원고를 다듬어 주신 편집팀에도 감사드린다. 편집팀의 작업 덕택에 글은 훨씬 간명해졌다.

그 외에도 이 책에 기여하신 분들이 너무 많다. 일일이 언급하지는 못했지만 도움을 주신 모든 분들께 감사드린다.

1장

1 한국 뷰티 브랜드는 중국에서 고전했으며 부진한 실적은 곧바로 주가에도 반영
되었다. 중국에서 한류 열풍이 한창이던 2015년 아모레의 주가는 45만 원에 달
했다. 그러나 2024년 초에는 13만원 수준에 불과하다. 마찬가지로 LG생활건강
의 주가는 2021년에 180만 원까지 치솟았으나, 이후 2~3년간 급락을 거듭하며
30만 원대 수준까지 떨어졌다

2 안드레아스 와이겐드, 《포스트 프라이버시 경제》, 사계절, 2018.

3 유발 하라리, 제11장 데이터교, 《호모 데우스》, 김영사, 2017.

2장

1 "On the way to Zero Disposal Rate by Predicting Scrap in Advance",
Coupang Reveal 2020, 2021. 11. 26.

2 〈AI가 실시간으로 가격도 바꾼다. 아마존 우버 성공 뒤엔 다이내믹 프라이싱〉,
《매경이코노미》, 2021. 8. 3.

3 Neel Mehta, Aditya Agashe, Parth Detroja, *Swipe to Unlock: A Primer on
Technology and Business Strategy*, CreateSpace Independent Publishing
Platform, 2017.

4 Nikolay Laptev, Slawek Smyl, Santhosh Shanmugam, "Engineering Extreme Event Forecasting at Uber with Recurrent Neural Networks", Uber blog, 2017. 6. 17., https://www.uber.com/en-AT/blog/neural-networks/.

5 〈복잡하고 어려운 음식 배달 과제, 데이터 사이언스로 극복하다〉, 쿠팡 엔지니어링, 2022. 8. 4., www.medium.com.

6 Zach Brown, Alexnder MacKay, "Are online prices higher because of pricing algorithms?", The Brookings Institution, 2022. 7. 7.

7 Paul Covington, Jay Adams, Emre Sargin, "Deep Neural Networks for You-Tube Recommendations", In *RecSys '16: Proceedings of the 10th ACM Conference on Recommender Systems*, pp. 191-198, ACM, 2016. 10.

3장

1 〈위기의 구글... EU도 "디지털 광고 팔면서 중개까지? 하나는 팔아라"〉, 《중앙일보》. 2023. 6. 15.

2 〈구글이 인수한 더블클릭은 어떤 회사?〉, 《매경이코노미》, 2008. 1. 16.

3 〈MS 기업정보: 생성 AI 선점을 위한 공격적인 행보〉, 하이투자증권, 2023. 3. 20.

4장

1 Aishwarya Singh, "SIFT Algorithm: How to Use SIFT for Image Matching in Python", www.analyticsvidhya.com, 9 Oct. 2023.

2 Curtis P. Langlotz et al., "A Roadmap for Foundational Research on Artificial Intelligence in Medical Imaging: From the 2018 NIH/RSNA/ACR/The Academy Workshop", *Radiology*, Volume 291, Issue 3, June 2019, pp. 547-818.

3 Hironobu Fujiyoshi, Tsubasa Hirakawa, Takayoshi Yamashita, "Deep learning-based image recognition for autonomous driving", *IATSS Research*, Volume 43, Issue 4, December 2019, pp. 244-252.

4 Peter Sutor, Yiannis Aloimonos, Cornelia Fermuller, Douglas Summers-Stay, "Metaconcepts: Isolating Context in Word Embeddings", *2019 IEEE Conference on Multimedia Information Processing and Retrieval (MIPR)*, San Jose, CA, USA, 2019, pp. 544-549.

5   Flip Vitek, "HOW CHATGPT REALLY WORKS IN SIMPLE WORDS(AND PICTURES)", 14 APR., 2023. https://mocnedata.sk/en/how-chatgpt-works-in-simple-words/

6   Transformer Neural Networks, ChatGPT's foundation, STatQuest with Josh Stamer, Youtube Channel, 2023. 7. 24.

7   〈정확한 AI 모델을 만드는 '합성 데이터' 해부하기〉, NVIDIA blog, 2021. 8. 30.

8   Veda Bhattaram, "Neural Style Transfer: Brief Overview and Applications", Medium, Apr 10., 2020.

9   〈진짜보다 나은 가짜 데이터〉, 《동아사이언스》, 2022. 5. 14.

5장

1   와이즈앱, 리테일, 굿즈 공동 조사, 2021. 9.

2   조사 기관에 따라 데이터 생산량은 다를 수 있다. 일부 연구 자료는 미국이 데이터 생산량에서도 1등이라 주장하기도 한다.

3   Lola Woetzel et al., "China's digital economy: A leading global force", McKinsey Global Institute, McKinsey & Company, August 3, 2017.

4   Lola Woetzel et al., "China and the world: Inside the dynamics of a changing relationship", McKinsey Global Institute, McKinsey & Company, July 1, 2019.

5   박노형 외, 《EU 개인정보보호법: GDPR을 중심으로》, 박영사, 2017; 손도일, 김나래, 〈국내 금융회사에 GDPR이 미치는 영향과 시사점〉, 《전자금융과 금융보안》, 제10호, 금융보안원, 2017.

6   Bhaskar Chakravorti, Ajay Bhalla, Ravi Shankar Chaturvedi, "Which Countries Are Leading the Data Economy?", *Harvard Business Review*, 24 Jan. 2019.

6장

1   《2022 데이터 산업 현황조사》, 정보통신기획평가원, 한국데이터산업진흥원, 2023.

2   *Data Market Study 2021-2023*, European Commission, Feb. 2024.

3 Angela G. Winegar, Cass R. Sunstein, "How Much Is Data Privacy Worth? A Preliminary Investigation", *Journal of Consumer Policy* 42, 2019, pp. 425 – 440.

4 Acemoglu, D., A. Makhdoumi, A. Malekian, and A. Ozdaglar, "Too Much Data: Prices and Inefficiencies in Data Market", *American Economic Journal:Microeconomics*. 2019.

5 〈경품행사로 개인정보 모아 231억 원에 판 홈플러스, 벌금형 확정〉,《한겨레》, 2019. 8. 6.

7장

1 다만 위에서 인용한 한국의 인력 통계와는 조사 방법이 달라 직접적인 비교에는 주의를 요한다.

2 〈구글이 알파고 개발한 '딥마인드'에 7000억 원을 투자한 까닭은?〉,《동아사이언스》, 2016. 3. 11.

3 Noah Gift, "Why There Will be No Data Science Job Titles By 2029", *Forbes*, 4 Feb. 2019.

4 김동원, 〈NEXT MOBILITY: NEMO 2022 세션 2. 기술로 일상을 바꾸다〉, 카카오모빌리티 유튜브.

데이터는 어떻게 세상을 지배하는가